AF217026

Serena Dandini

Die Frau in Hitlers Badewanne

Aus dem Italienischen von
Franziska Kristen

btb

Die Originalausgabe erschien 2020 unter dem Titel
»La vasca del Fuhrer« bei Giulio Einaudi editore s.p.a., Turin.

Penguin Random House Verlagsgruppe FSC® N001967

1. Auflage
Deutsche Erstveröffentlichung August 2023,
btb Verlag in der Verlagsgruppe Random House GmbH,
Neumarkter Straße 28, 81673 München
Copyright © der Originalausgabe 2020 by Serena Dandini
Published by arrangement with S&P Literary – Agenzia letteraria Sosia & Pistoia
Illustrationen © Andrea Pistacchi
Covergestaltung: Semper Smile nach einem Entwurf von Ricardo Falcinelli
für Enaudi unter Verwendung eines Covermotivs
gestaltet von den Illustratoren Ale+Ale
Satz: Uhl + Massopust, Aalen
Druck und Einband: GGP Media GmbH, Pößneck
SL · Herstellung: sc
Printed in Germany
ISBN 978-3-442-77327-5

www.btb-verlag.de
www.facebook.com/penguinbuecher

Für Elia

»In seiner Badewanne habe ich mir den
Dreck aus Dachau abgewaschen.«

LEE MILLER

Prinzregentenplatz 16, München, 30. April 1945

Die Kacheln des Badezimmers sind glatt und kalt. Alles ist
blitzblank, wie in einem Hotelzimmer, das für irgendwelche
Kunden vorbereitet ist. Die makellos weißen Handtücher hängen der Größe nach an den verschiedenen Haltern und warten
darauf, vom nächsten Gast benutzt zu werden. Es sind diesel-
ben, die den Körper jenes monströsen Mannes umhüllt und
bedeckt haben, dessen Namen Lee nicht einmal auszusprechen
vermag. Nur das Monogramm »A. H.« auf dem Silberzeug verrät die Identität des Besitzers.

Während sie in diese anonymen, nichtssagenden Räume
eindringt, wird immer und immer wieder eine Frage in ihrem
Kopf laut. Eigentlich ist es eher ein unterdrückter Schrei als
eine Frage: Weshalb ist nirgendwo das Böse sichtbar, das in
diesen Zimmern wohnte? Schlichte bürgerliche Ehrbarkeit
spricht aus jedem Detail. Wie ist es möglich, dass das dezente
Mobiliar, die blauen Damastvorhänge und die dunklen Holz-
tischchen nichts von dem teuflischen Wesen erzählen, das so
lange unbehelligt zwischen diesen Wänden gelebt hat? Lee
läuft durch eine Wohnung, die dem bescheidenen Wohlstand
eines städtischen Angestellten oder eines pensionierten Prä-
laten mit einer Vorliebe für klassische Kunst und deren wert-

lose Reproduktionen hätte entsprechen können. Kann man Millionen von Menschen grausamen Schmerz zufügen und gleichzeitig leben wie »anständige Leute«, billigen Nippes und bestickte Sofakissen sammeln?

Lee hatte es geschafft, ihre Übelkeit beim Anblick des Grauens von Dachau zu unterdrücken. Nun, angesichts der Wohlanständigkeit des Bösen, spürt sie, dass sich ein Abgrund unter ihr öffnet. Den ganzen Tag lang hat sie mit ihrer Rolleiflex Fotos geschossen, hat keine Zeit verloren und sich nicht von ihren Gefühlen überwältigen lassen, hat in hektischer Eile einen Film nach dem anderen verbraucht: Sie gehört zu den wenigen Frauen unter den Fotografen, denen man gestattet hat, ein deutsches Konzentrationslager zu betreten. Sie hat gegen Vorschriften und Vorurteile angekämpft, um dorthin zu gelangen, hatte nicht klein beigeben dürfen. Sie musste das dokumentieren, was ohne den direkten Beweis der Bilder niemand für real halten würde. Zusammen mit den Filmen hat sie ein Telegramm mit den schlichten Worten »Glaubt mir, es ist alles wahr!« an die *Vogue* geschickt. Sie bezweifelt, dass ein Modemagazin den Mut aufbringen wird, jenen Albtraum, deren Zeugin sie geworden ist, auf Hochglanzpapier zu drucken: Berge von Körpern, die bereits vor dem Tod Skelette waren, ohne Namen, ohne Würde, mühsam mit dem Bagger in ein Gemeinschaftsgrab verfrachtet, um Seuchen abzuwenden. Aber die Fotos würden nicht ausreichen, sie würden höchstens andeutungsweise jene Szenen zeigen, mit denen sich die 45. Infanteriedivision der 7. US-Armee konfrontiert gesehen hatte. Niemals würden die Aufnahmen den Geruch der Leichen wiedergeben, die sich auf den Güterzügen stapelten, jenen heftigen Gestank, der den Soldaten bereits in etlicher

Entfernung vom Lager entgegengeschlagen war. Anfangs hatten sie geglaubt, es handle sich um Giftgas, das die Deutschen zur Abwehr der Alliierten einsetzten. Sie ahnten nicht, dass dieser unerträgliche Geruch von dem verwesenden Fleisch Hunderter lebloser menschlicher Körper stammte, die sich selbst überlassen im Sonnenlicht verfaulten.

Der Widerstand, den sie in Dachau gegen den Schmerz geleistet hat, ist in der Wohnung, in der der Teufel lebte, gebrochen. Niemand hat das Recht, nach der Hölle zu überleben. Auch sie nicht.

Sie ringt nach Atem in dem makellosen Badezimmer, zwei Tränen, schwer wie Glasperlen, haften auf ihren versteinerten Wangen, genau wie auf dem Porträt, das Man Ray etliche Jahre zuvor von ihr aufgenommen hat: eine surrealistische Szene, die sich in Realität verwandelt hat. Und wieder ist es ein Aufflackern der Vergangenheit, das sie rettet: Sie ist kurz davor zusammenzubrechen, doch sie vertraut auf ihre Lebenskraft, die sie in düsteren Momenten stets geleitet hat.

Einem kindlichen Impuls folgend, dreht sie den Hahn auf. Nach Monaten in Feldlagern und notdürftigen Unterkünften ist sie hingerissen von der Wärme des Wassers. Der Krieg klebt an der Uniform, die ihr zur zweiten Haut geworden ist. Sie zieht sich aus und entblößt einen lebendigen Körper, den zu besitzen sie ganz vergessen hatte; mühsam entledigt sie sich der schweren, schlammverkrusteten Stiefel, die das unschuldige Weiß dieses Ortes verunreinigen. Ein Ort, so falsch wie ein Filmset, das nicht mehr gebraucht wird.

Der Film ist zu Ende, und mit der ihr eigenen Dreistigkeit taucht Lee in die Badewanne des Führers ein.

Woran denkt diese so schöne und sinnliche Frau, während sie sich die Schultern einseift und darauf wartet, dass ihr Kollege David Scherman endlich jenes unerhörte Foto schießt? Ich kann meine Augen nicht von dem Bild losreißen und versuche, den undurchdringlichen, fast abwesenden Blick der Kriegsreporterin Lee Elizabeth Miller zu ergründen, die während des Zweiten Weltkrieges für das Militär der Vereinigten Staaten tätig war. Diese Fotografie, die ich wie hypnotisiert anstarre, ist bis ins kleinste Detail durchdacht.

Die Uniformhose liegt zusammengefaltet auf dem Schemel neben der Wanne; die Stiefel, an denen der Schlamm aus Dachau klebt, liegen achtlos auf dem Boden: Bevor sie sich ihrer entledigt hat, hat Lee sie, zum Zeichen der Schmähung, auf dem schneeweißen Läufer abgestreift und ist dann langsam eingetaucht. Jemand klopft an die Tür. Sie müssen sich beeilen, nach der Befreiung der Stadt haben die Alliierten die Wohnung beschlagnahmt, und alle wollen in dieses Badezimmer, denn in Kriegszeiten sind warmes Wasser und saubere Handtücher kostbarer als Benzin und Zigaretten. In der Wohnung und in ganz Bayern herrscht Ausgelassenheit, aus den Geheimkellern des Führers kommt flaschenweise Markenchampagner zum Vorschein, und man stößt auf das nahe Ende des Konflikts an. Die Russen sind in Berlin einmarschiert, und die Kapitulation wird schneller kommen, als man glaubt. Zu genau der Zeit, als Lee ihre profane Waschung vollzieht, nehmen sich Hitler und Eva Braun, nachdem sie am Vorabend geheiratet haben, im Bunker der Reichskanzlei das Leben. David und Lee wissen noch nichts davon. Es ist eine der vielen so typischen Koinzidenzen im Leben dieser faszinierenden und geheimnisvollen Frau, mit der gemeinsam sich der amerikanische Fotoreporter

David Scherman auf das Abenteuer an der Front eingelassen hat. Er ist schüchtern, nicht gerade hübsch, aber intelligent und geistreich; sie ist kühn, wunderschön und scheint vor nichts Angst zu haben. Beide verbindet eine aufrichtige Freundschaft, die durch die tagtägliche Gefahr an vorderster Front, angesichts der permanenten tödlichen Bedrohung, um die man sich nicht mehr schert, nur noch gestärkt wird. Sie haben auch eine Liebesaffäre, aber das ist nur ein Detail.

Während Lee ihr Bad vorbereitet, vertreibt sich Scherman die Zeit damit, Sergeant Arthur E. Peters zu fotografieren, der, ausgestreckt auf Hitlers Bett, in die Lektüre von »Mein Kampf« vertieft ist. Vermutlich handelt es sich um eines jener signierten Exemplare, die der Führer seinen Gästen freundlich überreichte. Der Schnappschuss landet unter der Überschrift *Get your Feet out of my Bed* auf der Titelseite des Magazins *Life* und macht Scherman nach der Befreiung zu einem der bekanntesten Kriegsberichterstatter. Es ist das perfekte Foto, um den Sieg der Alliierten zu besiegeln, mit genau dem richtigen Maß an Witz und Verspieltheit.

Das Bild von Lee in der Badewanne des Führers lässt einen dagegen erschaudern. Nach Kriegsende verschwindet die Aufnahme auf dem Dachboden ihres Hauses in Sussex in einem Pappkarton, zusammen mit Negativen, Briefen und persönlichen Gegenständen. Nach ihrer Heimkehr von der Front vollzieht die Fotoreporterin eine ihrer zahllosen Metamorphosen und entledigt sich akribisch jeder Spur der eigenen Vergangenheit. Alles, was sie betrifft, einschließlich des Fotos in Hitlers Badewanne, wäre für immer in Vergessenheit geraten, wenn es der Zufall nach ihrem Tod nicht anders gewollt hätte.

Die Aufnahme in der Badewanne ist auf den 30. April 1945

datiert, und scheinbar hat sie nichts mit all den anderen zu tun, die Lee Miller in den Konzentrationslagern von Buchenwald und Dachau aufgenommen hat. Bei der Durchsicht der Bilder jener dramatischen Tage stößt man auf eine ununterbrochene Kette des Grauens: Leichen, die sich wie Abfall übereinandertürmen, Gefangene, die ihre ausgemergelten Gesichter dem Objektiv zuwenden, Schädel, in denen als einziges Zeichen von Leben ungläubige, verängstigte Augen funkeln. Es sind die Bilder, die die Deutschen jahrelang verfolgen werden und die uns in Schwarz-Weiß ins Gedächtnis rufen, was tatsächlich geschah in den Todesfabriken. Lee dokumentiert auch die auf die Knie gesunkenen SS-Wachen, die vergeblich um Gnade flehen, ohne Stolz und mit von Schlägen geschwollenen Gesichtern. Als »wohlgenährte Bastarde« bezeichnet Lee sie in dem Artikel für die *Vogue*. Den eleganten Leserinnen, die sicher nicht damit rechnen, in ihrer Lieblingszeitschrift zwischen Werbung für Feuchtigkeitscreme und der neuesten Hutmode derart krasse Augenzeugenberichte zu finden, bleibt nichts erspart.

Doch das Foto in der Badewanne, das mich nach wie vor nicht loslässt, ist mehr als nur ein Kriegszeugnis, es scheint ein privates Porträt zu sein, das Lee eher für sich selbst als für historische Zwecke hat aufnehmen lassen. Der Bildaufbau ist bis ins Detail durchdacht, wie bei den zahlreichen von Lee stammenden Modereportagen: Licht und Schatten sind professionell aufeinander abgestimmt, die Gegenstände kunstvoll arrangiert, fast wie bei der Komposition eines Gemäldes. Aber es handelt sich nicht um eine Inszenierung. Lee Miller badet tatsächlich in der Wanne des Führers, in Bayern, in der Wohnung am Prinzregentenplatz, derselben, die der oberste Befehlshaber des Dritten Reiches mit seiner Geliebten Eva

Braun und zuvor mit seiner jungen Nichte Angelika Raubal, genannt Geli, geteilt hat, über die Hitler sagte, er habe sie mehr als alles andere auf der Welt geliebt. Die junge Frau wurde am 18. September 1931 genau hier tot aufgefunden; offiziell war es Suizid: ein Herzschuss mit der Walther, der Pistole ihres Onkels Adolf. Ihr Ende bleibt geheimnisumwittert. Jemand hat geschrieben, dass Staatsanwalt Franz Gürtner die Ermittlungen im Sande verlaufen ließ und, welch merkwürdiger Zufall, Jahre später zum Justizminister des Reichs ernannt wurde.

Während der Nürnberger Prozesse erklärte Hermann Göring: »Gelis Tod hatte solch verheerende Auswirkungen auf Hitler. Es hat seine Beziehung zu allen anderen Menschen verändert.« Zur Bewältigung dieses Traumas hätte Hitler besser daran getan, einen namhaften Arzt wie Sigmund Freud aufzusuchen – der übrigens, ebenso wie Hitler, Wien zu seiner Wahlheimat erhoben hatte –, statt den Vater der Psychoanalyse zusammen mit Millionen anderer Juden zur Flucht zu zwingen. Wobei diese noch zu den Glücklicheren gehörten, da es ihnen wie durch ein Wunder gelang, sich der »Endlösung« zu entziehen, die die systematische Vernichtung aller Juden zum Ziel hatte. Doch nach dem, was Lee und ihre Kollegen gesehen und fotografiert hatten, konnte niemand mehr behaupten, das seien bloß an den Haaren herbeigezogene Behauptungen, um den Nationalsozialismus zu verunglimpfen: Auch die Bewohner des freundlichen Städtchens Dachau, die man dazu zwang, das Grauen des Lagers mit eigenen Augen anzuschauen, konnten das Offenkundige nicht länger bestreiten. »Das Lager liegt so nahe am Stadtrand, dass die Einwohner ohne jeden Zweifel gewusst haben müssen, was hier vor sich ging«, heißt es in dem Artikel, den Lee auf ihrer Hermes-Schreibmaschine für die *Vogue* verfasste. Schreiben war für Lee eine Qual, eine unumgängliche Tätigkeit, die ihr körperliches Unbehagen verursachte, so als müsste sie Wort für Wort aus dem Felsgestein ihres Gedächtnisses meißeln. Um einen Artikel fertigzustellen, brauchte sie oft eine ganze Nacht und mindestens eine Flasche irgendeines an der Front verfügbaren alkoholischen Getränks. Wohingegen das Fotografieren ein ganz natürlicher Akt war, wie das Atmen. Die Bildsequenzen mit ihrer Rolleiflex entstanden wie von selbst, fast ohne Ausschuss, und jede Aufnahme brachte eine verborgene Seite zum Vorschein. Es gab keine Filter, keine Distanz zwischen dem Objektiv und dem, was Lee sah. Sie hatte sogar das Visier ihres Uniformhelms abmontiert, damit nichts sie daran hindern konnte, die Realität unmittelbar zu erfassen. Die namhafte Fotografin für *Life*, Margaret Bourke-White, hatte ihr erklärt, dass man, um an vorderster Front arbeiten zu können, eine Art Nebelwand zwischen den persönlichen Gefühlen und der Grausamkeit der festzuhaltenden Szenen errichten müsse. Es bedürfe einer Barriere, um nicht zusammenzubrechen. Doch eine derartige Rationalität und innere Ausgeglichenheit hat Lee nie gekannt, und in ihr einst so engelsgleiches Gesicht ist nun aller Schmerz der Welt eingeschrieben, endgültig, wie bei einem Negativ.

Ich starre weiterhin beharrlich auf dieses ungewöhnliche Foto, das so gar nicht der typischen Kriegsberichterstattung entspricht, und versuche zu begreifen, inwiefern es uns noch heute etwas über unsere Geschichte verrät.

Ein gerahmtes Hitler-Porträt lehnt an den Kacheln neben dem Seifenhalter. Mit missbilligendem Blick, einem ohnmächtigen Zeugen gleich, mustert der Führer die Nacktheit Lee Millers, die mit einem schamlosen Akt sein Badezimmer entweiht. Als Kontrast dazu hat Lee am rechten Bildrand eine kleine Marmorstatue nach dem Vorbild einer griechischen Venus aufgestellt, eine der zahlreichen billigen Reproduktionen aus dem Besitz des Führungskopfes des Dritten Reichs. Hitler war ein eifriger Verfechter des klassischen Stils, der in seinen Augen die ästhetische Reinheit der Kunst verkörperte, im Gegensatz zu der gefährlichen Dekadenz der Avantgardisten, die bezichtigt wurden, die Menschheit in Barbarei und Chaos zu stürzen. Der Surrealismus, zu dessen Mitstreitern Lee Miller gehört hatte, wurde ebenso wie der Expressionismus, der Dadaismus, der Kubismus und all die anderen von der Nazipropaganda abfällig als »Ismen« bezeichneten Strömungen aus den Museen des Reichs verbannt. In den Wohnungen des Führers findet sich keine Spur von Dalí, Picasso oder Kandinsky. Diese Namen gehören auf eine lange Liste verfolgter Künstler, sie sind Vertreter der sogenannten »entarteten« Kunst, die als schädlich für die gesunde Erziehung der Deutschen galt und daher beschlagnahmt und öffentlich verbrannt wurde. Oder die man heimlich zu hohen Preisen verkaufte, um den Traum eines staatlichen Museums finanzieren zu können, das dem neuen, vom Regime propagierten ästhetischen Ideal huldigen und, über den Weg der klassischen Kunst, den Mythos der arischen Rasse stärken sollte. Den jüdischen Familien und den Museen in den besetzten Ländern wurden viele Millionen Werke der Vergangenheit gewaltsam entrissen und in Erwartung des Endsieges in unterirdischen Verstecken und stillgelegten Minen versteckt. Während man die Meisterwerke der Avantgarde, die als kranker Ausdruck einer elitären Gruppe galten, vor ihrer Vernichtung in einer makabren Ausstellung der Öffentlichkeit präsentierte, auf der die Gemälde neben Darstellungen von Geisteskranken und missgebildeten Gesichtern hingen, um sie dem Gespött preiszugeben. Eine ästhetische Umerziehung, mit der alles an den Pranger gestellt wurde, das nicht in den neuen, vom Reich festgelegten Kanon passte.

Die Ausrottung des Schönen ist eine beliebte Waffe jeglicher wirksamen Propaganda. Und indem sich Lee Miller nackt in diese Wanne setzt, vollzieht sie einen persönlichen Exorzismus zur Abwendung des Bösen, einen künstlerischen Racheakt gegen die Brutalität der Macht. Wer, wenn nicht sie, einst eine der schönsten Frauen der Welt, wüsste besser, dass gerade die Schönheit das am heißesten umkämpfte Schlachtfeld ist? Seit damals sind über siebzig Jahre vergangen, doch diese Fotografie überwindet Zeiten und Ideologien und kann uns noch immer etwas sehr Wertvolles über die subversive Kraft des freien künstlerischen Ausdrucks vermitteln.

Heute werden wir mit unzähligen Bildern bombardiert. Sie prasseln aus allen Medien auf uns ein, wir sind ständig konfrontiert mit Neuem und Absonderlichem, mit dem unsere müde Aufmerksamkeit geweckt werden soll: Wir werden mit Filtern, Fotomontagen und den unterschiedlichsten Tricks verlockt, aber es wird immer schwieriger, uns tatsächlich mit etwas zu beeindrucken oder uns wirklich zum Nachdenken zu bewegen.

Die künstlerische Synthese der Aufnahme von Lee Miller ist dagegen so wirkungsvoll, dass unser Blick sofort gefangen genommen wird. Als ich entdeckte, dass es sich um die Momentaufnahme einer Berichterstatterin des Zweiten Weltkriegs handelt, war meine Neugier derart geweckt, dass ich nicht anders konnte, als in ihre Geschichte einzutauchen.

>»Äußerlich wirkte ich wie ein Engel. So sah
man mich. Doch innerlich war ich ein Teufel.
Ich habe allen Schmerz der Welt erfahren,
seit meiner Kindheit.«

LEE MILLER

Poughkeepsie, 1915

Im Metropolitan Museum in New York ist ein Gemälde ausgestellt, das 1913, als es das amerikanische Publikum unter dem Titel *Matinée de Septembre* zum ersten Mal zu Gesicht bekam, für großes Aufsehen sorgte. Aus unserer heutigen Sicht ist es ein ziemlich harmloses, etwas kitschiges Bild: Zu sehen ist eine nackte junge Frau, die sich an einem hellen Septembermorgen schamhaft in das Wasser eines ländlichen Sees begibt. Der Künstler, Paul Émile Chabas, hatte nicht die Absicht, gegen die allgemein vorherrschende Prüderie zu verstoßen, doch der Kampf zwischen den über die jugendliche Nacktheit empörten Sittenwächtern und den Verteidigern jeglicher künstlerischen Freiheit machte das Bild derart bekannt, dass es in allen Zeitungen gedruckt wurde und Tausende von Postkarten mit seinem Motiv verkauft wurden.

In jenen Jahren beschäftigt sich der angesehene Ingenieur aus Poughkeepsie, Theodore Miller, in seiner Freizeit mit der neuen Kunst der Fotografie, und inspiriert von dem angeprangerten Gemälde und den heftigen Diskussionen, die es berühmt gemacht haben, beschließt er an einem kalten Dezembermorgen, einer seiner Privataufnahmen den Titel *December*

17

Morning zu geben. Elizabeth ist erst acht Jahre alt und posiert inmitten einer verschneiten Landschaft, die einen frösteln lässt, nackt für ihren Vater.

Dieses Foto hat etwas Anrüchiges und Ungewöhnliches, das nicht in die hergebrachte Tradition der Familienalben passt, sondern der lasziven Fotografie nahekommt, die von Liebhabern dieses Genres heimlich gesammelt wird. Doch der Blick Elizabeths, die in der Familie alle Li-Li nennen, verrät weder Verlegenheit noch Scham. Herausfordernd schaut die Kleine in die Kamera, und sie scheint stolz darauf, dem Vater bei seinen Versuchen, die er »Kunst« nennt, gefällig zu sein.

Nacktheit ist im Hause Miller kein Tabu. Auch die Mutter, Florence, eine solide bürgerliche Hausfrau, hat schon unverhüllt für den Ehemann Modell gestanden, und in der Familie praktiziert man gern im Adamskostüm die sogenannte Heliotherapie, ein neuartiges Heilverfahren, das sich die positive Wirkung der Sonneneinstrahlung auf die Haut zunutze macht. Trotz ihrer offenkundigen Fortschrittlichkeit gehören die Millers zur guten Gesellschaft von Poughkeepsie, einer kleinen amerikanischen Provinzstadt am Ufer des Hudson River. Die Winter sind streng, und oft weht ein eisiger Wind, der den Fluss gefrieren und die Bäume erstarren lässt. Doch die kleine Li-Li, die bis auf ein paar ulkige Pantoffeln an den Füßen nackt ist, scheint sich inmitten des Schnees ganz in ihrem Element zu fühlen. Sie wirkt wie ein wildes junges Tier, das nichts von dem Objektiv ahnt, das sie wie die Flinte eines Jägers im Visier behält, um sie einzufangen. Sie würde dem Vater überallhin folgen, sie bewundert ihn, er ist ihr Held. Von klein auf hat sie Teil an den Wundern der Dunkelkammer, in denen Theodore jene Gestalten zum Leben erweckt, die er mit dem sie so faszinierenden Zauberkasten festgehalten hat. Noch ahnt Elizabeth nicht, dass die Vertrautheit dieses dunklen Raums ihr eines Tages zur geliebten Gewohnheit werden soll: ein sicherer Rückzugsort, um sich zu verstecken, eine Geheimkammer, in der sich die schöpferische Kraft des Surrealismus erproben lässt. Noch ist sie nur ein kluges und lebhaftes kleines Mädchen, das, statt mit Puppen zu spielen, lieber den für Jungs typischen Beschäftigungen nachgeht, fasziniert von den wissenschaftlichen Neigungen ihres Vaters, des Ingenieurs.

In der Fabrik, in der er arbeitet, ist Mr Miller ein hochgeschätzter Manager, doch für seine Kinder ist er ein Magier, ein technisches Genie, vergleichbar mit Samuel F. B. Morse, dem Erfinder des Telegrafen. Dieser hatte unweit von Poughkeepsie auf einem Anwesen mit einer Villa im italienischen Stil gelebt, die nach seinem Tod zu einem ihm gewidmeten Museum umgestaltet worden war. Es ist ein heiliger Ort für die Familie Miller. An den Wochenenden pilgert sie oft zu der Gedenkstätte des Wissenschaftlers, um dessen Erfindungen und Zeichnungen zu bewundern.

Wissenschaft ist die Religion, die Theodore seinen Kindern beibringt. Sie sind begeistert von den Neuerungen, die ihr Vater auf ihrem Gut vornimmt, das erste in der Gegend mit fließendem Wasser, Heizung und Strom. Doch das gewaltige Vertrauen, das Ingenieur Miller in die Moderne und den Fortschritt setzt, hat in keiner Weise helfen können, den Schmerz zu lindern, den seine Tochter ein Jahr vor jenem kalten Dezembermorgen erlitten hat. Ein Freund der Familie hat sich an Elizabeth vergangen. Das unschuldige Engelchen ist von einem bösen Wolf verschlungen worden, wie in einem grausamen Märchen, das niemand in diesem Haus je erzählt hat. Theodores positive, auf eine Zukunft in Wohlstand und Harmonie gerichtete Grundhaltung wird durch die atavistische Brutalität eines Mannes zerschlagen. Das Böse bricht sich Bahn wie ein Fluch, und keine noch so geniale Erfindung kann die Zeit zurückdrehen. Die verlorene Unschuld seiner Tochter verwandelt sich in eine Wunde, die in der Familie nie wieder erwähnt wird. Der Vater fotografiert Li-Li weiterhin, in der Hoffnung, die Schönheit der Bilder könne den Makel überdecken. Doch er weiß, dass sich hinter dem scheinbar perfekten kleinen Körper ein Unbehagen verbirgt, dem er mit seinen wissenschaftlichen Kenntnissen nichts entgegenzusetzen vermag. Sie hätten sie nicht allein lassen dürfen im Haus dieser ach so vertrauten Freunde. Wie hatte ausgerechnet ihm, der stets so viel Vertrauen in die Menschheit gesetzt hat, so eine üble Geschichte passieren können?

Dem »Leiden« wird mit Vernunft und medizinischen Behandlungen begegnet: Wichtig ist, die Verletzung des Körpers von den psychischen Folgen zu trennen. Der Körper erholt sich, die Seele begräbt den Schmerz an einem unzugänglichen Ort, und das Leben geht weiter, notgedrungen. Werden auf diese Weise nicht auch defekte Getriebe wieder instand gesetzt? In der Fabrik, in der Theodore arbeitet, gibt es eine komplizierte Apparatur, die Feststoffe von Flüssigkeiten trennen kann: Gibt es inzwischen nicht auch etwas Ähnliches für menschliche Gefühle? Er muss sich unbedingt noch einmal mit den bahnbrechenden Ideen dieses Mannes aus Wien befassen, der derzeit in aller Munde ist und der in den sogenannten Tiefen der Psyche gräbt. Elizabeth muss sich wegen jenes dramatischen Vorfalls, den sie um jeden Preis vergessen soll, unangenehmen Vaginalspülungen unterziehen: auch wenn das

Wort »Tripper« derart furchtbar ist, dass es sich schwerlich vergessen lässt. Ein Gefühl von Schuld und Unreinheit bleibt in ihr haften, wie ein Infekt, der sich in einem Spalt eingenistet hat und gegen den es kein Wundermittel gibt, das ihm beikommen würde. In der Absicht, sie für das Erlittene zu entschädigen, gewährt Theodore ihr die Freiheit, den eigenen Lebensweg selbst zu bestimmen. Welch andere Behandlung wäre besser für eine so eigenwillige junge Frau wie sie? Und sie wird dieses Vertrauen erwidern und ihn für immer lieben.

Ein solches Geschenk ist auch in unseren sogenannten emanzipierten Zeiten ungewöhnlich, doch zu Beginn des 20. Jahrhunderts ist es geradezu unglaublich. Mochten die jungen Mädchen aus gutem Hause auch noch so begabt und aufgeweckt sein, hielt man sie doch von klein auf dazu an, sich den Wünschen ihres zukünftigen Ehemanns zu fügen. Andere Wege galten als tückisch und voller Gefahren.

Doch Elizabeth besitzt nunmehr die geheimnisvolle Kraft jener zarten Persönlichkeiten, die sich im Angesicht des Sturmes niemals zurückziehen und sich nur lebendig fühlen, wenn sie bis an die eigenen Grenzen gehen. Ihr herausfordernder Blick an jenem Dezembermorgen scheint bereits ihr gesamtes Schicksal in sich zu bergen. Frauen werden nicht in Heldenepen verehrt, und kein Dichter besingt ihre Taten: Noch ist die 1907 geborene Li-Li bloß ein kleines Mädchen, aber sie ist bereit, sich dem Kampf zu stellen, der sie erwartet.

Theodore fotografiert sie unablässig, in der Hoffnung, das Bild seiner Tochter, das sich in die Teile eines jener Puzzles aufgelöst zu haben scheint, mit denen sie sich an Winterabenden die Zeit vertreiben, wieder zusammenzusetzen. Es gibt immer etwas, das nicht zusammenpasst und den Gesamteindruck verhindert; die Konturen verwischen, das Bild entzieht sich dem Verständnis.

Erst Pablo Picasso wird es Jahre später gelingen, in einem Gemälde die verschiedenen Bruchstücke seiner Li-Li nebeneinanderzustellen, und in dem kubistischen Chaos dieses Porträts wird der Vater endlich das Gesicht seiner Tochter wiederfinden.

New York, 1927

Auf der 5th Avenue herrscht viel Verkehr an diesem Winter-
morgen. Die Fotos aus jener Zeit zeugen von einer entfesselten
und faszinierenden Stadt: ein weit zurückliegender Anblick,
der Liebhabern alter Schwarz-Weiß-Filme jedoch vertraut sein
dürfte. Aber diese Geschichte ist kein Film, auch wenn sie von
einem Hollywood-Drehbuchautor auf der Suche nach einem
Clou für seine schillernde Komödie stammen könnte. Eine
wunderschöne Frau will zur Stoßzeit die Straße überqueren.
Der Himmel schimmert graumetallisch, und die großen, an
Dickhäuter erinnernden Automobile bewegen sich hektisch
vorwärts. In New York ist seit jeher jeder in Eile, die Hektik
ist mit der Stadt entstanden, und die junge Frau fühlt sich in
diesem euphorischen Klima ganz in ihrem Element. Auch sie
ist auf der Suche nach etwas, sie weiß nicht, wo ihre Träume
sie hinführen, aber sie kann es kaum erwarten, das zu entdecken. Vielleicht steckt sie genau deshalb mit dem Kopf in den
Wolken: Sie denkt darüber nach, wie sie ihr junges Leben um-
krempeln kann, sie hat es satt, als Unterwäsche-Model für das
Geschäft *Stewart und Company* zu arbeiten, und der Ballett-
unterricht hat ihr auch nur zu einer kleinen Nebenrolle in den
jährlichen Revueshows der *George White's Scandals* verhol-

fen. Aus ihrer Sicht als Darstellerin ist dieses Ambiente nicht gerade aufregend, obwohl auch Louise Brooks bei den *Scandals* angefangen hat, um dann zum allseits bewunderten Kinostar zu avancieren. Die wunderschöne junge Frau mit dem Kopf in den Wolken hat ganze Nachmittage gemeinsam mit ihrer Freundin Minnow verbracht, um in der Zeitschrift *Photoplay* die Lebensläufe der Filmdiven zu studieren, doch eine Karriere als Schauspielerin reizt sie nicht, viel faszinierender findet sie das Talent von Anita Loos, die in sehr jungen Jahren einen Bestseller geschrieben und sich in einer von Männern dominierten Welt durchgesetzt hat. Sie hat den Roman »Gentlemen prefer Blondes« verschlungen und ist begeistert von der Vorstellung, dass eine Frau nun nicht nur endlich das Wahlrecht hat, sondern auch Schriftstellerin oder, was auch immer ihr in den Sinn kommt, werden kann. Alles, nur nicht diese langweiligen Schulen besuchen, von denen sie immer wieder geflogen ist, weil sich ihr Betragen für ein anständiges Mädchen »nicht geziemte«. Als ob das Rauchen einer Zigarette schon eine Straftat wäre. Sie spürt, dass sie eine künstlerische Ader hat, es ist eine diffuse Neigung, aber um den wilden Teil in sich zu entdecken, muss sie frei und unabhängig sein. Ja, dessen ist sie sich sicher. »Das Schicksal geht weiter«, hat ihr Anita Loos geschrieben, ein magischer Satz, der als Titel für diesen New Yorker Vormittag herhalten könnte.

Inzwischen hat sie die Eltern davon überzeugt, dass sie nicht länger in Poughkeepsie leben kann: Die Provinz erstickt sie und macht sie krank. Nachdem der Vater sie fiebrig und kraftlos wie ein Gespenst durch das Anwesen hat streifen sehen, hat er beschlossen, ihrem Wunsch nachzugeben: »Dann sei es eben New York.« Letztlich ist die Stadt kaum hundert Kilometer von daheim entfernt, und er kann sie besuchen, wann immer er will. Legt nicht auch seine Ehefrau Florence diese Strecke zweimal die Woche wegen ihrer Sitzungen mit Dr. Bill zurück? Der prominente Psychologe, erster Vertreter Freuds in Amerika, behandelt sie nach einem missglückten Suizidversuch, und die Ergebnisse sind fantastisch. Es heißt, die Mutter habe einen anderen, fürsorglicheren und aufmerksameren Mann als ihren Gatten kennengelernt, doch habe ihr im letzten Augenblick der Mut gefehlt, ihn zu verlassen, deshalb sei sie schließlich in Behandlung gegangen. Ein guter Ausgang für Ingenieur Miller, der nie den Glauben an seine wissenschaftlichen Illusionen verloren hat. Doch über diese Dinge wird in der Familie kaum gesprochen. Mutter und Tochter haben gelernt, besonders heikle Themen zu umschiffen: Besser, man verbringt die Nachmittage mit exzessivem Shoppen in den schicksten Geschäften der Stadt, wohingegen am Abend der Broadway mit einem glanzvollen Spielplan aufwartet. Sie sind begeisterte Theaterbesucherinnen, aber sie haben einen sehr unterschiedlichen Geschmack und diskutieren eifrig jede Vorstellung: Ibsen und Eugene O'Neill sind zu heftig für die Mutter, die sich nicht gern in den psychologischen Introspektionen der von der Tochter so geliebten Dramen widerspiegeln mag. Ist es nicht eine sinnlose Qual, ins Theater zu gehen, um die eigenen Nöte aus dem Mund von Hedda Gabler zu hören? Genügt nicht das, was sie während der langen Sitzungen mit Dr. Bill zur Sprache bringen muss?

Trotz all ihrer Anstrengungen bleibt Florence eine im 19. Jahrhundert verhaftete Frau, die in ihrer Tochter eine gelungenere Version ihrer selbst sieht: eine darwinistische Weiterentwicklung des weiblichen Wesens, würde es ihr Ehemann zufrieden nennen. Hinter dem engelsgleichen Gesicht ihres Kindes erkennt die Mutter die Charakterzüge der Kriegerin, die nur darauf wartet, sich in diese neue Welt zu stürzen, auf die sie selbst sich nicht hat einlassen können. Das hat sie begriffen, als sie gemeinsam mit Theodore nach Paris gereist ist, um sie abzuholen. Was für eine Idee, sie dort gemeinsam mit der Französischlehrerin überwintern zu lassen … Madame Kohoszyńska hat es nicht geschafft, die Begeisterung der wunderhübschen jungen Frau zu bremsen, die an diesem verführerischen Ort jene Inspiration gefunden hat, nach der sie suchte: Durch die von Künstlern und Bohémiens bevölkerten Straßen zu schlendern, hat ihr den Kopf verdreht. Und aus einem solchen Rausch führt kein Weg mehr hinaus.

Sie hatten ihrem Betteln stattgegeben – Theodore war immer derjenige, der als Erster nachgab –, und der Lehrgang an der École Medgyes pour la Technique du Théâtre schien eine gute Idee, doch die junge Frau wollte nicht mehr zurück. Und dann dieser Künstler, Ladislas Medgyes, Direktor der Schule, ein Theatergenie … wie leicht konnte sich ein junges Mädchen von einem solchen Mann blenden lassen. Aber er war derart viel älter, dass die Sache selbst für so aufgeschlossene Eltern wie sie etwas Heikles hatte.

»J'ai pensé faire une soirée pour fêter ton retour …« Manchmal spricht die wunderschöne junge Frau mit sich selbst Französisch, um die Verbindung zu der außergewöhnlichen Umgebung, in der sie sich zum ersten Mal glücklich und vor allem frei gefühlt hat, nicht abreißen zu lassen. Jetzt, inmitten des Trubels der 5th Avenue, zwischen hupenden Taxis und gehetzten Passanten, ist sie in Gedanken vielleicht gerade bei ihrem Pariser Traum. Jedenfalls ist sie derart in ihre Fantasien vertieft, dass sie nicht bemerkt, wie eine Limousine direkt auf sie zufährt: Es könnte das traurige Ende einer vielversprechenden Geschichte werden, doch das Schicksal will es anders. Sie springt zurück und landet in den Armen eines Passanten, klammert sich an diesen Mann, um nicht zu stürzen. Der Tweedmantel ihres Retters riecht nach Regen und Aftershave. Statt vor Schreck in Ohnmacht zu fallen, schaut ihm die junge Frau direkt in die Augen und bemerkt einen Herrn mittleren Alters, der sie verblüfft betrachtet.

»Excusez-moi, monsieur …«, stammelt sie angesichts des Schocks auf Französisch, eine Extravaganz, die sie nur um so faszinierender wirken lässt.

Es gehört einiges dazu, im richtigen Moment am richtigen Ort zu sein, und Elizabeth Miller ist eine Meisterin des Zufalls. Der Unbekannte heißt Condé Nast und ist einer der einflussreichsten Männer des amerikanischen Verlagswesens. Mit großem Gespür und Geschäftssinn hat er eine kleine Wochenzeitung namens *Vogue* in eine Zeitschrift verwandelt, die die Mode der Upperclass diktiert, und an diesem Morgen ist dem Magnaten auf der Stelle klar, dass die junge Frau, die in seinen Armen gelandet ist, nicht nur fantastisch aussieht, sondern auch die Quintessenz moderner Eleganz verkörpert. Für ihn besteht kein Zweifel: Sie ist der weibliche Prototyp, nach dem er sucht, um den neuen amerikanischen Stil zu präsentieren.

Wenige Monate nach dieser Zufallsbegegnung erscheint Elizabeth Millers Gesicht auf der Titelseite von *Vogue America*, gestaltet von Georges Lepape, dem angesagtesten Illustrator seiner Zeit. Im Vordergrund sieht man das Bild einer umwerfend schicken jungen Frau in dem für das Jazzzeitalter typisch burschikosen Look, während im Hintergrund verlockend die bunten Lichter eines nächtlichen Manhattans funkeln. Das Gesicht der gerade neunzehnjährigen Elizabeth wird von einem ultramarinblauen Glockenhut umrahmt, der die weißgepuderte Haut, die roten Herzlippen und die hellblauen, gnadenlos durchdringenden Katzenaugen zur Geltung bringt. Wir, die wir dieses Bild fast hundert Jahre später betrachten, sehen darin weniger die Titelseite einer Modezeitschrift als vielmehr den Ausdruck einer mystischen Ära, wie sie uns aus den Romanen von Francis Scott Fitzgerald bekannt ist: Seine Heldinnen sind junge emanzipierte und freche Frauen, die kniefreie Kleider tragen, Charleston tanzen, trinken, rauchen und sich nicht damit zufriedengeben, nur im Auto am Steuer zu sitzen, sondern die auch ihr eigenes Leben steuern wollen und dabei ein halsbrecherisches Tempo an den Tag legen. Eine kopernikanische Wende, die sich selbst die weitsichtigsten Suffragetten nicht hätten träumen lassen und die der öffentlichen Meinung, angesichts jener ruchlosen, *Flapper* genannten jungen Frauen, ein Dorn im Auge bleibt: Dieses lautmalerische Wort erinnert übrigens an das Flügelschlagen eines kleinen Vogels, der soeben das elterliche Nest verlassen hat und nicht beabsichtigt, dorthin zurückzukehren.

Zelda Fitzgerald, die all diese Frauen verkörpert, schreibt:

»Die *Flapper* ist aus der Lethargie ihrer Vorgängerinnen erwacht, hat sich die Haare kurz geschnitten, ihre schönsten Ohrringe angelegt und sich mit einer guten Portion Wagemut und Lippenstift in den Kampf gestürzt.«

Es geht nicht nur um einen Modekampf: Hinter den bunten und provokanten Aufmachungen, die wir aus Filmen und

Romanen kennen, verbirgt sich der drängende Wunsch nach Emanzipation, den die bürgerliche Gesellschaft einzudämmen versucht. Doch die neue Generation junger Frauen zurück in die Enge der häuslichen vier Wände zu führen, scheint kein leichtes Unterfangen zu sein. Elizabeth ist mittendrin im Geschehen und entschlossen, ihre Chance zu nutzen.

Die Titelseite der *Vogue* vom März 1927 markiert den triumphalen Einzug Miss Millers in die glanzvolle Welt der Mode. Für die junge Schönheit aus Poughkeepsie ist es ein erstaunlicher Erfolg. Innerhalb weniger Monate taucht ihre elegante und außergewöhnliche Gestalt in den glamourösesten Zeitschriften des Medienimperiums von Condé Nast auf, und sie wird zu einer Ikone des Luxus. »Das Schicksal geht weiter«, aber in so schwindelerregendem Tempo, dass es einem den Atem verschlägt.

Die Archivfotos zeugen von dieser überraschenden Entwicklung: Ich sehe Elizabeth in Dreiviertelansicht, den sinnlichen Ausschnitt dem Objektiv zugewandt, bedeckt von einem zarten Tüllkleid ganz in Schwarz und mit einer glänzenden Kette aus *Jais* geschmückt. Dieses Bild ist der Inbegriff des Chics, eine geradezu majestätische Aufnahme von Edward Steichen, dem Star-Modefotografen, der die junge Frau, hingerissen von ihrer geheimnisvollen Ausstrahlung, auf Dutzenden legendären Fotos verewigt hat. Mal ist sie eine kunstvoll in ein cremefarbenes Seidenunterkleid verpackte und mit einem weißen Fuchs verzierte Lady; kurz darauf wird sie zu einer burschikosen und selbstbewussten jungen Dame im Chanel-Hosenanzug an Deck einer Milliardärs-Yacht; dann wieder ist sie das betörende *Uptown Girl* im blütenweißen, mit Swarovski-Steinen besetzten Satincape. »Schließ die Augen und

öffne sie dann rasch wieder, so wirkt dein Blick natürlicher.«
Die junge Frau mit den perfekten Gesichtszügen scheint das
geborene Model zu sein, sie hat eine Aura, die die Meister der
Fotografie verzaubert. Vor allem ihr rätselhafter Blick hat es
ihnen angetan: eine ganz besondere Eigenschaft für ein Model. Vor der Kamera wirkt sie wie unerreichbar, versunken in
eine ferne Welt. »Öffne die Augen, Li-Li«, diesmal ist es dein
Vater, der dich fotografiert, du bist nackt und verspürst keine
Scham, er ist es, der dir beigebracht hat, Körper und Gefühle
zu trennen. Eine Überlebensstrategie, die zu ihrem größten
Talent wird. »Schließe die Augen, Elizabeth, und träume.« Du
bist am Ufer eines sonnigen Strandes, und die Wellen streifen
deinen mit Algen und Muscheln bedeckten Körper. »Öffne die
Augen, so bist du perfekt.« Eine von Erté stilisierte Ikone, eine
Femme fatale oder eine romantische *jeune fille en fleurs,* wie
der Meister der Porträtfotografie Arnold Genthe sie darstellt.
Im Licht der Scheinwerfer wird Elizabeth Miller zum Kaleidoskop tausend verschiedener Frauen, doch ihre Gedanken
sind anderswo, an einem Ort, den niemand sonst betreten darf.
Diese kostbare Realitätsferne ist keine an der Schauspiel-
schule einstudierte Technik, sondern eine überlebenswichtige
Waffe, die sie seit ihrer Kindheit erprobt hat: ein unsichtbarer
Schleier, der sie vor jenem nie genannten Schmerz schützt,
den sie nur ein einziges Mal in ihrem Tagebuch als »meine
dreckige Vergangenheit« erwähnt. Doch was jetzt zählt, ist die
Gegenwart, und der unerwartete Erfolg als Model gibt ihr die
Freiheit, nach der sie sich immer gesehnt hat. Elizabeth ist in
ein neues Leben katapultiert worden, und sie hat vor, es ganz
und gar auszukosten. Sie ist gerade erst zwanzig geworden,
und das New Yorker *Café Society* empfängt sie begierig. Miss

Miller steht auf der *Guest List* der angesagtesten Clubs und ist stets von einer Schar Bewunderer umringt, die hingerissen sind von ihrer Schönheit.

»Hat dir noch nie jemand gesagt, dass du aussiehst wie Marlene Dietrich? Nein, eigentlich eher wie Greta Garbo. Oder, besser gesagt, wie alle beide.«

»Und du siehst aus wie Groucho Marx bei einer seiner schlechtesten Vorstellungen«, erwidert sie amüsiert.

Auch wenn sie von einem Flirt zum anderen flattert und sich wie eine Femme fatale gibt, bleibt sie unter der Schale ihrer schicken Kleider das draufgängerische kleine Mädchen aus Poughkeepsie, das auf die Bäume des elterlichen Anwesens klettert. Sie hat keine aufgeschlagenen Knie mehr, sondern trägt hauchzarte Seidenstrümpfe, aber sie bleibt stets die unbezwingbare Li-Li, die keiner zu fassen bekommt.

Condé Nast will sie bei seinen exklusiven Partys in dem legendären 30-Zimmer-Appartment in der Park Avenue dabeihaben. Für den Tycoon sind Elizabeth und ihre Freundin Tanya Ramm ein unverzichtbares Dekorationselement, mit dem sich die Gästeliste, auf deren Zusammenstellung er eine beinahe an den Cast eines Hollywoodschinkens erinnernde Sorgfalt verwendet, bereichern lässt. Tanya ist brünett mit Cleopatraaugen, Elizabeth ist die engelsgleiche Blondine mit Bubikopf. In den Zimmern voller antiker Möbel und Perserteppiche sind auch die beiden jungen Frauen Sammelobjekte, die man gern besitzen würde. Aber Elizabeth lässt sich nicht vom Luxus blenden. Und sie gibt den sprichwörtlichen Avancen von Nast nicht nach, der, wie es heißt, von unstillbarem sexuellem Verlangen besessen sein soll, insbesondere bezüglich seiner jungen Entdeckungen.

»Sag selbst, er ist ein harmloser alter Bock.«

»Ja, aber es ist besser, zwischen ihm und mir steht immer ein Schreibtisch.«

So lauten die Kommentare der jungen Frauen, während sie an ihrem Jahrgangschampagner nippen, um nach kurzem Verweilen interessantere Orte aufzusuchen, wie etwa die Zusammenkünfte von Neysa McMein, einer talentierten und extravaganten Illustratorin, die in ihrem Atelier in der 5th Street die hübschesten Denker der Stadt versammelt. Während dieser feuchtfröhlichen Abende übt Irving Berlin seine neuesten Kompositionen am Klavier, während Charlie Chaplin die Gäste mit komischen improvisierten Monologen unterhält. Neysa ist es, die sie zum ersten Mal Lee nennt: ein Name, so kurz wie ein musikalischer Ton, der sowohl für einen Mann als auch für eine Frau passen könnte. Elizabeth übernimmt ihn sofort und begräbt ihren ursprünglichen Namen für immer.

In Neysas Salon sind auch Dorothy Parker und deren Freunde aus dem Literatenzirkel Algonquin Round Table, die über den jüngsten in der Zeitschrift *The New Yorker* erschienenen Verriss der Journalistin diskutieren.

»Das Erste, was ich morgens mache, ist Zähneputzen und meine Zunge schärfen«, erklärt Parker.

Lee pflichtet ihr bei: Auch sie hat eine scharfe Zunge. Dem süßlichen Gerede ihrer Bewunderer begegnet sie mit Ironie und lässt sie erbarmungslos abblitzen.

»Weißt du, wie die *Flappers* Eheringe nennen? Handschellen! Und dem kann man nur zustimmen.«

Es ist nicht leicht, sie zu erobern und insbesondere sich an ihre überschäumende sexuelle Freizügigkeit zu gewöhnen, die Lee, genau wie ihre Altersgenossinnen, ungeniert an den Tag legt: eine absolute Neuheit für die Männer des frühen 20. Jahrhunderts, die sich plötzlich mit unabhängigen und emanzipierten Frauen konfrontiert sehen, die nicht gewillt sind, sich der puritanischen Wohlanständigkeit ihrer Mütter zu unterwerfen.

Die Frauen würden sich zu viel rumtreiben, erklärt Tom Buchanan, Daisys Ehemann in »Der große Gatsby« von Francis Scott Fitzgerald. Die einzige Möglichkeit, nicht auf der Strecke zu bleiben, besteht darin, die Bedingungen zu akzeptieren, die durch die neuen Gefühlsbeziehungen auferlegt werden und die nicht unbedingt auf Treue bauen.

Genau das ist es, was Elizabeth dem davon wenig begeisterten Alfred de Liagre junior in Aussicht stellt, einem gut aussehenden jungen Mann, der soeben sein Diplom an der Yale University abgelegt hat und der theoretisch alle Voraussetzungen erfüllt, um sich als offizieller Verlobter zu bewerben: Er ist faszinierend, großzügig, mit genau der richtigen Prise Humor, derer es bedarf, um eine brillante junge Frau wie Lee, die Eifersucht, vor allem aber Langeweile verabscheut, zu erobern. Weil er sie keinesfalls verlieren will, akzeptiert Alfred die anderen Beziehungen, auf die sich Lee ohne nachzudenken einlässt, wobei der größte Rivale ausgerechnet sein bester Freund, der kanadische Flieger Argylle, ist. Wie hätte jemand wie sie der Einladung in seinen glänzenden Doppeldecker widerstehen sollen, um Schulter an Schulter wie Co-Piloten durch den Himmel über New York zu sausen? Lee mag keiner Verlockung widerstehen, sie ist davon überzeugt, dass es keineswegs anstößig ist, zwei oder mehr Beziehungen gleichzeitig zu führen. Eine Haltung, die sie niemals aufgegeben hat im Laufe ihres bewegten, von gebrochenen Herzen und rasenden Eifersüchten geprägten Liebeslebens. Das aber auch ungewöhnliche Freundschaften zwischen rivalisierenden Männern zu verzeichnen hatte, die, aus aufrichtiger Liebe zu ihr, gelernt hatten, ihre Unabhängigkeit zu akzeptieren. Sie ist ein echtes Phänomen, das noch heute, fast hundert Jahre später, bei vielen um die eigenen Belange ringenden Frauen Bewunderung und Staunen auslöst.

Es ist diese unermüdliche Suche nach Freiheit, die mich an Lee Millers Geschichte am meisten fasziniert. In meinen flammendsten Fantasien stelle ich sie mir als Heldin eines dringend benötigten Frauen-Epos vor, die unter dem Glanz ihrer edlen Kleider die Rüstung einer Kämpferin trägt, bereit, sich zur Wahrung der eigenen Autonomie jeglicher Herausforderung zu stellen.

Doch es ist nicht so einfach, wie es scheint. Das kleine Mädchen, das allen Schmerz der Welt erfahren und ihn an einem geheimen Ort verschlossen hat, weiß zwar, wie sie Sexualität und damit einhergehende Gefühle voneinander zu trennen hat, aber sie bleibt eine Gefangene ihrer maßlosen Schönheit. »Die Privilegien der Schönheit sind immens«, wird ihr Jean Cocteau Jahre später erklären. Aber diese Ressource, die ihr Leben verändert hat, ist auch eine tödliche Falle, der sie so schnell wie möglich entkommen muss.

Eine Bleistiftzeichnung, eine Skizze, die Lee während ihrer Pariser Zeit an der Seite von Man Ray angefertigt hat, zeigt die elegante Silhouette einer Frau in Kostüm und Hütchen, die mit einer Reihe von Messern aus der Hand eines unsichtbaren Messerwerfers an einer Wand festgehalten wird. Offenbar eine geistreiche Karikatur, die darauf verweisen will, wie sehr sich

Frauen zu Sklavinnen der Mode machen und Opfer und Komplizinnen eines künstlich entworfenen Bildes übertriebener Weiblichkeit sind. Aber diese Zeichnung ist auch das Porträt ihrer eigenen Situation als Model, das von den erbarmungslos sezierenden Blicken der Männer auf diese Rolle festgenagelt wird. »Schließ erneut die Augen, Lee, lass dich gehen, du bist ein bunter Schmetterling, der mit einer Nadel auf ein Blatt gesteckt ist, du verspürst keinerlei Schmerz, doch deine Flügel sind gefangen, und wenn du versuchst zu fliehen, so wird dich eine dünne Glasscheibe am Abheben hindern.« Als Lee die Augen öffnet, sieht sie nicht nur die blendenden Scheinwerfer, die das Setting ausleuchten, sondern sie konzentriert sich auf die Techniken der Meister, die sie fotografieren. Sie spürt, dass diese wunderbare Kunst, die sie dank der väterlichen Lektionen seit ihrer Kindheit liebt, ein Teil von ihr ist, den sie beherrschen lernen muss, wenn sie ihre Zukunft verändern will. Es geht um den Wechsel der Perspektive, darum, auf die andere Seite der Kamera zu gelangen, doch was wie eine winzige Bewegung erscheint, ist in Wahrheit ein riesiger Schritt für eine allein wegen ihres Äußeren geschätzten jungen Frau. Es sind die unscheinbaren Frauen, denen niemand den Hof macht, die danach streben, einen Beruf zu erlernen. Weshalb sollte Lee das Kapital ihrer eigenen Schönheit verschleudern, um sich in ein Abenteuer voller Unwägbarkeiten zu stürzen?

Die Art Students League of New York, wo sie sich voller Erwartungen und mit dem Segen Theodores eingeschrieben hatte, erscheint ihr nicht mehr als der heilige Ort, an dem »ihr Talent aufblühen würde«, wie es der Direktor verkündet hatte. Lee hat das Gefühl, dass alle Gemälde bereits gemalt sind und dass jenseits der verstaubten Hörsäle eine spannendere Welt darauf wartet, eingefangen zu werden. »Die Fotografie ist eine Kunst, die der Malerei in nichts nachtsteht«, erklärt ihr Edward Steichen immer wieder, während er seinen Assistenten, die ihn wie eine Gottheit verehren, Anweisungen erteilt. Der neben Alfred Stieglitz – einem weiteren Pionier der Kunstfotografie – für das Image von *Vogue* und *Vanity Fair* verantwortliche Fotograf ist Gründer der Photo-Secession, eines Clubs, der die amerikanische Fotografie revolutioniert und einfache Reproduktionen der Realität in Kunstwerke verwandelt hat, die den in Museen ausgestellten Gemälden ebenbürtig sind. Seine Mitglieder gehören zu den Ersten, die an die avantgardistischen Strömungen jenseits des Atlantiks glauben und in ihren New Yorker Galerien Ausstellungen mit Werken von Matisse, Picasso, Picabia und Kandinsky organisieren, mit denen sie für Neugier und Aufsehen sorgen. Lee ahnt noch nicht, welchen Einfluss diese Künstler auf ihr Leben haben werden, aber die Atmosphäre dieser Orte tut ihr gut.

Wenn sie für Steichen Modell sitzt, versucht sie, alle Geheimnisse dieser Kunst zu verinnerlichen: Noch ist sie nur eine schöne, mit Schmuck behangene Statuette im Abendkleid, aber ihr schwebt bereits eine andere Frau vor, eine Frau, die Stative aufstellt, Objektive anschraubt und die Beleuchtung für das Setting, das A und O eines jeden Fotografen, anordnet. Dass Greta Garbo »die Göttliche« genannt wird, ist letztlich einem berühmten Porträt von Steichen zu verdanken, mit dem er sie verewigt und zu einer zeitlosen Ikone gemacht hat.

Die neue Fotografie löst die reale Welt auf, setzt sie in anderer Form wieder zusammen und verändert sie mit derselben Wucht wie ein kubistisches Gemälde; sie liest geheimste Gefühle in Gesichtern und liefert neue Interpretationen urbaner

Landschaften, die bis dahin bloß tausendfach auf Ansichtskarten zu finden waren.

Lee möchte jene Zauberkunst erlernen, die die Wirklichkeit untergräbt, indem sie Blickwinkel eröffnet, die sich bisher noch niemand vorzustellen wagt. Sie ist eine Zwanzigjährige aus dem New Yorker Umland und könnte sich eigentlich mit dem Dasein einer kleinen Modeprinzessin zufriedengeben. Doch sie spürt, dass etwas Größeres auf sie wartet. Und sie wird sich diese Chance nicht entgehen lassen.

Roosevelt Field, New York 1927

Das Gelände des Flughafens Roosevelt Field ist aufgeweicht
von heftigen Regenfällen, doch an diesem Morgen spiegelt sich
in den Pfützen ein klarer und blauer Himmel. Charles Lindbergh hat den Flug wegen instabiler Wetterlage mehrfach ver-
schoben, die Fans des Piloten lassen sich aber nicht entmutigen
und versammeln sich jeden Tag erwartungsvoll auf dem nas-
sen Rasen, in der Hoffnung, der Sensation des Jahrhunderts
beizuwohnen. Ein legendäres Ereignis, für das es sich lohnt,
in aller Herrgottsfrühe aufzustehen. Auch die wunderschöne
junge Frau aus Poughkeepsie ist gemeinsam mit ihrem flug-
zeugbegeisterten Bruder John gekommen, um dem Start beizuwohnen, der in die Geschichte eingehen könnte. Lindbergh
will den Orteig-Preis gewinnen. Wenn er das schafft, wird er
nicht nur fünfundzwanzigtausend Dollar Preisgeld kassieren,
sondern auch der erste Mensch sein, dem der Atlantiküberflug
von Amerika nach Frankreich gelungen ist. Viele haben diesen Versuch im Alleingang und ohne Unterbrechung bereits
gewagt, und die Zeitungen berichten von den katastrophalen
Folgen dieser Experimente.

Fliegen ist der neue Hype. Kaum ein junger Mann, der nicht
davon träumt, den Himmel an Bord eines Doppeldeckers zu

durchpflügen. Überall im Land besuchen Tausende von Menschen die Flugschauen, bei denen die besonders Waghalsigen atemberaubende Pirouetten drehen und auf den zarten Flugzeugflügeln riskante Kunststücke vollführen, um mit ihren Darbietungen und improvisierten Tänzen das Publikum zu begeistern. Auch Charles Lindbergh hat als Akrobat begonnen, doch nun strebt er nach ewigem Ruhm. Niemand mehr scheint Angst zu haben in dieser Zeit, die man »die wilden Zwanziger« nennt: Alle sind bereit, sich in jenes aufregende Abenteuer zu stürzen, das Zeit und Raum zu überwinden verspricht, um die Menschheit zu ungeahnten Zielen zu führen.

Lee ist Teil der Menge, die seit dem Morgengrauen auf dem schlammigen Feld versammelt ist und darauf wartet, den Eindecker aus dem Hangar rollen zu sehen. Wenn Lindbergh sie auffordern würde, an Bord seiner *Spirit of St. Louis* zu steigen, würde sie keinen Augenblick lang zögern.

»Was für ein Wahnsinn, Paris in dreiunddreißig Stunden zu erreichen ... Wie der Blitz. Du schließt die Augen, und schon bist du da«, flüstert sie John ins Ohr, der keinen Zweifel an dem waghalsigen Wunsch der kleinen Schwester hegt.

Es wäre ein fantastisches Abenteuer, aber vor allem ein Mittel, um in jene Stadt zurückzukehren, die ihr enger ans Herz gewachsen ist als jeder Liebhaber. Sie hat noch nie Angst vor dem Fliegen gehabt und liebt es, die Welt von oben zu sehen: ein Rausch, der ihr das Gefühl von Leichtigkeit und neu erwachter Kraft verleiht, frei von der Last jenes wunderbaren, aber auch so hinderlichen Körpers. Sooft sie kann, lässt sie sich von ihren Verehrern an Bord einer Jenny mitnehmen, einer jener Schuldoppeldecker aus dem Ersten Weltkrieg, die nach Ende des Konflikts verkauft wurden: In Friedenszeiten wissen die Hersteller nicht, was sie damit anfangen sollen, und noch erscheint die Zukunft alles andere als düster. Auch Theodore ist davon überzeugt, wenn er die Zeitung liest: »Fortschritt führt unweigerlich zu Wohlstand und Glück.« Niemand ahnt, dass bereits wenige Jahre später amerikanische Flugzeuge starten werden, um Europa von den nationalsozialistischen Aggressoren zu befreien; und erst recht kann niemand ahnen, dass der große blonde Kerl, der die legendäre Atlantiküberquerung wagen wird, einer der erbittertsten Gegner dieses Einsatzes sein wird. Seine Sympathien für Hitler-Deutschland bringen ihm eine hohe Auszeichnung des Dritten Reichs ein; die Hakenkreuzmedaille wird den Glanz des Helden für immer überschatten. Doch an diesem kühlen Maimorgen auf dem Roosevelt Field ist Lindbergh noch der *Lucky Boy* des amerikanischen Traums. Forschend blickt er in den Himmel, zögert nicht länger und entschließt sich zum Aufbruch.

Die *Spirit of St. Louis* kommt auf dem holprigen Gelände nur ruckweise voran, die Menge verfolgt sie mit angehaltenem Atem. Dieser legendäre Ort ist heute nicht mehr wiederzuerkennen, an seiner Stelle ist ein Einkaufszentrum aus Stahl und Glas entstanden, wo man in Soße getränkte Hamburger essen kann und keine Spur mehr von der Startbahn zu finden ist, auf der das kleine wackelige Luftgefährt so viele Herzen zum Klopfen gebracht hat. Die Ereignisse sind in Filmreportagen festgehalten, unscharfe Schwarz-Weiß-Aufnahmen, die zeigen, wie das zerbrechliche Fluggefährt von einem Dutzend Freiwilliger angeschoben wird: Sobald sie von dem Flieger ablassen, fängt er an zu schlingern und zu schwanken, schafft es nicht abzuheben. Doch als alle bereits mit dem Schlimmsten rechnen, erhebt er sich plötzlich vom Boden, streift haarscharf über einer Baumgruppe entlang, entschwindet allmählich und wird zur Legende.

Lee lässt ihn nicht aus den Augen, bis er nur noch ein winziger Punkt inmitten von Blau ist. Sie begreift, dass auch sie den Mut fassen muss, sich zu einem neuen Leben aufzuschwingen, wenn sie die eigene Angst besiegen will. Sie sieht Lindberghs Flugzeug entschwinden und gelangt zu der Überzeugung, dass nur Paris, die Stadt, in der sie sich zum ersten Mal frei gefühlt hat, ihrer Unruhe etwas entgegenzusetzen vermag.

»Ich möchte lieber Fotos machen, als ein
Foto zu sein.«

LEE MILLER

New York 1929

»April. Die *Vogue* enthält diesen Monat zwei Kunstfotografien
von Elizabeth Miller.«

So schreibt Theodore in sein Tagebuch, wie stets, wenn Lee
in dieser Zeitschrift auftaucht. Anmerkungen im Telegramm-
stil, die von seiner praktischen Veranlagung, aber auch von im-
mensem Vaterstolz zeugen. Seine Tochter ist das angesagteste
Model New Yorks, doch wenn sie an den Wochenenden nach
Hause kommt, ist sie wieder Li-Li, das Lieblingsmotiv seiner
»Kunstfotografien«. Dank seiner Vertrautheit mit dem Stereo-
skop, einem speziellen Bildbetrachter, dessen Geheimnisse er
genauestens kennt, ist der unermüdliche Ingenieur in der Lage,
quasi dreidimensionale Bilder zu präsentieren, die die Illusion
räumlicher Tiefe erzeugen und Lees nackten Körper noch statuenhafter wirken lassen. Das bildhübsche Mädchen hat die
zwanzig bereits überschritten und ist nunmehr eine selbstbe-
wusste Frau, die sich ohne Scham auf die väterlichen Experimente einlässt. Das Gesicht im Dreiviertelprofil fixiert einen
Punkt außerhalb des Sichtfeldes, die Arme sind hinter der
Lehne eines heimischen Wohnzimmersessels verborgen, die
leicht übereinandergeschlagenen Beine lassen das entblößte
Geschlecht im Dunkeln verschwinden, während die perfek-

ten Brüste auf natürliche Weise dem Objektiv zugewandt sind: eine klassische Pose, an der Lee sicherlich im Einklang mit Theodores Anweisungen mitgewirkt hat. Der Vater ist stolz, sie in ihrer neuen künstlerischen Neigung zu ermutigen. Ein Familienfoto, das durch seine Ambiguität befremden könnte, aber eigentlich nichts Heikles an sich hat. Da ist nichts, woran man Anstoß nehmen könnte, nur der Wille, Gebiete zu erkunden, die beider Neugierde wecken.

Elizabeth Miller erstaunt mich und wirft meine Überzeugungen immer wieder über den Haufen. Sie bewegt sich an den Grenzen der Sittlichkeit und überbietet mit ihren provokanten Gesten uns junge Frauen der Siebzigerjahre, die wir gerade einmal einen BH verbrannt haben. Ich fühle mich wie in den Bann geschlagen von ihrer unerschütterlichen Entschlossenheit. Noch ist sie ein Schmetterling unterm Scheinwerferlicht, doch diese Aufnahme zeugt bereits von der Künstlerin, die um ihren Aufstieg kämpft. Vater und Tochter sind Komplizen und werden es ein Leben lang bleiben. Ihr Verhältnis ist einem Außenstehenden schwer vermittelbar, aber es bleibt intakt, egal welch wagemutige Entscheidung Elizabeth auch immer trifft. Theodore steht ihr auch zur Seite, als eine elegante Fotografie von Steichen, auf der sie in prachtvollem Abendkleid zu sehen ist, ohne Lees Einwilligung zu Werbezwecken für Frauenhygieneartikel an die Firma Kotex verkauft wird. Wenn man bedenkt, dass sich Werbespots für Damenbinden auch heute nicht gerade durch Eleganz auszeichnen, lässt sich leicht vorstellen, für welches Aufsehen das Foto von Elizabeth Miller in den Zwanzigerjahren gesorgt hat. Der Slogan dazu lautete: »Ein berühmtes Fotomodell empfiehlt sie Frauen, die enge Kleider tragen. Testen Sie auch Kotex Supersize mit dem besonderen Schutz aus Baumwollzellstoff.«

Es ist das erste Mal, dass eine *Real-Life-Woman* dafür herhält, ein Intimprodukt zu bewerben, dessen Erwähnung in der Öffentlichkeit als derart unschicklich galt, dass die Apotheken, um ihre Kundinnen nicht in Verlegenheit zu bringen, die Produkte vor der Ladentheke postierten und daneben eine kleine Kasse aufstellten, in die sie das Geld legen konnten, ohne die Verkäufer behelligen zu müssen. Der amerikanische Puritanismus entlädt sich gegen diese als skandalös erachtete Werbekampagne, und viele Zeitschriften weigern sich, die angeprangerte Reklame abzudrucken. Und Lee wird unfreiwillig zum Kotex-Girl. Ihr Einspruch erweist sich als nutzlos. Als Model hat sie keinerlei Rechte an den eigenen Bildern, und auch die juristischen Versuche ihres Geliebten Alfred de Liagre junior, der zu ihrer Verteidigung jedem den Prozess machen würde, bleiben fruchtlos. Lee ist verletzt, sie fühlt sich ausgenutzt, und unweigerlich steigen ihre schmerzliche Vergangenheit und die Gespenster der Kindheit wieder in ihr auf. Doch sie wird die Lehren aus dieser unangenehmen Erfahrung ziehen. Wenn ihr Körper so wertvoll ist, wird sie selbst vollkommen eigenständig als Künstlerin und Frau darüber bestimmen. Sie beschließt, dem Sturm der Entrüstung mit einem Schulterzucken zu begegnen, und erklärt, sie sei stolz darauf, im Namen aller Frauen dazu beizutragen, mit einem verachtenswerten Tabu zu brechen. Theodore kann ihr nur beipflichten und ist auch dann noch bereit, Lee zu unterstützen, als sie der Familie während eines sonntäglichen Mittagessens ihren Entschluss mitteilt, nach Paris zu ziehen, um ihrer neuen Berufung zu folgen.

Die dunkelblaue, mit Strass besetzte Samthandtasche enthält ein Anschreiben an Man Ray, den großen amerikanischen Fotografen, der in Paris lebt und arbeitet. Lee streicht über das Blatt wie über einen Glücksbringer und beobachtet dabei die beiden Männer neben ihr, die vor einer Flasche Champagner sitzen und lebhaft miteinander diskutieren. Wer soll sie am Tag der Abreise zum Pier begleiten? Alfred und Argylle streiten um dieses Vorrecht, doch die Musik von Duke Ellington übertönt ihre erregten Stimmen. Der *Cotton Club* ist die exklusivste Location in Harlem, es ist gar nicht so einfach, ein Tischchen in der ersten Reihe zu ergattern, zwischen den kunstvoll angeordneten Palmen, mit denen ein Flair von Wildnis erzeugt werden soll. Dieser sogenannte *Jungle Style* ist bei den weißen Gästen, die sich darum reißen, die beste Jazzmusik der Stadt zu hören, sehr beliebt. Die schwarzen Künstler dürfen zwar auftreten, aber ihre Anwesenheit im Zuschauerraum ist, mit Ausnahme der Kellner, verboten. Eine Absurdität, gegen die im damaligen Amerika der Rassentrennung niemand etwas einzuwenden hatte.

»Wenn du nach Paris kommst, musst du unbedingt die Vorstellung von Josephine Baker in den *Folies Bergères* anschauen, sie ist großartig«, sagt Alfred, der an seiner Karriere als Theateragent arbeitet und schon wenig später ein ausgezeichneter Broadway-Produzent wird.

»In Paris tritt Joséphine Baker vor schwarzem und weißem Publikum auf, und niemand schert sich darum. Hier wäre das ein Skandal«, erwidert Lee, die ihren Liebhaber gern herausfordert.

»Hier ist alles ein Skandal, Lee. Denk nur daran, was Mae West passiert ist: Hat man je erlebt, dass eine Schauspielerin wegen einer Aufführung verhaftet wurde?«

»Wenn das Stück ›Sex‹ heißt, muss man damit rechnen«, mischt sich Argylle ein.

Mae West hat mit ihren brillanten und provozierenden Komödien die öffentliche Moral in Aufruhr versetzt und auf der Bühne so über Sex gesprochen, wie es noch nie eine Frau zuvor gewagt hatte. Damit nicht genug, hatte sie nach der Haftentlassung der Presse gegenüber zufrieden erklärt: »Mit jeder Verhaftung steige ich die Erfolgsleiter höher hinauf, und ich hege nicht die Absicht innezuhalten.«

Auch Lee hat nicht die Absicht innezuhalten, obwohl ihre Liebhaber sie beschwören dazubleiben. Ihr Land engt sie immer mehr ein, es braucht so wenig, um plötzlich, wie die Heldin aus Nathaniel Hawthornes Roman, einen scharlachroten Buchstaben auf der Brust zu tragen. Nur der Sprung ins Ungewisse, in jenes Land, das sich die Freiheit auf die Fahnen geschrieben hat, bietet ihr die Chance, sich selbst zu verwirklichen. Der Entschluss ist gefällt und steht unverrückbar fest.

»Die Frauen, die ich kenne, würden wer weiß was dafür geben, an deiner Stelle zu sein: Du bist ein bekanntes Model, wirst von den wichtigsten Modejournalen hofiert und willst das alles wegen einer plötzlichen Grille aufgeben«, bringt es Argylle auf den Punkt.

»Du meinst, es sei eine Grille, wenn ich meine Neigungen erkunden will und dabei vielleicht entdecke, dass ich fotografisches Talent besitze? Das sagst du ja nur, weil ich eine Frau bin. Ich habe jedenfalls keine Lust mehr auf Diskussionen, das Ticket ist gebucht. Und wie schon Mae West sagte, werde auch ich, wenn ich schon zwischen zwei Übeln wählen kann, immer dasjenige wählen, das ich noch nicht kenne. Habt ihr eigentlich inzwischen entschieden, wer von euch mich begleiten wird?«

Während Duke Ellington zu *Jazz Lips* ansetzt und die Bläser ihn verschmitzt begleiten, überlassen sich die beiden Männer dem Schicksal und werfen eine Münze, die um ein Haar in Lees Champagnerglas gelandet wäre.

»Der Zufall hat für uns entschieden: Alfred wird es sein.« Argylle verbirgt seine Enttäuschung hinter einem höflichen Lächeln und denkt über einen Gegenzug nach.

An einem Morgen im Mai 1929 drängt sich Familie Miller auf dem Pier, in Begleitung des glücklichen Gewinners, der das Vorrecht auf den letzten Abschiedskuss seiner Angebeteten genießt. Nirgendwo eine Spur von Argylle, doch der junge Mann ist dickköpfig und bereitet gerade eine Überraschung für Lee vor. In aller Früh hat er auf dem Blumenmarkt Dutzende roter Rosen gekauft, und nachdem er den Blumenschatz in seinem Doppeldecker verstaut hat, startet er rechtzeitig in Richtung Meer. Kurz bevor Lees Schiff ablegt, geht, einer dunkelroten Wolke gleich, ein Blütenregen auf die Landungsbrücke nieder. Die Passagiere blicken zu der Jenny auf wie zu einer Erscheinung, doch Lee erkennt das Flugzeug, das noch immer über ihnen kreist, und weiß, dass es sich um einen zärtlich verrückten Einfall Argylles handelt.

Es ist eine wunderschöne Erinnerung, doch leider die letzte, die ihr an ihren romantischen Liebhaber bleibt, denn bei der Rückkehr zum Landeplatz wird der Pilot Opfer eines Unfalls, der ihn das Leben kostet. Eine gewaltige Tragödie, von der Lee erst nach ihrer Ankunft in Frankreich erfährt.

>»Ich werde dir ein großes Geheimnis sagen
Schließe die Türen
Es ist leichter zu sterben als zu lieben
Deshalb versuche ich zu leben
Geliebte.«

Paris, Juni 1929

Man müsste einen eigenen Roman über die Rue Campagne-Première in Paris schreiben. Sie ist weniger eine Straße als vielmehr ein Bannkreis, in den es zahllose beeindruckende Talente gezogen hat. Und wer weiß, ob uns im 21. Jahrhundert nicht ein kleiner Hauch jener Kreativität erhalten geblieben ist.

Langsam schlendere ich zwischen den Häusern entlang, atme tief durch, in der Hoffnung, irgendein besonderes Detail einzufangen, und stelle mir vor, wie die Anfang zwanzigjährige Elizabeth Miller zum ersten Mal hier entlangkam, um ihren zukünftigen Lehrmeister aufzusuchen. Ein feiner, fast unmerklicher Regen geht nieder, doch merkwürdigerweise werde ich nicht nass. Ich bin Zeugin jenes seltsamen Wetterphänomens, das es nur in dieser Stadt gibt, und auch nur an manchen Tagen, die den vier herkömmlichen Jahreszeiten trotzen und eine fünfte, eben die »Pariser« Jahreszeit bilden. Vielleicht regnet es auch an dem Tag, an dem Lee durch diese Straße läuft, um Man Ray kennenzulernen. Vielleicht hat sie sich in Erwartung des Treffens eine Lucky Strike angezündet: Das waren vermutlich ihre Lieblingszigaretten. Ich greife ebenfalls zu einer, ich habe mir gerade welche gekauft, obwohl ich inzwischen eigentlich nur noch diese elektrischen, angeblich weniger gesundheitsschädlichen Ersatzprodukte rauche. Aber einer Legende lässt sich mit so einem Zeug nicht nachspüren. Die Gegend ist noch nicht völlig durch die Moderne verunstaltet. Zwischen Neubauten und dem Neonlicht der Brasserien halten ein paar Bauwerke stand, die auch Lee auf dem Weg zum Atelier des großen amerikanischen Fotografen gesehen haben dürfte.

Die Franzosen sind besessen von ihrer eigenen illustren Geschichte: An jeder Haustür entdecke ich ein Schild, das an einstige berühmte Bewohner erinnert. In der Hausnummer 29 befindet sich noch immer das *Hôtel Istria,* heute ein unbedeutendes Drei-Sterne-Hotel, das jedoch Wert drauf legt zu betonen, dass in seinen Zimmern bereits Rainer Maria Rilke, Francis Picabia, Marcel Duchamp, Erik Satie, Tristan Tzara und der Dichter Wladimir Majakowski gewohnt haben, wobei Letzterer tatsächlich genau hier erneut Elsa Triolet begegnet ist: Sie war total verliebt in ihn, doch er hatte sich in ihre Schwester Lilja verguckt, und Elsa hatte sich zurückgezogen, um der Leidenschaft der beiden nicht im Weg zu stehen. Auf dem Schild neben dem Eingang zum Hotel wird Elsa jedoch wegen einer anderen Liebesgeschichte erwähnt: jener schicksalhaften Begegnung, die sie ihre Vergangenheit für immer vergessen lässt: »Nur was leuchtet, erlischt. // Als du aus dem *Hôtel Istria* tratst / war alles anders auf der Rue Campagne Première / im Jahr neunzehnhundertneunundzwanzig, gegen Mittag.« Das Gedicht trägt den Titel *Il ne m'est Paris que d'Elsa* [Paris ist mir nur durch Elsa gegeben], und dies sind nur einige von Tausenden Versen, die Louis Aragon der Frau widmet, die

sein Leben umgekrempelt hat: »Meine ewige Schlaflosigkeit /
meine Blüte, meine Heiterkeit / oh meine Vernunft, oh mein
Wahn / mein Wonnemonat, meine Melodie / mein Brennen,
mein Zauber / mein Universum, Elsa, mein Leben.«

Seit sich Aragon und die faszinierende Russin mit den
blauen Augen 1928 in der Brasserie *La Coupole* begegnet sind,
haben sie sich nie wieder voneinander getrennt: Sie bleiben
zusammen und erleben gemeinsam literarische und politische
Kämpfe, vor allem aber eine wahnsinnige Liebe. Es ist die von
den Surrealisten angestrebte Amour fou, eine weltliche Er-
leuchtung, und der einzige Weg, das Tor zur Kreativität zu
öffnen.

Ich war schon immer ein wenig skeptisch angesichts dieses
über alles andere erhabenen Gefühls, das die Frau zu einer
inspirierenden Gottheit erhebt. Eine Karriere als Muse unter-
scheidet sich eigentlich nicht so sehr von der des Hausengels:
Letztlich geht es immer darum, sich um jemanden zu kümmern, nur nicht um sich selbst. Aber durch solch kämpferische Gedanken will ich mich nicht bei meinem romantischen
Spaziergang in die Vergangenheit stören lassen. Elizabeth ist
soeben vom Boulevard du Montparnasse in die Rue Campagne-Première eingebogen: Ich darf sie nicht aus den Augen
verlieren, auch das Gedächtnis hat seine eigenen Regeln, genau
wie Google Maps, und wenn ich mich ablenken lasse, laufe ich
Gefahr, dass mir die Zeichen entgehen, die auch fast ein Jahrhundert später noch von ihrer Gegenwart zeugen. Die junge
Amerikanerin läuft elektrisiert durch die Straßen, nach denen
sie sich so gesehnt hatte, ohne zu ahnen, dass sie schon bald
in jenen künstlerischen Sog geraten wird, der die Stadt erfasst
hat. Vielleicht trägt sie einen leichten, locker geschnittenen

Mantel, wie es die Mode in jenem Jahr vorschrieb, und den unverzichtbaren Glockenhut, der die perfekten, nicht länger dem New Yorker Rampenlicht preisgegebenen Gesichtszüge umrahmt. Ihr steht ein wichtiges Treffen bevor, und sie will nichts dem Zufall überlassen. Wieder einmal befindet sie sich zur richtigen Zeit genau an dem Ort, an dem die Geschichte des 20. Jahrhunderts ihren Lauf beschleunigt.

Walter Benjamin definiert die surrealistische Revolution als »die letzte Momentaufnahme der europäischen Intelligenz«, und seine Weitsicht ist beeindruckend. Dieselbe Leidenschaft, die der deutsche Philosoph für die in jenen Jahren in Paris aktiven antibürgerlichen und provokanten Künstler hegt, verspürt er für die gesamte französische Hauptstadt, durch die er, auf der Suche nach den geheimen Verknüpfungen zwischen Architektur und Kapitalismus, so gerne flaniert. Während er an den Bistrotischen sitzt, macht sich Benjamin eifrig Notizen für ein Buch, das er nicht mehr selbst veröffentlichen wird, sondern, das eigene Schicksal vorausahnend, seinem Freund Georges Bataille übergibt. Nachdem die Gestapo seine Pariser Wohnung beschlagnahmt hat, versucht er, wie viele andere von der SS Verfolgte, nach Amerika zu fliehen, um den Konzentrationslagern zu entkommen. Doch als er an die spanische Grenze gelangt, entzieht ihm die Grenzpolizei sein Visum, und er fühlt sich ausgeliefert. Er ist sicher, dass ihm die Nazis bereits auf den Fersen sind, und wie so viele Flüchtige zieht er den Tod der Lagerhaft vor. In einem tristen Hotelzimmer in Portbou nimmt er sich mit einer Überdosis Morphin das Leben. Ein bewusst als Alternative zu der Vernichtung durch die sogenannte »Endlösung« gewählter Suizid.

Doch als Lee durch die Rue Campagne-Première läuft, sind

die dunklen Wolken, die Europa ersticken werden, noch nicht am Horizont zu sehen. Sie lassen sich nur erahnen, ein Hauch im Bewusstsein der besonders Wachsamen, die, gehetzten Tieren gleich, als Erste die in der Ferne drohende Gefahr wittern.

»Wussten Sie, dass auch Walter Benjamin im *Hôtel Istria* gewohnt hat?«, fragt mich ein junger Wissenschaftler, der versucht, hier, zwischen den erinnerungsgetränkten Mauern von Paris, das Leben des deutschen Autors zu rekonstruieren. Er trägt einen Schnauzbart und eine große, schwere Brille, vielleicht, um sich optisch von seinen tätowierten und oberflächlicheren Altersgenossen abzugrenzen. Ich begegne ihm in einem Café, während er ausgerechnet in Benjamins »Passagen-Werk« vertieft ist, und ich muss einfach ein Gespräch mit ihm beginnen. Paris ist voll mit Spürhunden auf der Suche nach den Schätzen der Vergangenheit, von denen die Stadt reichlich zu bieten hat. Der junge schnauzbärtige Mann will wissen, was mich in diese abseits der üblichen Touristenrouten gelegene Straße verschlagen hat, und ich weihe ihn in mein Vorhaben ein. Er erklärt mir, dass auch Man Ray im *Hôtel Istria* gewohnt habe, allerdings vor seiner Begegnung mit Lee, als er noch mit Kiki de Montparnasse, der Legende des Viertels, verkehrte. Sie war *Chanteuse*, Malerin und Modell, mit einem so perfekt geformten Gesicht, dass alle Künstler sie porträtieren wollten. Ich bekomme Lust, mir ein Zimmer in diesem so erinnerungsträchtigen Hotel zu nehmen, aber ich will mich nicht zu sehr verzetteln.

»Haben Sie schon mal *Le Violon d'Ingres* gesehen?«, fragt er mich. »Sie stellen das Bild hin und wieder im Centre Pompidou aus, aber man muss Glück haben, weil es meist im Archiv aufbewahrt wird. Keine Ahnung, weshalb, wo es doch eines der bedeutendsten Werke von Man Ray ist.«

Der junge Mann ist ein wandelndes Lexikon. Ich hatte die Museumswände tatsächlich bereits nach diesem Foto abgesucht, vergeblich, und so hatte ich mir zum Trost im Museumsshop die übliche Reproduktion im Postkartenformat gekauft, ein Amulett, das zumindest einen kleinen Geschmack von Kunst oder wenigstens eines Surrogats derselben vermitteln sollte. Doch dergleichen verschafft nur sehr flüchtige Befriedigung. Vielleicht verlassen wir das Museum mit einer Mona Lisa in der Tasche und in der Überzeugung, ein Meisterwerk zu besitzen, doch sobald wir uns vom Original entfernen, erlischt der Zauber, und wir halten plötzlich nur noch eine simple Postkarte in der Hand. Wer seine Wohnung mit solchen Dingen vollgestopft hat, weiß, wovon ich rede. Man Rays Foto von Kiki ist durch ein Gemälde von Ingres – *Die Badende von Valpinçon* – inspiriert, das Baudelaire als »zutiefst wollüstig« bezeichnet hatte. Auch Kiki ist, ebenso wie das Original, nackt, in Rückenansicht und mit einem das Haar bedeckenden Turban zu sehen. Doch auf den kurvenreichen Körper hat der Fotograf mit schwarzer Tinte zwei Violinschlüssel gemalt. Auf diese Weise wird Kiki zu einem Musikinstrument oder, besser, zu einem Lustinstrument, und der Skandal ist garantiert. Mit dem Ausdruck »*le Violon d'Ingres*« wird in Frankreich eine Leidenschaft bezeichnet, eine Tätigkeit, bei der man es ebenso weit bringt wie mit der eigentlichen Arbeit. Der neoklassizistische Maler Jean-Auguste-Dominique Ingres war ein außergewöhnlich guter Cellist, und Man Ray, der die Fotografie zu Beginn seiner Karriere lediglich als Hobby betrachtete, wird einer der größten Pioniere dieser neuen Kunst. Ausgerechnet im zur Dunkelkammer umfunktionierten Badezimmer des *Hôtel Istria* erschafft er seine ersten *Rayographs,* die er selbst im Wörterbuch des Surrealismus wie folgt definiert:

»Fotografien, die durch das Einfügen eines Gegenstandes zwischen Fotopapier und Lichtquelle entstehen, Oxidationen von Wünschen, fixiert durch Licht und Chemikalien, lebendige Organismen.«

Eine Technik, die der Künstler zufällig beim Entwickeln eines Fotos entdeckt und die seine Neugierde weckt. Dank dieses besonderen Verfahrens überwindet Ray die Grenzen der Malerei und auch die vermittelnde Funktion des Fotoapparats. Indem er Gegenstände aus dem Alltagsleben auf dem Papier anordnet, befreit er sich von jeder Bindung an die herkömmliche Kunst und macht sich unmittelbar das Licht, die reinste Quelle eines jeden Malers, zunutze. Die Ergebnisse sind verblüffend und finden Bewunderung im Kreis seiner Künstlerfreunde, die, ohne es zu merken, der Entstehung einer der kämpferischsten avantgardistischen Strömungen des 20. Jahrhunderts beiwohnen.

Ich biete dem jungen Wissenschaftler eine Lucky Strike an, doch wie zu erwarten war, raucht er nicht. Im Gegenzug bezahlt er mit altmodischer Galanterie meinen Kaffee. Ich brenne darauf, mich auf Lees Spuren zu begeben, und frage ihn, ob er die Hausnummer des Fotoateliers kennt, die ich nicht herausgefunden habe. Er zeigt mir das Haus: Es liegt genau gegenüber, das einzige in dieser berühmten Straße, das nicht mit einem Schild versehen ist. Er erklärt mir, dass es unmöglich war, eines anzubringen, ohne das unter Denkmalschutz stehende

Gebäude zu beschädigen: ein prunkvoller Bau, der den Übergang vom Jugendstil zum Art déco markiert. In der prachtvollen, blumenverzierten Kachelfassade prangen riesige Glasfenster, die auf einen kleinen öffentlichen Park hinausblicken. Eine ganz besondere Location, die sich nur die Begüterten leisten konnten. Als Man Ray hier 1922 einzieht, ist er bereits ein namhafter Modefotograf, aber das interessiert ihn eigentlich nicht. Im Gegenteil – er nennt es »meine undankbare Arbeit«. Es ist ein gut bezahlter Job, der ihn kaltlässt, ihm aber erlaubt, sich seinen experimentellen Neigungen hinzugeben.

Als Lee ihn kennenlernt, spricht der Amerikaner ein Französisch mit exotischem Akzent, der seine Pariser Freunde begeistert. Er gehört inzwischen voll und ganz dem erlesenen Kreis der neu entstandenen Surrealisten an, mit denen er gemeinsam ausstellt, publiziert und vor allem verqualmte und feuchtfröhliche Abende verbringt, an denen man sich in wortreichen und weitschweifigen Erörterungen zur Kunst ergeht. »Der Mann des Lichts« ist nicht schön, er hat einen gedrungenen, markanten Körper, ein eingefallenes Gesicht und schmale Lippen. Doch sein elektrisierender und bohrender Blick, der den tausend Facetten seiner schwindelerregenden Auffassungsgabe zu folgen scheint, verleiht ihm ein unbestreitbares Charisma. Mit neununddreißig Jahren ist er ein begehrter Fotograf der höheren Gesellschaft. Nachdem Jean Cocteau, der »schillernde Vogel« der Pariser Intelligenz, ihn mit einem Porträt von sich beauftragt hat, stehen alle Schlange, um in seinem Studio zu posieren. Doch zehn Jahre zuvor, bei seiner Ankunft in Paris, war er nur einer von vielen *Expats* mit unsicherem Status, und sein mit Dada-Werken gefülltes Gepäck kam nur knapp durch den Zoll. Zu diesen Werken gehörte

unter anderem eine lange, schmale, mit Draht, farbigen Holz-
plättchen und einem verzinkten Waschbrett gefüllte Schachtel: Das Originalensemble, bekannt unter dem Titel *Catherine
Barometer*, wurde 2017 im New Yorker Auktionshaus *Christie's*
für sage und schreibe 3.252.000 Dollar versteigert. Doch in den
Augen der damaligen Zollbeamten wirkte es eher wie ein ge-
fährliches Objekt, das nichts mit Kunst zu tun hatte, und Herr
Emmanuel Radnitzky, besser bekannt als Man Ray, musste
einige Anstrengungen unternehmen, damit sein ungewöhnliches Gepäck nicht beschlagnahmt wurde. Nachdem er den Dadaismus in Amerika für tot erklärt hatte, verlassen er und sein
Freund Marcel Duchamp den Kontinent, auf der Suche nach
einem fruchtbareren Boden für ihre überbordenden Fantasien. Als sie nach Paris gelangen, hat Duchamp die Mona Lisa
bereits mit Schnauzbart versehen und sein berühmtes Pissoir
in einer New Yorker Galerie ausgestellt. Schon vor längerer
Zeit hat er beschlossen, nicht mehr zu malen; er will diese
Kunst, die er als »retinal« und »nach Terpentin riechend« bezeichnet, an den Nagel hängen: Er widmet sich ausschließlich
dem Schachspiel, worin er zu großer Meisterschaft gelangt,
und einem einzigen, absichtlich nie vollendeten Werk mit dem
Titel *Die Braut wird von ihren Junggesellen entkleidet*, besser
bekannt als *Das große Glas*: ein kompliziertes Ensemble, über
das sich die Kritiker seit Generationen den Kopf zerbrechen,
vermutlich zur Freude Duchamps, der sein Werk in keinerlei
Hinsicht erhöht wissen wollte. Bei einem Umzug zerbricht *Das
große Glas* wegen der Ungeschicklichkeit der Transporteure.
Duchamp repariert es nicht, sondern lässt es, wie es ist, weil die
Kunst in seinen Augen zur Welt gehört und auch das Schicksal
zu ihrer Gestaltung beitragen kann.

Man Ray erinnert sich an diese Zeit wie an einen »tiefen Seufzer der Erleichterung«, eine lange Atempause zwischen den beiden gewaltigen Katastrophen der Weltkriege. Vielleicht ist das ja die beste Definition für diese alles andere als verrückten Jahre, in denen eine Handvoll namhafter und neugieriger Künstler die Gesellschaft mit einer bis dato ungeahnten Kreativität bereicherte und sich für eine ästhetische Freiheit starkmachte, die schon bald als unmoralisch verurteilt und wenig später durch eine dumpfe und gewalttätige Ideologie hinweggefegt wurde.

Es hat aufgehört zu regnen, und endlich hole ich Lee ein, die mich in der Rue Campagne-Première 31 erwartet. Nervös hält sie ihr Anschreiben, das sie während der Fahrt immer und immer wieder gelesen hat, in den Händen. Außer den Panoramafenstern gibt es in dem Gebäude noch zwei kleine runde Fenster, neugierige Augen, die sie eilig herannahen sehen, mit dem selbstsicheren Gang des Fotomodells, hinter dem sich jedoch ein Aufruhr an Gefühlen verbirgt. Aber in Paris gibt es immer eine mürrische Portiersfrau, die dich bereuen lässt, dass du an die Tür geklopft hast, und Lee verbirgt nur mühsam ihre Verzagtheit, als ihr die Frau mit tückischer Gleichgültigkeit mitteilt, Monsieur Ray sei in den Urlaub gefahren, und sie wisse nicht, wann er zurückkäme. *Il est parti, il n'est pas là …* Die Enttäuschung lässt sich nur mit einem kräftigen Schluck verdauen, und in Montparnasse gibt es an jeder Ecke Bistros.

Der Tresen des *Bateau Ivre* befindet sich im ersten Stock des Lokals. Nachdem Lee die steile Wendeltreppe erklommen hat, sitzt sie wie ein exotischer Vogel auf einem der Barhocker und bestellt einen Pernod. Mir hat dieser herbe französische Schnaps, der in den Siebzigerjahren auch in Italien einigermaßen beliebt war, noch nie besonders geschmeckt, aber laut Überlieferung kam es tatsächlich zu dieser Bestellung, und so muss ich sie erwähnen. Der Tresen war vermutlich aus Zink, wie in den meisten französischen Lokalen. Heute gibt es nur noch wenige Originale, die die von Hitler angeordneten Razzien während der nationalsozialistischen Besatzung überdauert haben. Man gab sich nicht damit zufrieden, aller Kunstwerke habhaft zu werden, sondern stürzte sich obendrein auf die Bistros. Das Metall diente nicht etwa der Herstellung von Munition, sondern lieferte Arno Breker, dem offiziellen Bildhauer des Dritten Reiches, das nötige Material für seine Monumentalstatuen, mit denen die Stärke der arischen Rasse propagiert wurde. Doch als Lee an ihrem Pernod nippt, machen andere Künstler in der Stadt von sich reden. Salvador Dalí hat soeben sein erstes surrealistisches Gemälde – *Das finstere Spiel* – gemalt, das selbst in den avantgardistischsten Intellektuellenkreisen für Aufsehen sorgt. Noch mehr Beachtung findet allerdings der Film, dessen Drehbuch er gemeinsam mit seinem Freund Luis Buñuel geschrieben hat. Die beiden sind zusammen aus Spanien nach Paris gekommen, um die wunderbare Atmosphäre zu erleben, die in der Stadt herrscht. *Ein andalusischer Hund* ist gerade im *Studio des Ursulines* in Montparnasse angelaufen, und trotz des durch ihn ausgelösten Skandals – oder vielleicht eben deshalb – wird der Film zu einem Riesenerfolg und läuft acht Monate hintereinander im *Studio 28,* einem weiteren innovativen Kino, das nur allzu gern die künstlerischen Impulse der neuen Filmemachergeneration aufgreift. Kunst sei dazu da zu verstören, so glaubt man, sie sei ein Kriegsgerät in Friedenszeiten, stünde im Dienst der Vorstellungskraft und sei allein durch das Verlangen lenkbar, den einzigen Antrieb, der in der Lage sei, jenen »reinen und psychischen Automatismus« in Gang zu setzen,

»[...] durch den man [...] den wirklichen Ablauf des Denkens auszudrücken sucht [...] ohne jede Kontrolle durch die Vernunft, jenseits jeder ästhetischen oder ethischen Überlegung.«

So hat es André Breton in seinem ersten »Manifest des Surrealismus« festgeschrieben, und der gerade einmal siebzehn Minuten lange Streifen muss für die Pioniere der bewegten Bilder einfach zu einem Symbol werden. Bekanntermaßen gibt es in dem Film weder einen Hund noch eine durchgängige Handlung. Wie Buñuel Jahre später erklärte, ist *Ein andalusischer Hund* durch die Erzählung der Träume seiner Autoren entstanden, die, inspiriert durch die Theorien Freuds, das Unbewusste weitaus interessanter fanden als die Realität und die sich weigerten, in die Geschichte irgendeine Idee einzufügen, die eine rationale Erklärung zulassen würde. Es ist sinnlos, Traumbilder deuten zu wollen, die sich ohne offenkundige Logik aneinanderreihen, wie das etwa in der Eingangsszene der Fall ist, von der das damalige Publikum tief beeindruckt war. Wobei diese Szene auch den Zuschauern im Gedächtnis bleibt, die den Film Jahre später in irgendeinem kleinen Programmkino sehen, wie zum Beispiel ich im *Filmstudio* in Rom. Trotz der zeitlich bedingten Entzauberung kann diese schockierende Sequenz wohl niemand aus der Erinnerung tilgen. Ich glaube sogar, dass es nur wenige Mutige geschafft haben, sie ganz anzuschauen, denn sobald im Vordergrund in kontrastreichem Schwarz-Weiß das Rasiermesser auftaucht, das sich drohend gegen das aufgerissene Auge der Schauspielerin richtet, können die Zuschauer nicht anders, als erschrocken die Augen zu schließen. Der Rest ist Geschichte, und zu erfahren, dass das fragliche Auge nicht von einem Menschen, sondern von einem armen, zur Schlachtung bestimmten Rind stammte, hilft auch nicht weiter.

Während Lee am Tresen des *Bateau Ivre* an ihrem Pernod nippt, ahnt sie noch nicht, dass auch ihr Auge eines Tages erbarmungslos aus einem Foto ausgeschnitten und zu einem Kunstwerk verarbeitet werden soll, dass jeder Teil ihres Körpers zerlegt, vergrößert, gemalt, gesammelt und ausgestellt wird, und zwar von eben jenem Mann, der soeben das Bistro betritt und diesen Ort damit in einen Schauplatz des Schicksals verwandelt: Wieder einmal greift die Vorsehung wohlwollend in ihr junges Leben ein.

Als Elizabeth Miller auf der Wendeltreppe Man Ray auftauchen sieht, kommt er ihr vor wie eine Erscheinung. Zufälligerweise hatte der Fotograf beschlossen, vor seiner Abreise noch kurz in seiner Lieblingskneipe einzukehren, so zumindest die Version, die Lee mit der ihr eigenen Ironie gern zum Besten gab. »Er sah aus wie ein Stier, mit einem außergewöhnlichen Oberkörper, sehr dunklem Haar und ebenso dunklen Augenbrauen.« Doch das Ganze schien mehr als bloß eine glückliche Fügung des Schicksals zu sein. Diese Episode ist einer der entscheidenden Augenblicke in ihrem Leben. Die junge Miss Miller ist Surrealistin, ohne es zu wissen, sie zeichnet sich durch Ungezwungenheit, durch Humor und den unbeugsamen Willen aus, den eigenen Neigungen nachzugehen, ohne sich dabei um irgendeine Moral zu scheren. Sie kann gar nicht anders, als uns den Mentor ihrer Pariser Jahre durch das Bild des Stiers mit den dampfenden Nüstern zu präsentieren. Oder noch besser, durch das des Minotaurus, jenes mythologischen Wesens mit dem Körper eines Menschen und dem Kopf eines Stiers, als dem Sinnbild für den instinktivsten und irrationalsten Teil des menschlichen Geistes. In der Sage heißt es, dass der Hunger des im Labyrinth von Knossos gefangenen Minotaurus durch junge menschliche Opfer gestillt wurde. Für die Surrealisten gibt es kein besseres Symbol, und so gründen sie ihm zu Ehren *Minotaure*, eine der schönsten Kunstzeitschriften des 20. Jahrhunderts. Das Konterfei des Tieres prangt auf den Titelseiten, mal von Picasso, mal von Magritte, Dalí und natürlich von Man Ray gestaltet. Dessen Fotoversion zeigt einen Ausschnitt aus einem weiblichen Akt: ein Rumpf und Teile der Arme, die mithilfe einer durch starke Kontraste erzeugten optischen Täuschung zum Kopf des wilden Tieres werden. Die Frau ist eine unverzichtbare Inspirationsquelle, das irrationale Alter Ego, nach dem die Künstler streben, um den intimsten und geheimsten Gefühlen freien Lauf zu lassen. Man Ray ist wie geblendet von Lees magnetischer Schönheit, vor allem aber von ihrer Persönlichkeit, die ihn fesselt. Die Schöne und das Biest haben sich gefunden, die Anziehungskräfte brechen sich mit unaufhaltsamer Dynamik Bahn.

»Ich heiße Elizabeth Miller. Sie wissen es noch nicht, aber ich bin Ihre neue Assistentin.«

»Ich habe keine Assistenten, und ich bin im Begriff, in den Urlaub zu fahren.«

»Ich weiß, und ich werde Sie begleiten.«

Dieses kurze, uns überlieferte Dialogfragment genügt, um den Funken überspringen zu lassen.

In dem Sportwagen, auf den der Fotograf so stolz ist, fahren sie gemeinsam nach Biarritz. Wenige Jahre zuvor hätte sich Man Ray den Luxus eines Klappverdeck-Wagens der Marke Voisin ebenso wenig leisten können wie eine Reise in Begleitung einer jungen und obendrein wunderschönen Unbekannten. Inzwischen hat er auch tanzen gelernt, eines der Hauptziele, die er sich bei seiner Ankunft in Paris gesetzt hatte. Nun braucht er sich bloß auf den Rhythmus einzulassen und der Bewegung hinzugeben.

Gemeinsam legen sie 749 Kilometer zurück, genug, um ihre berufliche und emotionale Verbundenheit zu besiegeln. Nach der Rückkehr in die Stadt zieht die junge Amerikanerin, die die Freunde bereits scherzhaft Madame Ray nennen, in die Rue Campagne-Première 31 ein und beginnt einen neuen Lebensabschnitt.

»Morgens um sieben, bevor es gilt, einen imaginären Hunger zu stillen – die Sonne weiß noch nicht, ob sie auf- oder untergehen soll – verdrängt dein Mund all diese Unentschlossenheit. Einzige Wirklichkeit, die dem Traum Wert verleiht und das Erwachen verhindert, schwebt er im leeren Raum, zwischen zwei Körpern. Dein Mund wird selbst zu zwei Körpern, getrennt durch einen feinen, wellenförmigen Horizont. Wie Himmel und Erde, wie du und ich.«

MAN RAY

Farley Farm, Sussex, 1977

Die Erinnerungen an die zahllosen Parisreisen überlagern sich, vor allem in jenem Dämmerzustand, den die Schmerzmittel hervorrufen. Aber gibt es überhaupt eine Medizin, die den Schmerz lindern könnte?

Auch der ständige Alkoholkonsum ist nicht gerade hilfreich. Katerstimmung ist ein unvermeidlicher Nebeneffekt, und auf anfängliche Erleichterung folgt rasch unsägliche Bitterkeit: eine bösartige Kraft, die sich mit grundloser Vehemenz gegen Dinge und Menschen entlädt. Der Sohn kann ein Lied davon singen, ihm ist nichts anderes übrig geblieben, als zu verschwinden. Besser, er lässt ein paar Ortschaften und Kilometer Abstand zwischen sich und der scheinbar gefühlskalten Mutter, die ständig darauf erpicht ist, andere mit ihren sarkastischen und bissigen Bemerkungen zu verletzen. Die Ironie, eine ihrer großen Stärken, die blitzende Waffe ihres scharfen

Verstandes, hat sich in heftigen Groll gegen alles und jeden verwandelt. Sie ist eine Gefangene dieses neuen giftigen Charakters, der die geselligen Abende mit Freunden trübt. Wenn man es schon nicht schafft, liebenswert zu sein, kann man sich auch gleich verhasst machen. Ihre plötzlichen Stimmungsschwankungen sind geradezu sprichwörtlich und treiben sie immer weiter in die Isolation. Doch jetzt ist sie müde – eine Müdigkeit, die nicht bloß körperliche Erschöpfung ist: Sie ist des Lebens müde. Eine tiefe Mattigkeit hat sie ergriffen, die nicht von den Knochen oder Organen herrührt, sondern vom Kopf, der ihr so schwer geworden ist, dass der einzige Weg zum Überleben im Abtöten der Gedanken besteht. Oder besser, im Tod. Mit ihrem bissigen Sarkasmus, der ihre Gesprächspartner bisweilen schockierte, hat sie versucht, Verletzung und Schmerz in Leichtigkeit zu verwandeln, doch das war nur die Oberfläche: Den Rest hat sie versteckt, an dunklen Orten des Gedächtnisses vergraben, hinter doppelt gesicherten Panzertüren verschlossen. Jetzt scheinen sich die Gräben wieder zu öffnen, und Erinnerungen und Wünsche drängen unkontrolliert empor, vermengen sich mit den nicht verbotenen Gedanken. Dabei hat sie die Fotos und Negative vor langer Zeit auf dem Dachboden in Kisten und Koffern versteckt, in der Hoffnung, sie auf diese Weise für immer verschwinden zu lassen, damit sie ihr nichts anhaben können. Sie hat beschlossen, nur noch auf den Augenblick zu vertrauen, und will sich durch lästige Störungen nicht davon abbringen lassen.

Der einzige Blick in die Vergangenheit, der sie interessiert, sind die Retrospektiven, die ihr Mann, Sir Roland Penrose, im Rahmen des von ihm selbst gegründeten Institute of Contemporary Arts organisiert. Als einer der bedeutendsten englischen Kunsthistoriker und Kenner zeitgenössischer Kunst hatte er den Surrealismus mit einer Ausstellung vom Festland nach London herübergeholt, die auch zwanzig Jahre später noch für Gesprächsstoff sorgte. Dass sie zu einem so denkwürdigen Ereignis wurde, verdankt sich den avantgardistischen Werken der zahlreichen daran beteiligten Künstler und vor allem den von den Surrealisten inszenierten Performances. Es heißt, die Besucher seien insbesondere durch eine Darbietung des damals noch blutjungen Salvador Dalí aus ihrer sprichwörtlichen britischen Gleichgültigkeit gerüttelt worden. Um seine programmatische Rede *Authentic Paranoiac Phantoms* zu halten, hatte er sich einen Taucheranzug samt Taucherhelm übergezogen, war aber, wegen Sauerstoffmangels, bereits nach wenigen Minuten zu Boden gesunken und wäre um ein Haar erstickt. Ein unfreiwilliges Spektakel, das jedoch für großes Aufsehen sorgte und von seinen Mitstreitern mit viel Applaus begleitet wurde.

Damals kannten Lee und Roland sich noch nicht. Sie war noch die Ehefrau von Aziz Eloui Bey und lebte zwischen den ägyptischen Pyramiden und der besseren Gesellschaft Kairos eines ihrer vielen unterschiedlichen Leben. An manchen Morgen scheint es ihr, als dringe der Wüstenwind durch die Fenster ihres Cottage in Sussex, sie glaubt, das Piksen der Sandkörner auf den Wangen zu spüren, wie beim Erwachen in einem der Feldlager zwischen den Dünen, während der Exkursionen, die sie für Freunde auf Besuch organisiert hat. Auch die Fotos aus dieser Zeit hat sie, zusammen mit anderen Erinnerungsstücken, in irgendeiner Kiste versteckt, und belügt alle, die sie dazu auffordern, sie doch in einem ihr gewidmeten Artikel zu veröffentlichen, um ihre Fotografinnenkarriere zu dokumentieren. Lee erklärt bedauernd, das Material sei, ebenso wie ihre Erinnerungen daran, verloren gegangen. Am besten gefällt ihr die Version eines angeblichen Brandes während eines der Bombenangriffe auf London zu Beginn des Krieges, bei dem alles zerstört worden sei: ein Knalleffekt, der jedes Beharren zunichtemacht.

In der Vergangenheit zu graben gehört nicht zu ihren Lieblingsbeschäftigungen. Sie gräbt nicht einmal im eigenen Garten, den sie lieber vom Küchenfenster aus betrachtet, während sie Soßen für ihre legendären Abendessen zubereitet. Doch nun, da sie wegen einer, wie es heißt, Krankheit im Endstadium praktisch den ganzen Tag ans Bett gefesselt ist, begehren die Erinnerungen auf, kehren – Spukgespenstern gleich – bruchstückhaft und unaufhaltsam an die Oberfläche zurück, und Lee kommt kaum gegen diese Flut an, die sich ihren müden Augen so aufdringlich darbietet.

Dennoch trägt sie noch einmal Lippenstift auf, eine ihr vertraute, tausendfach wiederholte Geste, etwa wenn sie sich für eine Fotosession oder einen Abend in Gesellschaft zurechtmachte, ein Ritual, für das sie nicht einmal einen Blick in den Spiegel benötigt. Auch an der Front war es das einzige Laster, das sie sich gönnte. Ihre Frisur war ihr nicht so wichtig, aber auf diesen Farbtupfer mochte sie nicht verzichten. Hatte Man Ray nicht gesagt: »Lippenstift ist das rote Erkennungszeichen für Mut«? Immer und immer wieder trägt sie ihr Lieblingsrot auf, ohne hinzuschauen und ohne jemals die Konturen zu verwischen, während sie sich vorstellt, ihre riesigen Lippen würden über dem Himmel von Paris schweben, wie auf Man Rays Gemälde À l'heure de l'observatoire. Les amoureux. Es war der letzte Liebesbeweis und Ausdruck von Sehnsucht nach jener

Frau, die er so gern für immer als Muse an seiner Seite gesehen hätte.

»Wenn du genau hinschaust, erscheinen diese riesigen, zwischen den Wolken schwebenden Lippen wie zwei in sinnlich erotischer Umarmung verschlungene Liebende«, erklärte Lee den Freunden mit unverhohlenem Stolz und malte sich zum Spaß aus, wie sich im Inneren des am Horizont dargestellten Observatoriums von Montparnasse gewissenhafte Forscher genötigt sahen, jenen »fliegenden Beischlaf« in ihren Himmelskarten zu verzeichnen.

Ob Roland sich wohl in Lee verliebt hat, nachdem er ihre von Ray gemalten Lippen auf der Londoner Surrealisten-Ausstellung gesehen hatte? Für den amerikanischen Fotografen stellte dieses Gemälde eine subtile Rache dar: Lee hatte ihn verlassen, aber ihre Lippen würden für immer in seinem Besitz bleiben. Für Roland war das Gemälde dagegen eine Offenbarung. Er hatte diese Frau zunächst als Kunstwerk kennengelernt, und als er ihr schließlich tatsächlich begegnete, wollte er sie als leidenschaftlicher Sammler, der er nun einmal war, um alles in der Welt besitzen. Wie übrigens alle.

»Bist du bereit, Lee? Das Licht ist fantastisch, ich will jetzt fotografieren.«

Sie hat eingewilligt, sich von dem befreundeten Bruce Bolton ablichten zu lassen, der übers Wochenende auf die Farley Farm gekommen ist. Sie hat ihn nicht mit einem ihrer legendären Abendessen empfangen können, aber sie haben ein Picknick im Schlafzimmer improvisiert, wo sie inzwischen die meiste Zeit verbringt.

»Ich hätte dich so gern von meiner letzten Kreation kosten lassen: Holunderblüteneis. Stattdessen bekommst du nur belegte Brötchen. Aber keine Sorge, in guter Tradition des Hauses gibt es wenigstens genug zu trinken.«

Sie hat sich sorgfältig frisiert und ein Halstuch umgelegt, um sich einen mondänen Touch zu geben, vor allem aber hat sie ihr gleichgültig wissendes Lächeln aufgesetzt, ihr Markenzeichen, aber auch ein Mittel, um den Freunden zu versichern, dass es ihr gar nicht so schlecht geht. Wenn sie will, kann Elizabeth Miller noch immer ihren für sie einst so typischen Esprit an den Tag legen.

»Bist du sicher, dass du ein Foto von mir machen willst? Du weißt schon, dass man die Spuren der Zeit in meinem Alter besser im stillen Kämmerlein betrachten und den Nachkommen kein Zeugnis hinterlassen sollte.«

»Du bist glänzend wie immer, Lee. Es wäre schade um diese Gelegenheit.«

»Vom ersten bis zum letzten Tag habe ich
Nadja für einen ungebundenen Geist, für
etwas wie eine jener Luftgenien gehalten,
die sich durch eine gewisse Magie für einen
Augenblick binden können, die man aber
fraglos nie unterordnen könnte.«

ANDRÉ BRETON

Paris, 1929

Die Dunkelkammer in der Rue Campagne-Première ist winzig wie ein Badezimmerläufer, doch Ray hat alles peinlich genau geordnet, und er widmet sich seinen Entwicklungen und
Vergrößerungen mit einer Sorgfalt, die keinen Fehler zulässt.
Lee erlernt die Techniken ihres Lehrers mit erstaunlicher
Geschwindigkeit und wird schon bald unverzichtbar für den
Fotografen, der dem Zauber dieser rätselhaften und freien
Frau, die wie ein Blitz in seinem Leben aufgetaucht ist, immer
mehr erliegt. So, wie es André Breton mit Nadja ergangen ist,
der inspirierenden Muse seines soeben erschienenen Romans,
an dessen fotografischem Teil Man Ray mitgewirkt hat. »Die
Schönheit wird ein BEBEN sein, oder sie wird nicht sein« – mit
diesem Satz endet das Buch, und Lee scheint ihn in jeder Aufnahme, die Ray von ihr macht, zu verkörpern. Zahllose Bilder zeugen von ihrem nunmehr eng geknüpften privaten und
beruflichen Bündnis, durch das sich der amerikanische Fotograf zu seinen bedeutendsten Werken inspirieren lässt: Lees
nackter Oberkörper, dem die durch ein Fenster dringenden
Lichtreflexe eine geradezu radioaktive Strahlkraft verleihen;

der weiße Hals des Models, verzerrt durch die Vergrößerung, der die unscharfen Umrisse des Gesichts in den Hintergrund treten lässt und zu einem hellen Flecken wird; ihr Hintern, der ungeniert im Vordergrund der Aufnahme prangt, während der übrige Körper in einer unterwürfigen Verneigung verschwindet, als handle es sich um das Gebet eines unbekannten Rituals. So trägt dieses letztgenannte Foto denn auch den Titel *Das Gebet*, wobei es weniger an einen Heiligen als vielmehr an den Marquis de Sade gerichtet zu sein scheint, den einzigen von den Surrealisten anerkannten Schutzpatron.

Das Neue ist oft unsichtbar, man muss es suchen, indem man eine Perspektive einnimmt, die bekannte Grenzen überwindet und unbekannte Sichtweisen erlaubt. Wie Dichtung und Literatur wird auch die Fotografie ein Instrument zur Erkundung der menschlichen Seele und ihrer dunklen Seiten. Lees Körper wird in tausend Teile zerlegt, seine intimsten Teile fotografiert und in ein Kaleidoskop weiblicher Fragmente verwandelt, die durch das Verlangen des Künstlers zur Geltung kommen. Aber all das hat nichts Voyeuristisches oder Obszönes. Sie nennen sie *images trouvées,* wie jene den Surrealisten so wichtigen, aus ihrem Kontext gerissenen Objekte, die außerhalb des raum-zeitlichen Zusammenhangs, in dem sie normalerweise zu finden sind, ganz ungewöhnliche Bedeutungen erlangen. Die Brust einer Frau, ein Fahrradreifen, ein altes Souvenir: Alles kann dank der Vorstellungskraft zu neuem Leben erwachen. »Der Fotograf ist ein wunderbarer Entdecker jener Aspekte, die unserer Netzhaut verborgen bleiben«, schreibt Man Ray in einem Artikel für die Tageszeitung *Paris Soir,* und mit jedem Tag, der vergeht, entdeckt seine Schülerin Neues, nimmt es auf und setzt das Gelernte um.

Es ist eine einmalige Gelegenheit für Lee, die beschlossen hat, endlich den Schritt zu gehen, der sie hinter das Objektiv führen wird. Ein Schritt, der in den Augen einer emanzipierten Frau des dritten Jahrtausends nicht allzu groß erscheinen mag, für eine junge Frau in den Zwanzigerjahren des 20. Jahrhunderts jedoch enorm war. Nur wenige Pionierinnen wagen diesen Versuch, und bis heute erinnert sich kaum jemand an sie: Es sind knallharte Profis wie Margaret Bourke-White oder zerbrechliche Künstlerinnen wie Dora Maar, die der Umarmung ihres Minotaurus Pablo Picasso nicht standhielt, es sind mutige Kriegsreporterinnen wie Gerda Taro, die ihr Leben an der spanischen Front verlor, aber auch Wegbereiterinnen der sogenannten Straßenfotografie wie Tina Modotti oder Visionärinnen wie Claude Cahun, die mithilfe der Fotografie die Geschlechterrollen erkundete, wobei sie sich, einem Chamäleon gleich, in tausend verschiedene Charaktere verwandelte. Sie alle haben zur Kamera wie zu einer Waffe gegriffen, um ihrer eigenen Weltsicht Ausdruck zu verleihen, und haben sich dabei auf ein Gebiet vorgewagt, das noch unbelastet von der Tradition der großen Väter der Kunst war. Statt nur betrachtet, erkundet, gemalt und porträtiert zu werden, beobachten auch sie und entscheiden vor allem selbst, wie sie die eigene Lebenswelt darstellen wollen, womit sie uns ganz neue Einblicke gewähren.

»Ich möchte lieber Fotos machen, als ein Foto zu sein«, hat Lee stolz erklärt. In dem Studio in der Rue Campagne-Première ist sie nicht länger das fügsame Model im Scheinwerferlicht der Modereportagen: Sie hat gelernt, das Kommando zu übernehmen, und fotografiert nun selbst. Sie arbeitet zusammen mit Ray, steht für ihn Modell, aber leistet auch einen aktiven Beitrag: Oft überlassen sie sich gegenseitig die Kamera, streiten um die Kontrolle über das Objektiv, Muse und Meister verschmelzen miteinander, tauschen die Rollen in einem solch verwirrenden Wechselspiel, dass sich einige Fotos aus jener Zeit nur schwer zuordnen lassen. »Wir waren uns so nahe, als wären wir ein und dieselbe Person«, erzählt Lee in Erinnerung an jene künstlerische und emotionale Komplizenschaft, die ihr zu einem eigenen fotografischen Blick verholfen hat. Auch in der Dunkelkammer herrscht völliger Einklang. Lee hat die Geheimnisse des Handwerks erlernt, und Ray setzt absolutes Vertrauen in seine Assistentin, der er das Entwickeln der Negativplatten ganz selbstständig überlässt. Und ausgerechnet während sie wieder einmal mit dieser Tätigkeit beschäftigt ist, entdeckt Lee dank eines seltsamen Zwischenfalls die Solarisation für sich, eine Technik, die zum Markenzeichen der beiden Künstler wird.

Erneut ist der Zufall im Spiel, dieses Mal in Gestalt einer Maus, die in der düsteren Dunkelkammer über Lees Fuß huscht, oder zumindest glaubt sie das. Entsetzt von dieser Berührung stößt sie einen Schrei aus und schaltet das Licht an, wodurch sie die Arbeit zunichtezumachen droht. Es ist nur ein Augenblick, aber sie ist sich sicher, Rays kostbares Material zerstört zu haben. Doch in Wahrheit hat sie soeben eine neue Entwicklungsmethode entdeckt, die den Bildern eine pittoreske Note verleiht. Durch die zufällige Belichtung geht das Hintergrundschwarz eher ins Grau über und lässt die Umrisslinien der Gegenstände besser zur Geltung kommen, womit der Eindruck von Dreidimensionalität entsteht, ähnlich den Flachreliefs der Antike. Das Paar ist begeistert von diesem erstaunlichen Ergebnis, stürzt sich in Experimente und produziert eine Reihe von Fotos, die in die Geschichte eingehen werden. Von besonderer Bedeutung und Ausdruckskraft ist in diesem Zusammenhang eine Aufnahme von Lees Profil, das durch die Magie der Solarisation zu einer kostbaren Kamee wie aus anderen Zeiten wird. Ray wird es als Titelbild für seinen Band »Portraits« wählen, der seine wichtigsten Porträtaufnahmen enthält.

Mit Licht zu malen ist schon immer sein Traum gewesen, doch eine derart erstaunliche Frau an seiner Seite zu haben, übersteigt jegliche noch so gewagte surrealistische Wunschvorstellung. Lee ist darüber hinaus die ideale Partnerin für das gesellschaftliche Pariser Leben jener sprudelnden Jahre, in denen die besten Ideen auf der Straße, in Restaurants, im Theater oder in Lokalen wie *Le Bœuf sur le toit* entstehen. Letzteres wird häufig von dem vielseitig begabten Jean Cocteau frequentiert, für den dieser Ort weder Bar noch Cabaret ist, sondern vielmehr Ausdruck von Jugend, ein Ruhepunkt, ein kostbarer Schmelztiegel von Kräften und Dingen, einer jener »Saloons, in denen die Goldgräber zusammenkamen«, wie er im Rückblick sagen wird. »Wobei das Gold, von dem ich spreche, das Gold des Geistes ist, ein leichtes, nicht berechenbares Gold.« Während jener gut besuchten Abende dort wird Lee ihre zukünftigen Pariser Freunde kennenlernen: Pablo Picasso, Max Ernst, Paul Éluard, André Breton, Louis Aragon und ihre jeweiligen Partnerinnen sind nur einige dieser Goldsucher, die Lee mit ihrer Kamera verewigen wird. Damit beschert sie uns eine Reihe sehr persönlicher Bilder, die übrigens von ebenso großer Bedeutung sind wie ihre professionellen Fotoarbeiten, insofern sie nämlich die komplizierten Gefühlslandschaften und die gewagten Konstellationen der Begierden nachzeichnen, die für die Protagonisten jener Zeit so bezeichnend waren. Doch tagsüber streift sie allein durch die Stadt und hat endlich das Gefühl, sich frei ausdrücken zu können. Die ersten eigenständigen Fotos entstehen: Es sind Arbeiten, die bereits auf eine kühne Sichtweise hindeuten und die geborene Fotografin erahnen lassen. Lee hat ein Gespür für den richtigen Bildausschnitt, den *decisive moment,* wie Henri Cartier-Bresson gesagt hätte. Sie interessiert sich für das Unmittelbare, jedes noch so zufällige Detail weckt ihre Neugierde, und Paris ist der ideale Schauplatz für ihre Lehrjahre. Sie liebt es, herumzustreifen wie eine *flâneuse,* fernab der Studioscheinwerfer, offen für jegliche Anregung und bereit, in die Wirklichkeit einzutauchen, um im Alltäglichen das Außergewöhnliche zu finden. »In einem Glas Wein sind ebenso viele Wunder verborgen wie am Grunde des Meeres«, hat Man Ray sie gelehrt. So sind sogar die Schwänze von vier Mäusen, die an einer Straßenecke an einer Stange baumeln, ein Motiv, das Lee während ihrer Streifzüge mit Witz und Könnerschaft einfängt. Ihr eigenes Gesicht, das sich flüchtig im Schaufenster der Parfümerie von Jean Patou spiegelt, der Ausschnitt einer Frauenhand mit lackierten Nägeln, die durch blonde Locken streicht, werden durch den Blickwinkel ihrer Kamera zu interessanten optischen Spielereien.

Man staunt, wenn man ihre ersten Pariser Schwarz-Weiß-Fotos betrachtet: eine Reihe außergewöhnlicher Aufnahmen, die von einem Denken, einem Entschluss, dem Willen zeugen, über das Normale hinauszugehen. Für uns, die wir längst an die digitalen Schnappschüsse der sozialen Medien gewöhnt sind, ist vor allem die Qualität dieser Bilder bemerkenswert.

Wir können heutzutage alles ohne den geringsten Aufwand ablichten, wir speichern Hunderte von Bildern auf unseren Smartphones, können sie bearbeiten oder mithilfe von Effekten verfremden. Ich stelle mir dagegen vor, welche Spannung die damaligen Fotografen jedes Mal beim Auslösen verspürt haben müssen, da sie das Ergebnis doch erst in der Entwicklerwanne zu Gesicht bekamen; und ich denke an ihren drängenden Wunsch, mit den wenigen seinerzeit zur Verfügung stehenden Techniken neue Gebiete zu erkunden. Aus jener Zeit schwebt mir insbesondere eine Fotografie von Lee vor Augen, die nach wie vor von großer Ausdruckskraft und symbolischer Bedeutung ist: Es ist das Porträt ihrer Freundin Tanya Ramm, von der sie nur den Kopf nimmt und diesen mittels Fotomontage unter einer Glasglocke zeigt, wie eine Reliquie oder einen ausgestopften Vogel. Tanya, mit geschlossenen Augen und verträumtem Gesicht, ist ein Sammelobjekt, eine eingesperrte und wie ein exotisches Tier zur Schau gestellte Frau. Das ist das Schicksal der Musen: Sie verkörpern eine zarte Weiblichkeit, sind unverzichtbar für die Künstler, die sie zu Hüterinnen ihrer Inspiration, zu Wundertäterinnen erwählen, dank derer die verborgensten Seiten des Unterbewusstseins zum Vorschein kommen, die sie aber gleichzeitig als gefügige und fantasievolle Liebhaberinnen betrachten, die man mit Freunden teilen kann. Dora Maar, Leonora Carrington, Jaqueline Lamba, die Partnerinnen von Picasso beziehungsweise von Max Ernst und André Breton – um nur einige von vielen zu nennen –, haben Mühe, sich jener trügerischen Rolle zu entziehen, mit der sie auf ein Dasein im goldenen Käfig reduziert und in ihrem Talent behindert werden. Sie haben Fotografien und Gemälde geschaffen, aber sie müssen kämpfen, um sich durchzusetzen.

Nur wenigen gelingt es, sich dem Klischee der *femmes poupées* zu entziehen, dem Bild jener wankelmütigen Frauen mit einem Hang zum Wahn, wie etwa Bretons »wahre« Nadja, Vorbild für die Figur in seinem gleichnamigem Roman, die im echten Leben Léona Delcourt hieß, kurz nach Erscheinen des Buches in der Psychiatrischen Anstalt von Bailleul landete und im Alter von nur neununddreißig Jahren starb.

Lee, die einen unerbittlichen Kampf gegen die eigenen Dämonen führt, erlebt diese neue Welt ohne Angst und setzt alles daran, endlich die Person zu werden, die sie immer hat sein wollen. Sie weiß längst, dass sie sich von niemandem in eine Glasvitrine sperren lassen wird, aber kann eine Frau ein »ungebundener Geist«, eine jener »Luftgenien« bleiben, ohne ihren Preis dafür zu zahlen?

»Es gibt nur ein perfektes Kleid, das niemals aus der Mode kommt: das Kleid der Freiheit.«

ELSA SCHIAPARELLI

Paris, 1930

Laetitia Pecci-Blunt, von ihren Freunden schlicht Mimí genannt, wartet auf die Entwürfe für das Kleid, das sie bei ihrer Lieblingsdesignerin Elsa Schiaparelli in Auftrag geben hat. Die im Freundeskreis unter dem Spitznamen Schiap bekannte Modeschöpferin kreiert die verrücktesten und erstklassigsten Modelle der Haute Couture. Mimí braucht etwas ganz besonders Erlesenes, um auf dem Fest, das sie selbst organisiert, mithalten zu können. Und sie ist sich sicher, dass Schiap sie nicht enttäuschen wird.

Wie es die »Frogue« – die von der eigenen Belegschaft selbst so genannte französische Variante der *Vogue* – in ihren Nachrichten aus aller Welt vorausgesagt hatte, verspricht das Fest im Hôtel de Cassini in der Rue du Babylone, dem prachtvollen Wohnsitz der Grafen Pecci-Blunt, zu *dem* Ereignis des Jahres zu werden. Mimí hat lange überlegt, welches Motto sie für den Abend wählen soll: Alle originellen Ideen sind bereits in die Tat umgesetzt worden, und es wird immer schwieriger, etwas Neues für die Gäste zu ersinnen, um in der Pariser High Society zu glänzen. Dabei denkt sie nicht etwa an jene völlig absurden Einfälle, auf die manche nur deshalb zurückgreifen, weil sie von sich reden machen wollen. Was soll man von der Aufforderung halten, genau in der Aufmachung zum Ball zu erscheinen, in der man sich befand, als man die Einladung erhielt? Eine alberne Notlösung, die besagtes Fest zu einer Versammlung armseliger Gestalten in Morgenrock und Pyjama hat werden lassen. Einige sind sogar mit Rasierschaum im Gesicht oder einer Bürste in den Haaren erschienen. Grauenhaft! Im Übrigen sind schon alle interessanten Wege beschritten worden. Wie soll man mit den Bällen im Hause Beaumont mithalten? Noch Jahre später ist ihr *Bal de la Mer* in aller Munde: Die Villa der Grafen hatte sich zu jenem Anlass in eine unterirdische Meereslandschaft mit merkwürdigen Quallen, üppigen Sirenen und schillernden Tritonen verwandelt. Ganz zu schweigen von den Abenden bei Marie-Laure de Noailles, der bekannten *Vicomtesse du Bizzare*: Ebenso wie Mimì ist auch sie begeistert von den neuen avantgardistischen Strömungen, und als Mäzenin und Freundin zahlreicher Künstler engagiert sie diese gegen großzügige Bezahlung, um ihre unzähligen Feste zu spektakulären Events werden zu lassen, die den berühmten Balletts Russes durchaus Konkurrenz machen. Mit ihrem *Bal des Matières,* bei dem die Gäste aufgefordert waren, sich Kostüme aus ungewöhnlichen Materialien zu fertigen, hat sie sich schließlich selbst übertroffen. Alles war erlaubt: Pappe, Metall, Federn und jede Verrücktheit, die einem sonst so in den Kopf kommen kann. Das Ergebnis ist durch eine Reportage von Man Ray verewigt worden.

Vielleicht stammt ja auch die Idee zu dem *Bal Blanc* von dem amerikanischen Fotografen. Oder hat Schiap hier die Finger im Spiel? Am Ende gar auf Anraten ihrer Freundin Gabrièle, der Ehefrau von Francis Picabia, die bekannt für ihr untrügliches Erfolgsgespür ist. Dass Schiaparelli inzwischen als Königin der französischen Haute Couture gilt, hat sie jedenfalls ganz bestimmt der ständigen Ermutigung durch Gabrièle zu verdanken, die sie davon überzeugte, ihre ersten handgefertigten Kleidungsstücke zu vermarkten. Darunter auch die kultige weiße Strickbluse mit stilisierter Halskrawatte: ein »absolutes Meisterwerk«, so die Kenner der Branche, das bei den Kundinnen, die sich nach etwas Auffälligerem als der schlichten Eleganz Coco Chanels sehnen, sofort reißenden Absatz gefunden hat. Wer auch immer dahintersteckt – für Mimí ist die Idee zu dem *Bal Blanc* in ihrer Einfachheit perfekt. Weiß bedeutet die Abwesenheit von Farbe, gleichzeitig aber auch Ursprung des Lichts, Quell, der alle Farben in sich birgt. Ein Schneefeld, eine Perlenkette, die Reinheit von Milch, der makabre Anblick eines Skeletts oder die schauerliche Erscheinung eines Geistes … Anregungen gibt es zur Genüge. Sie hegt keinen Zweifel mehr: Weiß soll es sein! Nun kann Mimí die lange Gästeliste verfassen, eine schwierige Aufgabe, bei der sie eine Zigarette nach der anderen raucht. Damit das Fest wirklich gelingt, muss Man Ray ihm den letzten Schliff geben. Die Gräfin engagiert ihn zusammen mit seiner neuen Assistentin, der blonden Amerikanerin mit dem Bubikopf. Die beiden arbeiten inzwischen eng zusammen, und abgesehen davon, dass sie das angesagteste Paar dieser Tage sind, sind sie auch noch herausragende Profis. Wenn ein Ball am Ende nicht auf ungewöhnliche Weise fotografisch dokumentiert wird, ist es, als habe er gar nicht stattgefunden, und Ray hat Mimí eine Überraschung versprochen, um den Abend zu einem einzigartigen Event werden zu lassen.

Zwar scheinen die Grafen Pecci-Blunt dem Druck der Wirtschaftskrise, die Amerika in die Knie gezwungen hat, standzuhalten, aber die Auswirkungen der Rezession sind auch in Paris zu spüren. Nach dem Zusammenbruch von 1929 sind viele Sammler zum Sparen gezwungen und investieren nicht mehr in die Künstler der Avantgarde. Stattdessen legen sie ihr Kapital lieber in klassischer Kunst an oder erwerben höchstens etwas Expressionistisches, da dies als sichere Anlage gilt. Angekündigte Ausstellungen werden noch vor ihrer Eröffnung abgesagt. Sogar die mit Spannung erwartete Ausstellung von Magritte, einem inzwischen etablierten Künstler, ist von der Galerie *Goemans* gestrichen worden, und viele Amerikaner, die Frankreich zu ihrer zweiten Heimat erhoben hatten, sind nun, ohne Kapitaleinkünfte, die man im angenehmen Pariser Leben verprassen könnte, dazu gezwungen, ihre Koffer zu packen und in die Vereinigten Staaten zurückzukehren. Selbst für Man Ray schwindet die vermögende Kundschaft, die in den Monaten zuvor Schlange gestanden hat, um sich von ihm porträtieren zu lassen. Lee fasst daher den Entschluss, bei »Frogue« anzufragen und auf diese Weise die Einnahmen des Paares aufzubessern. Wieder als Model für die Zeitschrift zu arbeiten, mit der für sie alles begonnen hatte, ist eigentlich das Letzte, was sie sich wünscht, aber sie ist eine praktisch veranlagte Frau, und das von Condé Nast unterzeichnete Empfehlungsschreiben ist die beste Eintrittskarte, um sich dort Einlass zu verschaffen.

Als der Fotograf George Hoyningen-Huene, ein russischer Baron von jähzornigem Charakter und oberste Instanz in Sachen Pariser Mode, Lee Miller zum ersten Mal begegnet, ist er fasziniert von ihrem wandelbaren Äußeren, das mal die Sinnlichkeit eines Vamps, mal die Unschuld einer noch unerfahrenen Heranwachsenden verkörpert: Sie ist das ideale

Fotomodell, das er bereits von Steichens New Yorker Aufnahmen und den surrealistischen Arbeiten Man Rays kennt. Doch besonders beeindruckt ist er von dem Talent dieser jungen Frau, die sich nicht um ihr außergewöhnliches Äußeres schert und entschlossen ist, ihre Schönheit hinter dem Objektiv zu verbergen. Er stellt sie auch als Assistentin ein – oder besser gesagt als »Sklavin«, wie Lee Jahre später mit Genugtuung feststellen wird, um die Sets auszustatten, an denen ihre kunstvollen Aufnahmen Gestalt gewinnen. Im Alter von gerade einmal 23 Jahren übernimmt Miss Miller gleichzeitig die Rolle eines »Laufburschen« und der Femme fatale. Dabei vernachlässigt sie keineswegs ihre Arbeit mit Man Ray, der die neue Freiheit jener Frau, die er zur alleinigen Muse seiner Kunst erhoben hat, nur schweren Herzens akzeptiert. Lees Gegenwart ist für ihn unverzichtbar, und er wird immer unduldsamer und besitzergreifender. In den Cafés von Montparnasse munkelt man, jemand habe die beiden Hand in Hand über den Boulevard Saint-Germain bummeln sehen, mit einem Goldkettchen aneinandergefesselt: eine kleine Provokation, ganz im Geist der Surrealisten, als Liebhaber solcher erotischen Spielereien, mit denen sie ihrem Schutzherrn, dem Marquis de Sade huldigen. Aber abgesehen von diesen sadomasochistischen Experimenten ist offensichtlich, wer von den beiden die Oberhand hat. Sollen sich doch alle das Maul zerreißen. Ray kümmert sich nicht um Äußerlichkeiten, er will Lee nur so eng wie möglich an sich binden. Doch er weiß, dass es schwierig ist, diese Frau seinem verzweifelten Besitzanspruch zu unterwerfen. »Du bist so jung und schön und frei, und ich hasse meine Versuche, das zu ersticken, was ich am meisten an dir liebe«, schreibt er ihr in einem hellsichtigen Augenblick. Leidenschaft lässt indes wenig

Raum für Vernunft. Er sieht keinen Ausweg für sich, fühlt sich wie Minotaurus im Labyrinth, er will sich nicht geschlagen geben und begehrt voller Wut gegen die Vorstellung auf, sie zu verlieren. Für Lee ist die *Amour fou* lediglich ein schöner Roman von André Breton, und trotz der Bewunderung, die sie für ihren Lehrer hegt, in den sie aufrichtig verliebt ist, will sie ihre so mühsam errungene Unabhängigkeit nicht aufgeben. Das Gefühl, ganz und gar sie selbst zu sein, erzeugt eine Euphorie, die stärker ist als jede Droge, und trotz aller Nebenwirkungen fühlt sich Lee dadurch auf eine Weise beflügelt, auf die sie nicht verzichten will. »Der Mensch besitzt noch die Freiheit, an seine Freiheit zu glauben. Er ist sein eigener Herr«, schreibt der Begründer des Surrealismus. Weshalb sollte dies also nicht auch für die Frau gelten?

Man Ray ist kategorisch geblieben. Alles muss weiß sein, ohne Ausnahme. Die Tanzfläche ist zu diesem Anlass neu gestrichen worden, und die mit weißen Tischtüchern und weißem Geschirr gedeckten Tische strahlen unter der in den Bäumen des Parks angebrachten Festbeleuchtung. Auch die schwarzen Musiker werden höflich gebeten, sich ihre Gesichter zu schminken. Mimí entschuldigt sich und erklärt ihnen, dass sie nichts gegen ihre Hautfarbe habe, sondern dass das Motto des Abends einfach keine Ausnahme zulasse. Außerdem lässt sich mit einem großzügigen Trinkgeld fast alles erreichen. Schiap hat ihr soeben das Kleid geschickt, und die Gräfin betrachtet es zufrieden, darauf bedacht, ja kein Krümelchen Asche von einer ihrer unzähligen Zigaretten darauf fallen zu lassen. Es ist atemberaubend elegant, originell, aber nicht so extravagant, dass es als um jeden Preis ins Auge springend abgestempelt werden könnte. Die einzig wirklich provokante Note ist der hochmoderne Reißverschluss, den Schiap anstelle der Knöpfe verwendet hat, und damit, wie schon so oft mit ihren Kreationen, für Aufsehen sorgt. Mimí nimmt das Kleid aus der Schachtel, in die es in einer Wolke aus Seidenpapier gebettet war, und hält es sich vorsichtig an den Körper. Was sie im Spiegel sieht, übertrifft all ihre Erwartungen. Eine Pracht aus weißen Federn bildet das duftige Mieder, das sich mit einer seitlich gebundenen Schärpe aus weichem Voile um die Taille schmiegt. Darunter lugt ein weiter Rock aus *Cady* Satin hervor, übersät mit unzähligen schimmernden Pailletten. Ein Traum, der Anna Pawlowa in ihrer Rolle als *sterbender Schwan* würdig wäre, wobei sich die vielseitige Schiap zweifellos davon hat inspirieren lassen. Die legendäre russische Ballerina ist vor Kurzem in einer *Rentrée* am Pariser Théâtre des Champs-Élysées aufgetreten, und obwohl sie kein »ganz junger Schwan« mehr ist, hat sie das Publikum durch ihre zarte Anmut begeistert. So zumindest hatte Schiap es berichtet, die dort gewesen war, um ihr zu applaudieren. Mit diesem meisterhaften Kleid jedoch wird Mimí zum Rhythmus einer ganz anderen Musik tanzen.

Das Orchester probt im Garten, und die Klänge von Cole Porter dringen bis zum obersten Stockwerk des Hauses hinauf, untermalen ihre Vorbereitungen. Die Gräfin hat eigenhändig die Liste der Songs erstellt, die gespielt werden sollen, wobei sie schlicht die Stücke gewählt hat, die im *Chez Bricktop*, dem in der einschlägigen Musikszene der Stadt stilbildenden Nachtclub in Montmartre, am häufigsten aufgeführt werden. Mimí ist in dem Lokal regelmäßig zu Gast und befreundet mit dessen Betreiberin, einer bemerkenswerten Sängerin und Charleston-Tänzerin, der Cole Porter wegen ihrer feuerroten

Haare den Spitznamen *Bricktop* gegeben hatte. Für den Musiker ist immer ein Tisch im *Brick* reserviert, in dem die sogenannte *Café Society* verkehrt, eine sich im Gleichschritt bewegende Gruppe, die stets die angesagtesten und erlesensten Orte aufsucht. Diese Leute können es garantiert kaum erwarten, auf dem Ball der Gräfin Pecci-Blunt zu erscheinen, nachdem sie sich die ganze Woche zuvor den Kopf zerbrochen haben, um sich ein möglichst extravagantes Outfit für den Abend auszudenken.

Mimí wird in ihren Vorbereitungen durch die Ankunft Man Rays unterbrochen, der beschlossen hat, auf dem Balkon im ersten Stock einen Filmprojektor zu installieren und die Tanzfläche mit Bildern zu überfluten. Die Idee dahinter ist, die Gäste des *Bal Blanc* in eine schneeweiße, bewegte Leinwand zu verwandeln, auf die er seine Lichtspiele projizieren kann. Ein genialer Einfall, der für Aufsehen sorgen wird, denkt Mimí, während sie sich die soundsovielte Zigarette anzündet.

Der Pariser Marché aux Puces ist eine Institution. Auch heute noch lassen sich, wenn man zwischen den Flohmarktständen umherstreift, allerhand Nippes und die verrücktesten Gegenstände auftreiben, die mit ein wenig Fantasie zu wunderbaren Sammelstücken, zu *objets trouvés* werden. Ich gebe zu: Auch ich habe haufenweise Muscheln, Knöpfe, alte Fotografien und afrikanische Statuetten. Ich habe sie im Lauf der Zeit gesammelt, sie sind Teil eines bizarren Pantheons, das meine Bibliothek bevölkert. Aber mir war nicht bewusst, dass ich diese unschuldige Leidenschaft mit einer Schar angesehener Künstler teile, die über die Märkte zogen, auf der Suche nach Schätzen, für die sie sich genauso begeisterten wie für das eigene Kunstschaffen.

Picassos Atelier war derart vollgestopft mit seinen Funden, dass Besucher Mühe hatten, sich in den Räumen zu bewegen, und André Bretons Studio glich eher einer Wunderkammer als dem Rückzugsort eines Intellektuellen. Das können alle bestätigen, die im Centre Pompidou die Atelierwand des Künstlers gesehen haben, die in einem Saal des Museums bis ins kleinste Detail rekonstruiert wurde, ausgestattet mit einer unglaublichen Zahl an »Fundstücken«, die Breton liebevoll zusammengestellt hatte. Eine Tafel erläutert dem Besucher, dass sein unstillbarer Besitzwunsch dem Bedürfnis geschuldet war, sich die Macht der Gegenstände zu eigen zu machen. Die esoterische Energie, die die Surrealisten den scheinbar noch so unnützen und ausrangierten Gegenständen zuschrieben, entspringt einer magischen Obsession, die sie zu ihren *Readymades* anregte, also zu jenen Kunstinstallationen, die dem, was üblicherweise als überflüssiger Firlefanz erachtet wird, neues Leben und unvorhergesehene Bedeutung verleihen. Man Ray nennt sie »Objekte der Zuneigung«, und oft streift er zwischen den Ständen des Marché aux Puces herum, auf der Suche nach etwas, das seine Fantasie anregt. Eben dort findet er jenes alte Bügeleisen, das heute alle als *Cadeau* kennen: Er brauchte nur noch eine Reihe spitzer Nägel auf der glatten Unterseite anzubringen, um aus diesem rostigen Gerät ein Kunstwerk zu machen.

Auch an diesem Morgen ist Ray auf der Suche nach Anregungen für den *Bal Blanc,* und in einer Kiste mit alten Filmspulen entdeckt er eine Überraschung. Als er seinen Fund Aufnahme für Aufnahme im Gegenlicht betrachtet, erkennt er die Umrisse eines seltsamen Mondes mit menschlichem Gesicht und weiß sofort, dass es sich um einen Film von Georges Méliès handelt, einem Pionier des französischen Kinos, der, nachdem er lange Zeit sträflicherweise in Vergessenheit geraten war, ausgerechnet von den Surrealisten wiederentdeckt wurde. Der Regisseur hatte als Erster mit innovativen Spezialeffekten experimentiert, und seine *Reise zum Mond* von 1902 gilt gemeinhin als Vorläufer des Fantasyfilms. Wieder einmal hat Man Ray, dank der Magie des Zufalls, ein »Objekt der Zuneigung« aufgespürt, das Mimís Fest zu einem denkwürdigen Ereignis machen wird.

Die Ersten, die eintreffen, sind die Baronesse Goldschmidt-Rothschild und ihre Freundin, die Baronesse Becker-Rémy, die sich als Edeldamen des Hofs von Kaiserin Eugenia verkleidet haben. Schiap rümpft die Nase, und Mimí bezeichnet sie als »zwei alte Torten aus dem 19. Jahrhundert«, aber immerhin sind die Kleider, wie vorgeschrieben, rein weiß. Das Ehepaar Pecci-Blunt hat die Anweisung erteilt, jeden abzuweisen, der nicht dem Motto des Abends entspricht, und ein Schild mit Goldlettern mahnt: »Keine Farben«. Es wird gemunkelt, dass manche versucht hätten, sich über die Regel hinwegzusetzen, und unter lautstarken Protesten und Androhung von Polizei nach Hause geschickt worden seien. Aber das sind Ausnahmen, niemand schert sich darum, lieber lässt man – passend zu den atemberaubenden Rhythmen der Musik – die Champagnerkorken knallen.

Die weiße Woge der Gäste ist in den Garten geströmt, und schon sind alle möglichen Gespenster, Engel mit unterschiedlichen Flügelformen, jungfräuliche Mägde und sogar ein Schneemann zu erkennen. Auch viele komplett weiße Fräcke mischen sich darunter, die zwar nicht gerade durch Originalität glänzen, aber immerhin ins Gesamtbild passen.

Lee und Ray, die sich für zwei Tennisanzüge entschieden haben, setzen auf schlichte Eleganz. Er trägt lange Hosen und Pulli, sie ein Ensemble aus der Frühjahr-Sommer-Sportkollektion der Modedesignerin Madeleine Vionnet, das ihre jungenhaft freche Ausstrahlung unterstreicht. Aber mehr als alles andere sind es die kurzen Hosen und der Blick auf zwei perfekt geformte Beine, den sie freigeben, die zur Attraktion des Festes werden.

Der Pianist Arthur Rubinstein hat sich als orientalischer Prinz mit kostbarem Perlenschmuck verkleidet, und sein Auftritt löst einen Applaus aus, der sich mit den Klängen des ersten Charleston vermengt.

Lee ist aufgeregt wie ein Kind auf dem Jahrmarkt. Sie hat das Set für die Porträtaufnahmen vorbereitet, die von jedem Gast gemacht werden sollen, und hat für die richtige Beleuchtung gesorgt, so wie sie es während ihrer langen Ausbildungszeit gelernt hat. Aber sie ist wie in den Bann geschlagen von der elektrisierenden Stimmung des Abends und überlässt Blitzlicht und Stativ sich selbst, um sich auf die Tanzfläche zu stürzen, wo sich galante Verehrer darum reißen, sie zum Tanz aufzufordern. Als Ray den alten Film von Méliès abzuspielen beginnt, stimmt das Orchester gerade den hintergründig romantischen Erfolgssong von Cole Porter *Let's do it (Let's fall in love)* an. Er ist der ideale musikalische Background für die Bilder, die über die Kleider der Gäste gleiten wie über eine surrealistische Landschaft. Von oben gesehen gleicht die Szene einem Ausschnitt aus einem Gemälde von René Magritte, in dem Traum und Wirklichkeit in einer zeitlosen Atmosphäre miteinander verschmelzen. Alle sind wie verzückt, mit Ausnahme von Man Ray, der mitansehen muss, wie sich seine Partnerin ohne ihn amüsiert – ein Anblick, dort unten zwischen den Lichtprojektionen im Garten, der ihm das Herz zerreißt. Lee ist so schön wie nie, wenn die Aura der Freiheit sie umfängt, ein Zauber, den kein Make-up jemals nachahmen könnte. Und genau in diesem Augenblick begreift der Fotograf, dass er das Spiel verloren hat. Es ist sinnlos, ihr eine Szene zu machen oder sie gar anzuflehen, ihn doch zu heiraten, wie er es in einer Geste der Verzweiflung gerade vor ein paar Tagen erst getan hat. Als passionierter Schachspieler, der er ist, weiß er, wann man sich geschlagen geben muss. Er wird versuchen, die Unabhängigkeit seiner Geliebten zu akzeptieren, er wird ihr helfen, ein eigenes Studio zu finden, nach dem sie sich so sehr sehnt. Im Gegenzug hat sie ihm versprochen, dass zwischen ihnen alles so bleibt wie immer. Aber wird der Minotaurus die langen Nächte ohne die beruhigende Nähe von Lees Körper neben sich ertragen? Eines Abends hat er sie fotografiert, während sie schlief, heimlich, gewissermaßen wie ein Dieb, in aller Eile, um sie nicht zu wecken: Sie hatte ausgesehen wie ein unschuldiges Kind, den kleinen Finger neben dem Mund, einem schutzbedürftigen Säugling gleich, und trotz aller noch so gewagten Experimente, mit denen er die Sinnlichkeit seiner Angebeteten verewigt hat, verkörpert dieses Foto mehr als jedes andere die Frau, die Ray für sich begehrt. Nur in diesem unbewussten Zustand des Schlafes kann er sie besitzen, aber ihm ist klar, dass es ein perverses und nicht realisierbares Verlangen ist. So bewahrt er dieses Foto wie einen Fetisch auf und zeigt es niemandem.

Seine düsteren Grübeleien werden durch den spektakulärsten Auftritt des Abends, ein *Tableau vivant* unterbrochen, das Jean Cocteau nach dem Vorbild von *Das Erwachen der*

Ariadne für die Mäzenin Marie-Laure de Noailles geschaffen hat, die zu diesem Anlass, gemeinsam mit einem Kreis enger Freunde, eine griechische Marmorstatue verkörpert. Die auf einem wackeligen Wägelchen herbeitransportierte mythologische Gruppe wirkt wie eine szenische Erscheinung und verschlägt allen den Atem, ja selbst die Musik scheint einen Augenblick innezuhalten, um dem allgemeinen Staunen Raum zu geben. Mimí muss zugeben, dass Cocteau mit seinem überbordenden Genie mal wieder ins Schwarze getroffen hat. Ihre Freundin Marie-Laure wittert schon seit Längerem das Talent des Pariser Dichters und hat beschlossen, seinen ersten Langfilm zu produzieren. Die Vicomtesse liebt das Avantgardekino fast genauso wie die Kunst und hat, obwohl alle ihr davon abgeraten hatten, bereits *Das goldene Zeitalter,* das zweite Werk von Luis Buñuel, finanziert, das noch bahnbrechender zu werden verspricht als das erste. Die Vorschau zu dem Film wird für den kommenden Herbst erwartet, aber manche sprechen bereits vom neuesten Skandal der Saison. Es gibt sogar Stimmen, die behaupten, die rechtsextreme und judenfeindliche *Ligue nationale anti-sémitique* plane Repressalien, um die Vorführung zu verhindern, doch diese Nachrichten werden von vielen leichtfertig in den Wind geschlagen. Mimí ist dagegen besorgt, sie hat die Ignoranz und Beschränktheit des faschistischen Regimes, das in Italien längst die Macht innehat, bereits zu spüren bekommen. Immer schwereren Herzens kehrt sie in ihre Geburtsstadt Rom zurück, wo jede kulturelle Initiative, die sie mit Enthusiasmus auf den Weg zu bringen versucht, von den Machthabern verhindert wird. Und während sie die weiße Wolke betrachtet, die so fröhlich ihren Garten bevölkert, denkt sie voller Sorge an die bedrohliche schwarze Flut, die wie ein

Krebsgeschwür ihr Land erobert hat und sich in ganz Europa breitzumachen beginnt.

Doch an diesem Abend ist Paris mal wieder die Hauptstadt der »fröhlichen Illusionen«, und mit einem kräftigen Zug an ihrer Zigarette vertreibt Mimí die heimtückischen Gedanken aus ihrem Kopf. Das Orchester trägt seinen Teil dazu bei, denn soeben stimmt es eine mitreißende Version von *Get Happy* an, und von der Tanzfläche erhebt sich ein festlich gestimmter Chor: eine beschwörende Hymne, die alle Bedenken beiseitewischt.

Forget your troubles and just get happy ... Ya better chase all your cares away ...

»Wenn ich schreibe, störe ich. Wenn ich einen
Film drehe, störe ich. Wenn ich male, störe
ich. Wenn ich meine Bilder zeige, störe ich,
und ich störe, wenn ich sie nicht zeige. Ich
besitze die Eigenschaft eines Störenfriedes.«

JEAN COCTEAU

Rom, Siebzigerjahre

Das *Filmstudio* ist ein kleines Programmkino in einer Gasse
in Trastevere, am Fuß des Gianicolo. In den Siebzigerjahren
stellte es für das junge Publikum Roms eine Art Wunderkammer dar, da es Filme zeigte, die niemals in einem gewöhnli-
chen Kino gelaufen wären. Wie bereits erwähnt habe ich dort
Luis Buñuels *Ein andalusischer Hund* gesehen, wobei ich noch
nicht erzählt habe, dass er in einem Film-Marathon zusammen
mit dem ebenfalls von Buñuel stammenden *Das goldene Zeitalter* sowie Jean Cocteaus *Das Blut eines Dichters* lief. Es war
eine Art masochistisches Vergnügen, sich stundenlang dem
Anblick avantgardistischer Streifen auszusetzen, die einen mit
den ungewöhnlichsten Traumbildern konfrontierten, und anschließend endlosen Diskussionen beizuwohnen, mit dem
einzigen Trost, dass man zu jener Zeit im Kinosaal noch eine
Zigarette nach der anderen rauchen durfte.

Ich war damals eine etwas naive Gymnasiastin mit einem
größeren Hang zur Rockmusik als zum Autorenkino. Aber
ich war in einen aparten jungen Intellektuellen verliebt, der
mich zu diesen höchst intensiven Abenden mitschleifte, und

ich wollte ihn nicht enttäuschen, obwohl mir ein Konzert mit Mal und The Primitives lieber gewesen wäre als eine beklemmende Szene wie die von Buñuel mit dem Auge. Doch heute bin ich besagtem jungen Mann dankbar, denn obwohl ich damals nichts verstand – wobei man ja auch nichts verstehen sollte, wie mir später klar wurde, haben mir die Verwirrung und auch der Abscheu, die diese Filme teilweise in mir auslösten, geholfen, meinen beschränkten Horizont zu erweitern und ließen mich die Kraft der Imagination erahnen. Eine wertvolle Lektion, die mir die strenge Schule, die ich damals besuchte, nicht vermitteln konnte.

Man brauchte die Handlung, die die Regisseure fröhlich ignorierten, nicht zu verstehen: Es genügte, sich dem Fluss des Wahnsinns hinzugeben, der einzig dazu diente, die Zuschauer zu provozieren und sie in eine Gedankenwelt zu katapultieren, die sie sich in einer Zeit, in der intensive psychoanalytische Sitzungen noch nicht allzu verbreitet waren, niemals auszumalen gewagt hätten. Vielleicht haben diese Filme heute jene subversive Kraft verloren, die meine zaghaft sich neu orientierende Generation so beeindruckt hat. Wir waren Kinder der Fünfzigerjahre, und die aufregendsten Bilder, zu denen wir Zugang hatten, stammten einzig aus dem Kino oder den wenigen verwackelten Videoaufzeichnungen eines Rockkonzerts in Übersee. Wir lebten in einem Raum ohne Türen und Fenster, aus dem kein Ausweg zu existieren schien, genau wie für den Dichter in Jean Cocteaus Film, der aufgeregt die Wände nach einem Fluchtweg abtastet: Es gibt nur einen Spiegel und eine merkwürdige sprechende Marmorstatue, eine Art Venus von Milo, die ihn ermahnt und ihn auffordert, durch den Spiegel zu gehen.

»Erst schreibst du, es sei möglich, durch Spiegel zu gehen, und dann glaubst du selbst nicht daran. [...] Versuche, versuche es doch ...«

Der Dichter gehorcht und springt ins Ungewisse.

Die lebende Statue lächelt spöttisch, und heute weiß ich, wem dieses Lächeln gehört: Es ist Lee Miller in der einzigen Filmrolle ihres Lebens.

»Die geistige Freiheit hängt von materiellen Dingen ab. Die Dichtkunst hängt von der geistigen Freiheit ab [...]. Deswegen habe ich so viel Nachdruck auf das Geld und ein eigenes Zimmer gelegt.«

VIRGINIA WOOLF

Paris, 1930

Im grellen Licht der Scheinwerfer, die das Set beleuchten, ist die selbst gemachte Schminke, die Lee wie mit einer Marmorschicht überzieht, zu einer übelriechenden Paste geworden. Der Gestank der mit Mehl vermengten ranzigen Butter steigt ihr in die Nase und lässt sie fast ohnmächtig werden, doch sie kämpft dagegen an und amüsiert sich wie ein Kind in dieser seltsamen Arena namens Kino. Ihr liegt nichts daran, Schauspielerin zu sein, viel aufregender sind für sie die Rollen im realen Leben, wenn sie sich ihres endlosen Repertoires an Frauen bedient, die sie je nach Bedarf und Laune verkörpert. Aber das hier ist eine einmalige Gelegenheit, und sie selbst ist es gewesen, die Jean Cocteau während eines feuchtfröhlichen Abends im *Le Bœuf sur le toit* den Vorschlag gemacht hat. Als der vielseitigste Künstler der Hauptstadt seine Freunde fragte, wer die Rolle der Statue übernehmen könnte, hatte Lee begeistert ausgerufen: »Ich, das mach ich!«, womit sie Rays Wut entfachte. Inzwischen empfindet er die Unbändigkeit seiner Muse als persönlichen Affront. Er allein hat das Recht, sie nach seinem künstlerischen Willen zu formen: Was erlaubt sich dieser stets für Ärger sorgende Cocteau, auf ein Terrain vorzudringen, auf dem er nichts zu suchen hat? Obwohl Ray ihm ein gewisses Talent nicht absprechen will, nimmt er doch Anstoß an Cocteaus Hang, überall mitmischen zu wollen, und betrachtet seinen extrem ausgeprägten Eklektizismus, der sich keine Ausdrucksform entgehen lässt, als Zeichen von Oberflächlichkeit und Opportunismus. Jetzt stürzt er sich auch noch aufs Kino, ein Gebiet, das Ray bereits vor Jahren erkundet hat, und lässt sich ausgerechnet von Rays eigenen Mäzenen, den Vicomtes Noailles finanzieren. Die Adligen haben soeben eine Million Francs für die Produktion von *Das Blut eines Dichters* bereitgestellt, nachdem sie Luis Buñuel dieselbe Summe für *Das goldene Zeitalter* hatten zukommen lassen.

Cocteau ist begeistert von Lees Vorschlag und engagiert sie auf der Stelle. Wütend verlässt Ray die Abendgesellschaft. Dieses Mal macht er seinem Zorn nicht durch die übliche Eifersuchtsszene, sondern in Form eines ausgeklügelten künstlerischen Racheakts Luft. Lee bleibt bei ihren Freunden, um auf das Kinoabenteuer anzustoßen, und als sie spät in der Nacht nach Hause kommt, entdeckt sie an der Wand des Ateliers ein neues Foto. Ein Bild von ihr mit dem Hals im Vordergrund, das sie selbst abgezogen und dabei mit Beleuchtung und Kontrasten gespielt hat, ist zu einer Momentaufnahme aus einem Horrorfilm geworden: die schneeweiße Kehle durchtrennt eine Wunde, aus der Blut in Form von roter Tinte tropft. Auf diese Weise sublimiert der Geliebte seine Aggressionen, die sich jedes Mal in ihm regen, wenn ihn angesichts der vollkommenen Handlungsfreiheit seiner Angebeteten die Ohnmacht überkommt. Diese Frau gibt sich einfach nicht mit der ihr zugewiesenen besonderen Rolle zufrieden, sondern maßt sich an, wie ein Mann zu agieren. Dabei hat er ihr geholfen, hat sie in den Geheimnissen des Metiers unterwiesen und sie in die schillernden Kreise der Personen eingeführt, die etwas zählen. Doch undankbar, wie sie ist, will sie alles in den Wind schlagen und nicht nur eigenmächtig entscheiden, mit wem sie zusammenarbeitet, sondern auch, mit wem sie emotionale und sexuelle Beziehungen außerhalb ihrer Partnerschaft eingeht. Die freie Liebe ist für Lee nur dann eine wunderbare Option, wenn sie von beiden Geschlechtern praktiziert wird, aber selbst in den avantgardistischsten Kreisen jener Männer, die davon träumen, die Welt zu revolutionieren, wird eine solche Möglichkeit nicht in Betracht gezogen.

Das Foto ihrer durchtrennten Kehle ist das erste in einer Serie von Arbeiten, bei denen Ray beschließt, Lees Körper zu einem Angriffsziel zu machen, das es zu zerstückeln gilt. Für den amerikanischen Fotografen ist die Kunst ein Rettungsanker, ein Mittel, um Schmerz und Einsamkeit zu verbannen, und dieser tiefenpsychologische Ansatz gipfelt in dem *Objet à détruire*, dem Objekt zum Zerstören, mit dem der Abschied von seiner aussichtslosen Liebe endgültig besiegelt wird.

Besagtes Objekt ist ein schlichtes Metronom, aber an dem hin und her schwingenden Gewicht hat Ray die vergrößerte Aufnahme eines Auges von Lee angebracht. Die Gebrauchsanweisung lässt keinen Zweifel an den Absichten des Künstlers.

»Legende: Schneide das Auge aus dem Foto einer geliebten Person aus, die du nicht mehr siehst. Befestige das Auge an dem Pendel eines Metronoms und stelle mit dem Gewicht das gewünschte Tempo ein. Lasse es so lange schwingen, wie die Mechanik es zulässt. Mit einem gezielten Hammerschlag versuche man, das Ganze durch einen einzigen Hieb zu zerstören.«

Heute kann das Publikum neue, nach jedem Zerstörungsakt rekonstruierte Exemplare des Metronoms bewundern; doch als Lee dieses merkwürdige Ding mit ihrem Auge als Angriffsziel zum ersten Mal zu Gesicht bekam, muss sie sich vorgekommen sein wie eine Hexe, die man zum Scheiterhaufen verurteilt hat. Ich selbst habe etwas Ähnliches nur ein einziges Mal erlebt, nämlich an dem Tag, als ich, nach dem Ende einer Liebesgeschichte, vor meiner Haustür ein Foto von mir fand, das in tausend Stücke zerrissen war. Eine Kleinigkeit im Vergleich zu Man Rays Wut, aber immerhin groß genug, um mir eine ganze Nacht lang den Schlaf zu rauben. Es gibt keine festgeschriebene Trennungszeremonie, und gefangen im jeweils eigenen Schmerz treibt jeder umher und versucht, so gut wie möglich mit dem Verlust zurechtzukommen. Dennoch finde ich Man Rays künstlerische Praxis eine erstrebenswerte Alternative zu der körperlichen Gewalt, die in manch verhängnisvollem Fall die Oberhand gewinnt. Anscheinend hat Ray sein *Objet à détruire* bereits Jahre zuvor entwickelt, das Auge stammte ursprünglich also nicht von Lee, sondern vielleicht von seiner damaligen Muse Kiki de Montparnasse. Er brauchte nur das Foto auszutauschen, um dieses Beschwörungsritual erneut zu vollziehen, das ich übrigens all denen zur Anwendung empfehlen würde, die auch heute noch nicht in der Lage sind, das Ende einer Liebesbeziehung auf zivilisierte Art zu verarbeiten. Es ist in jedem Fall besser, auf ein Metronom einzuhämmern als auf die Exfreundin.

Ich möchte nicht, dass meine etwas unorthodoxen Betrachtungen das Genie des Künstlers oder die Deutung seiner wichtigen Arbeit trüben. Aber als ich in dem unbequemen Holzsessel meines kleinen Programmkinos saß und Lee Millers spöttischen Blick während ihrer Verwandlung in eine lebende Statue bewunderte, wusste ich von alldem noch nichts. Ich versuchte, meine Unwissenheit zu verbergen, indem ich mich bemühte, in den unergründlichen Schwarz-Weiß-Sequenzen, die vor mir abliefen, einen verborgenen Sinn zu erkennen. Es wäre schön gewesen, wenn Jean Cocteau neben uns gesessen hätte, denn auf die Frage, die wir alle uns heimlich stellten: »Was willst du uns mit diesem Film eigentlich sagen, Jean?«, hätte er seelenruhig erwidert: »Einen Künstler zu bitten, über seine eigene Arbeit zu sprechen, ist, wie eine Pflanze dazu aufzufordern, über Gartenbau zu diskutieren.« Schlicht und unmissverständlich. Tatsächlich stellt sich Lee in ihrer naiven Begeisterung nicht allzu viele Fragen, und trotz der von ihrem Geliebten praktizierten Exorzismen brennt sie darauf, sich von den Eingebungen Cocteaus leiten zu lassen und an dem mitzuwirken, was Jahre später als Meisterwerk gelten wird. Während der Dreharbeiten glaubt jedoch niemand ernstlich an ein Gelingen des Films, der unter tausend Schwierigkeiten und Unwägbarkeiten nur schleppend vorankommt. Um das Aufnahmestudio schalldicht zu machen, hat man an den Wänden alte Matratzen angebracht, in denen Flöhe hausen, wie die von unangenehmen Stichen geplagten Techniker und Schauspieler bald zu spüren bekommen. »Wir sind ausgesaugt worden und haben stoisch das Jucken ertragen«, erinnert sich Lee amüsiert und lüftet auch das Geheimnis des schwarzen Sterns auf der Schulter des Dichters, ein obskures Symbol, das unter den Exegeten des Films Anlass zu zahlreichen Interpretationen geben hat. Eigentlich war er gar nicht vorgesehen gewesen, Cocteau hatte im letzten Moment darauf zurückgreifen müssen, um eine große Narbe des Schauspielers Enrique Riveros zu verdecken: Das Wundmal war die böse Erinnerung an ein Projektil, das der Ehemann von Enriques Geliebter abgefeuert hatte.

Der Regisseur verliert nie den Mut, sieht in jedem Zwischenfall eine Chance und ist stets bereit, das Drehbuch spontan umzuschreiben. Wer ihn darum bittet, die ständigen Veränderungen zu erklären, dem antwortet er mit einem seiner Mottos: »Der Dichter findet zuerst, dann sucht er.« Und es ist diese bahnbrechende Kreativität, die ihm von denen vorgehalten wird, die ihn verunglimpfen, allen voran André Breton, der Papst der Surrealisten, der es nicht erträgt, ein zweites Genie neben sich zu sehen. Breton ist einer der Ersten, die *Das Blut eines Dichters* beim Start im Kinosaal auspfeifen. Aber Cocteau lebt von Skandalen, er hält weder mit seiner Homosexualität noch mit seiner Opiumsucht hinterm Berg, hat Spaß daran, die Regeln zu brechen, und produziert Filme, Literatur, Dichtung und Zeichnungen in einer für ein einziges Leben ungeheuerlich großen Zahl. Es gibt ein Porträt, das ihn treffender beschreibt als alle Worte: Es stammt von dem äußerst talentierten Fotografen Philippe Halsman, der ihn mithilfe eines technischen Spezialeffekts, einer ungewöhnlichen Göttin Kāli gleich, mit einer Vielzahl von Armen zeigt. In jeder Hand hält Cocteau ein Arbeitsutensil: einen Stift, ein Buch, einen Pinsel, eine Schere und die unverzichtbare Zigarette. Lee bewundert ihn: Sie erkennt in dem Regisseur jenen Freiheitsdrang wieder, dem auch sie folgt, und sie spürt, dass die Beteiligung an dem Film eine einzigartige Gelegenheit bietet, um an der »Erschaffung eines Meisterwerks« mitzuwirken. Vor allem aber ist es das erste Mal, dass sie nicht die Schöne ist.

In dieser realistischen Dokumentation irrealer Ereignisse – wie Cocteau es definiert – wird Lees Äußeres durch die aufwendige Maske, der sie sich als Schauspielerin unterziehen muss, um sich in jene sonderbare Venus von Milo zu verwandeln, nicht gerade hervorgehoben; hinzu kommt, dass ihre Arme durch eine unbequeme Vorrichtung hinter dem Rücken zusammengebunden sind, damit die Illusion aufrechterhalten bleibt. Doch für Lee bedeutet das Verdecken ihrer perfekten Gesichtszüge eine Verschnaufpause von den Modereportagen, bei denen sie immer tadellos und verführerisch in Erscheinung zu treten hat. Wie etwa auf dem ganzseitigen Foto aus jener Zeit, das Baron Hoyningen-Huene für die »Frogue« aufgenommen hatte und das eine der schillerndsten Versionen Lees zeigt. Das Model erscheint in einem Abendkleid von Jean Patou mit dem verheißungsvollen Namen *Tulipe Noir:* ein Petticoat-Kleid aus leichtem Chiffon, das jede Frau gern besitzen, vor allem aber mit demselben Charme wie Miss Miller tragen würde. Damals gab es noch keine Agenturen für Topmodels, die jungen Frauen wurden zufällig engagiert und sicher nicht so bezahlt wie die bekanntesten *Covergirls* unserer Zeit. Doch Lee ist, praktisch ohne es zu wollen, ein Star auf diesem Gebiet geworden, die Modeschöpfer reißen sich um sie, um ihre wichtigsten Kollektionen anzupreisen, und Lees Name erscheint – was in jener Zeit noch sehr selten ist – in den Bildnachweisen neben dem des Fotografen und des Modehauses. Die verschiedenen Persönlichkeiten Elizabeths existieren nunmehr nebeneinander, und in ein und derselben Zeitschrift taucht auch ihr Name als Fotografin jener ersten Reportage auf, die sie in ihrem eigenen, ganz in der Nähe der Rue Campagne-Première angemieteten Studio gestaltet. Ein winziger Raum, dessen Wände sie mit alten Schallplatten verkleidet hat, die Man ihr auf seinen Streifzügen über die Gebrauchtwarenmärkte beschafft hat. Hinter dem Bett hat sie, anstelle des Kopfendes, einen riesigen Wandteppich mit einem Entwurf von Jean Cocteau aufgehängt. Es ist die mit allem möglichen Krempel vollgestopfte Wohnung einer jungen Frau, aber es ist auch ihr Schlupfwinkel, ihr »eigenes Zimmer«, nach dem sich, wie Virginia Woolf nur ein Jahr zuvor erklärt hatte, jede Frau sehnt, um sich zu emanzipieren und die eigenen Berufswünsche zu verwirklichen. Hier empfängt Lee ihre Kunden und entwickelt in der Dunkelkammer die Fotos, die man bei ihr in Auftrag gibt. Es sind Porträts von adligen Frauen mit Namen, so wohlklingend, als seien sie einem Märchen entsprungen: die Maharani von Koch-Bihar und die Herzogin von Alba; aber auch berühmte Schauspieler wie Charlie Chaplin, der in einer Aufnahme verewigt ist, die ihn von unten zeigt, als trage er einen schweren Armleuchter auf dem Kopf. Wann immer sie kann, lässt Lee ihrer Inspiration freien Lauf und schafft ausgefallene Bilder. Doch sie ist eine praktisch veranlagte Frau und scheut vor keinem Auftrag zurück. Sie lässt sich sogar darauf ein, Hunde und Katzen zu porträtieren, obwohl sie diese nicht besonders mag, und fotografiert sogar eine Eidechse, die eine Dame der höheren Gesellschaft als Haustier hält. Wichtig ist, dass die Bezahlung stimmt, damit sie ihr kleines Unternehmen, auf das sie so stolz ist, aufrechterhalten kann.

Die Arbeiten im Auftrag der *Vogue* und anderer Modezeitschriften verschaffen ihr besondere Befriedigung, da es ihr gelingt, sich die surrealistischen Lehren zunutze zu machen.

Als man sie für die Werbung der Parfüms von Coco Chanel und Elizabeth Arden engagiert, erkundet sie unkonventionelle Lösungen und greift für ihre Fotos auf Kombinationen mit ungewöhnlichen Gegenständen zurück: afrikanische Masken, ein für eine Partie bereitstehendes Schachbrett. Ray muss diese neue Unabhängigkeit notgedrungen gutheißen, wenn er seine Angebetete nicht verlieren will. Doch er lässt nicht locker und wechselt zwischen Eifersuchtsszenen und künstlerischen Voodoo-Ritualen. Erschöpft flüchtet er sich schließlich in leidenschaftliche Liebesbriefe, in denen er seine eigene Verletzlichkeit gesteht.

»Trotz allem übersteigt meine Liebe für dich alle Worte ... In den letzten Monaten hatte ich nur eine einzige Sorge: dass durch deine Streifzüge das abgeschwächt werden könnte, was du für mich empfindest, während das, was ich für dich empfinde, gewachsen ist ... Ich werde versuchen, all das zu sein, was du dir von mir erwünschst, denn mir ist klar, dass es der einzige Weg ist, dich zu halten.«

Eine bedingungslose Kapitulation, aber nicht einmal der poetische Zauber von Rays Worten hat die Kraft, sie zurückzuhalten.

Niemand weiß, worin eine Liebe eigentlich besteht und weshalb bestimmte Personen so überlebenswichtig für uns sind. Der Fotograf ist ein scheuer, misstrauischer und reizbarer Mensch, und vielleicht hat er in Lee seinen Lichtschimmer gefunden, seinen Lebensfunken, der unverzichtbar ist, um sein kreatives Schaffen, ja seine gesamte Existenz voranzutreiben. Es gibt ein Foto von 1924, das von Man Ray stammt und mich sehr beeindruckt hat. Es trägt den Titel *Séance de rêve éveillé* und zeigt eine Gruppe von Künstlern, darunter Giorgio de Chirico, Robert Desnos, André Breton und Paul Éluard: Alle wenden sich wie in Trance der einzigen Frau der Gruppe zu, die vor einer Schreibmaschine sitzt. Sie warten darauf, dass das weibliche Wesen ihre dem kollektiven Unterbewusstsein entspringenden und durch diese Zusammenkunft des »Wachträumens« angeregten Gedanken erfasst und niederschreibt: eine von der Psychoanalyse praktizierte Methode, die von den Surrealisten aufgegriffen wird, um die Vernunft zurückzulassen und das Surreale in den Blick zu nehmen. Sie konnten stundenlang wach und ohne Nahrung bleiben, um diese Form der Kreativität zu stimulieren, mit deren Hilfe gesellschaftliche Regeln und Konventionen gebrochen und den abwegigsten Gedanken zu freier Entfaltung verholfen werden sollte. Während der Frau, deren Natur von jeher mit irrationaler Emotionalität in Verbindung gebracht wurde, die unverzichtbare Rolle eines Mediums, einer passiven Mittlerin zukam, die die wertvollen Intuitionen der Gefährten aufgreifen und festhalten sollte. Sicherlich ein Schritt nach vorn, verglichen mit der Rolle der Ehefrau und Mutter, der jedoch – man verzeihe mir diesen Vergleich – nicht allzu weit über die Aufgabe einer Sekretärin des Unterbewusstseins hinausführt. Statt die wichtigen Anmerkungen des Bürochefs zu notieren, muss sie die Träume der Surrealisten aufschreiben, aber ihre eigenen Betrachtungen darf sie nicht zu Papier bringen.

Dabei hätten jene Frauen von vor hundert Jahren durchaus einiges zu erzählen gehabt. Die Frau auf dem Foto ist übrigens Simone Kahn, die erste Ehefrau Bretons. Der Schriftsteller definierte sie als »ein wandelndes Lexikon, die Einzige aus der ganzen Gruppe, die ›Das Kapital‹ von Marx komplett gelesen hat!«, was für den Begründer des Surrealismus ein absolutes Lob darstellte. Nur wenigen Frauen gelingt es, sich aus jener untergeordneten Rolle zu befreien, die sie zu bloßen Schutzengeln oder stillen Musen degradiert, allzeit bereit, den Einfällen des gerade zum Zuge kommenden Genies Genüge zu leisten. Meret Oppenheim ist für alle Frauen ein Vorbild: eine originelle Künstlerin und Urheberin zahlreicher Werke und Designobjekte, darunter ihr berühmtes *Déjeuner en fourrure*, eine Kaffeetasse samt Untertasse und Löffel, die mit weichem Fell bezogen und heute im MoMA in New York ausgestellt sind, zusammen mit dem unglaublichen *Tisch mit Vogelfüßen*, einem nach wie vor hochmodernen und erlesenen Möbelstück. Ich könnte die Liste ihrer Arbeiten noch lange fortsetzen, doch trotz ihrer bemerkenswerten Karriere hatte Meret Mühe, die Rolle der Muse für jene künstlerische Bewegung abzustreifen, deren Protagonistin sie war. Nur weil sie mehrfach von Man Ray fotografiert wurde und eine kurze, turbulente Beziehung mit Max Ernst hatte (Meret gesteht, dass sie ihm in einer gut besuchten Bar den Laufpass gegeben hatte, um Szenen und Konsequenzen zu vermeiden), befragten sie die Journalisten bei jedem Interview nicht etwa zu ihren eigenen Arbeiten, sondern zu ihrer inspirierenden Funktion für diese bedeutenden Männer. Da half auch ihr lapidarer Kommentar, mit dem sie versuchte, dem Thema ein Ende zu setzen, nicht weiter: »Ich hatte keine Zeit, für irgendjemand die Muse zu sein – ich war zu sehr damit beschäftigt, gegen meine Familie zu rebellieren und Künstlerin zu sein.«

Es ist schwierig, sich zu entfalten und zu beruflichem Ansehen zu gelangen, wenn man gezwungen ist, die ausschließlich für einen Club von Männern konzipierten Regeln zu befolgen. Auch Lee wird das bewusst, als die amerikanische Zeitschrift *Time* eine Reportage über die Kunst von Man Ray mit einem Porträt des Künstlers veröffentlicht, das von Elizabeth Miller stammt. Der einzige Kommentar zu ihr bezieht sich auf ihren Nabel, der als »der schönste von ganz Paris« beschrieben wird. Am meisten empört über diese Form des Chauvinismus ist Vater Theodore, der einen wütenden Brief an die *Time* schickt, in dem er den Berichterstatter bezichtigt, schmähliche und unrichtige Behauptungen aufzustellen. Der Chefredakteur sieht sich gezwungen, ihn zu veröffentlichen und sich in aller Form zu entschuldigen. Lee kann ihrem Vater persönlich dafür danken, als er im Dezember 1930 wegen einer Geschäftsreise nach Europa kommt und natürlich in Paris vorbeischaut, um seine Li-Li in die Arme zu schließen. Ein Foto von Ray verewigt diese Gelegenheit: Vater und Tochter in Lees Studio, vereint auf einem kleinen Familienbild, das von der Tiefe ihrer Beziehung zeugt. Elizabeth lehnt zärtlich ihr Gesicht an die Schulter des Vaters und wirkt wie ein Kind, das nach einem Unwetter sicheren Schutz gefunden hat: Nur wenn sie sich in die Arme jenes einzigen Mannes flüchtet, den sie mit ganzer Gewissheit liebt, fühlt sie sich geborgen und glücklich. Lee und Theodore verbringen Weihnachten gemeinsam in Schweden, und der Ingenieur nutzt diese erneute Vertraulichkeit, um die Tochter zu fotografieren, wie er es in Poughkeepsie getan hat. Sie ist nach wie vor sein Lieblingsmotiv, und Lee lässt sich auf die künstlerischen Ambitionen des Vaters ein, der sie nackt in der Badewanne des *Grand Hôtel* in Stockholm ablichtet. Wieder ist es ein Dezembermorgen, doch die Gestalt, die man dort im schimmernden Wasser sieht, ist längst eine Frau, und auch wenn an ihrem fast noch jugendlichen Körper nichts Anstößiges ist, verstört mich dieses Foto doch nach wie vor, und es fällt mir schwer, es in etwas mir Bekanntes einzuordnen. Wenn ich allerdings an die konfliktreiche Beziehung zu meinem eigenen Vater denke, die seinem anmaßenden und aufbrausenden Charakter geschuldet war, empfinde ich für diese ungewöhnliche Harmonie an der Grenze des Schicklichen eher Neid als Abscheu. Statt Anstoß zu nehmen, hege ich Bewunderung für die totale Freiheit, die Theodore mit seiner Tochter verbindet; niemand weiß, was sich hinter dem Leben der anderen tatsächlich verbirgt, und es ist sinnlos, nach Antworten zu suchen; wenn wir sie wie in einem Spiegel betrachten, können wir höchstens unsere eigenen Erfahrungen im Licht des Andersseins erkennen. Obwohl ich über fünfzig Jahre nach Elizabeth Miller zur Welt gekommen bin, war das Verhältnis zu meinen Eltern finster wie im Mittelalter, ohne jegliche Möglichkeit zu vertraulicher Nähe, und ich kann nur mit einer gewissen Wehmut und einem gewissen Bedauern auf jene Fotografien schauen, aus denen eine mir unbekannte Harmonie der Gefühle spricht.

Wie auch immer unsere Beziehung zum eigenen Vater ist, wird sie, wie man weiß, niemals ganz ausgewogen sein, und sicher war es auch für Lee nicht einfach, sich angesichts eines derart imposanten und aufklärerischen Vaters auf andere Lieben einzulassen. Theodore ist stolz auf Lees Fortschritte, er bewundert Man Ray, dessen wissenschaftlichen Ansatz bei den Experimenten jener neuen Kunst der Fotografie er teilt. Er ist ein neugieriger Vater, offen und lebendig: ein unbezwingbarer Berg, der jeden Liebesversuch jenseits dieser absoluten Bindung zu verdunkeln droht.

»Im Grunde war sie Zeit ihres Lebens unfähig, mit den Männern, die sie geliebt hat, feste Beziehungen einzugehen«, schrieb Lees Sohn Anthony Jahre später. Wobei auch er, wie wohl wir alle, auf der Suche nach den geheimnisvollen Verbindungen war, die uns den Eltern nahebringen oder uns von ihnen entfernen. War es am Ende Theodore, der jenes »unerklärliche Hemmnis« darstellte, das Lee daran hinderte, sich auf eine Beziehung einzulassen? Hätte Ray das Foto, das er von seiner Muse in den Armen des Vaters aufgenommen hatte, genauer inspiziert, wäre ihm vielleicht klar geworden, dass in ihrem Herzen kein Platz für andere Männer war.

Doch statt sich geschlagen zu geben, besorgt sich der Minotaurus eine Pistole und versteckt sie in einer Schublade seines Studios.

Paris, 1932

Nur wenige Minuten braucht man zu Fuß von der Rue Campagne-Première bis zur Rue Victor Considérant, wo sich Lees
Studio befindet. Es ist ein hübscher Weg, der über den Friedhof Montparnasse führt, eines meiner Lieblingsziele in Paris.
Trotz des ersten Anscheins kann ich Ihnen versichern, dass
der Ort nicht an Schmerz und Tod gemahnt, sondern vielmehr dazu einlädt, dem Durcheinander der Stadt den Rücken
zu kehren und sich zwischen dem Grün der Linden und den
eklektischen Architekturen der historischen Gräber in andere
Zeiten entführen zu lassen.

Ich muss gestehen, dass mir Friedhöfe schon immer gefallen haben, aber damit befinde ich mich in guter Gesellschaft.
Auch die Filmemacherin Agnès Varda nutzte diese Stadtoase
oft, um mit ihren Kindern dort spazieren zu gehen. Sie sah
in dem Friedhof eine Art Park und ruht heute neben ihrem
über alles geliebten Ehemann Jacques Demy, wenige Schritte
entfernt von dem Dichter Charles Baudelaire, der – welch
traurige Ironie des Schicksals – gezwungen ist, sein Grab für
alle Zeiten mit der Mutter und dem verhassten Stiefvater zu
teilen.

Alle berühmten Bewohner dieses Viertels wünschen sich,

auf diesem glorreichen Friedhof bestattet zu werden: Ist es schon zu Lebzeiten ein Privileg, in Montparnasse zu wohnen, so doch erst recht nach dem Tod. Es gibt eine lange Warteliste, um einen Platz in der Nähe von Guy de Maupassant oder Jean-Paul Sartre zu ergattern, der mit seiner Simone de Beauvoir in einem Grab vereint liegt, das genauso schlicht ist, wie der einstige Lebensstil der beiden. Falls Sie jedoch ein wenig mehr Trubel mögen, sollten Sie sich in den Teil begeben, in dem der zu Lebzeiten stets in Zigarettenrauch gehüllte Serge Gainsbourg ruht: Sein Grab wird scharenweise von bewundernden Fans besucht, die dort Zeichnungen, Métro-Tickets, Gitanes und ganze Kohlköpfe zu Ehren des Komponisten von *L'Homme à tête de chou* niederlegen. Wohingegen auf dem Grab von Marguerite Duras bloß ein großer Blumentopf steht: Kein Pflänzchen lugt aus der Erde, dafür aber Dutzende bunter Kugelschreiber, die begeisterte Leser wie Blumen dort hineinstecken, um ihr großes Talent zu würdigen.

Serge und Marguerite sind noch Kinder, als Man Ray an einem verregneten Tag im Dezember 1932 wütend den Friedhof Montparnasse durchquert, um zu Lees Studio zu gelangen. Es ist tiefe Nacht, und man fragt sich, wie es kommt, dass der Friedhof noch geöffnet ist, aber die ganze Begebenheit wird von einer Augenzeugin geschildert: Jacqueline Barsotti Goddard ist eine enge Freundin und das einzige Model, mit dem der Fotograf nicht ins Bett gegangen ist. Wir müssen ihrem fesselnden Bericht ganz einfach Glauben schenken. Jacqueline ist eine umwerfende Blondine, die einem Gemälde der Präraffaeliten entsprungen zu sein scheint, doch im Gegensatz zu den kraftlosen Vorbildern der englischen Maler ist sie überschwänglich und charakterstark. Doch in dieser Nacht genügen die strenge Miene und die imposante Gestalt der Frau nicht, um die Wut des Fotografen zu dämpfen, der um drei Uhr früh die Pistole aus der Schublade in seinem Studio hervorholt und wie ein Besessener zu Lees Haus eilt. Er ist überzeugt, dass sie geschwindelt hat. Unmöglich, dass sie nach New York abgereist ist, wie alle behaupten: Fortgehen, ohne ihm Bescheid zu sagen, wäre ein weiterer heftiger Schlag für seinen verletzten Stolz, und er muss die Wahrheit herausfinden. Sicher hat Lee nur das Gerücht in die Welt gesetzt, um ihm einen Schrecken einzujagen, oder vielleicht ist es bloß einer ihrer üblichen Tricks, um ihn fernzuhalten und sich ungestört mit einem ihrer zahlreichen Liebhaber zu vergnügen. Genauso wird es sein, und in dieser Nacht wird er sich Gewissheit verschaffen.

Derweil führt Man Selbstgespräche, hört nicht auf die Bitten der Freundin, die versucht, ihn zum Umkehren zu bewegen, und ihn anfleht, im rund um die Uhr geöffneten *Sélect* etwas trinken zu gehen. Wäre es nicht besser, die Wut mit einem Whisky runterzuspülen? Doch der Fotograf läuft weiter wie von Sinnen, rasend in seinem düsteren Zorn, und Jacqueline weiß, dass sie ihm folgen muss auf ihren hohen, schwankenden Absätzen, an langen Reihen von Grabsteinen entlang, die in jener aufwühlenden Nacht keinerlei Ruhe verströmen. Es ist die surrealistischste Szene, die sich Man und seine Freunde jemals für ihre traumartigen Filme hätten ausdenken können, nur dass es sich diesmal nicht um einen Traum handelt. Jacqueline kennt Rays ungestümen Charakter, und sie hat wirklich Angst, denn sie weiß, dass der Amerikaner, wenn er in seinem Wahn gefangen ist, zu allem in der Lage sein kann. Töten oder sich selbst töten? Oder gar beides, in entsprechender grausiger Reihenfolge? Als sie Lees Haus erreicht haben, gewinnt die Realität die Oberhand. Es bringt nichts, zu klingeln, zu rufen, gegen die Mauer zu treten. In dem schicken hochmodernen Gebäude reagiert niemand auf das verzweifelte Drängen des Minotaurus, der zusammensinkt und auf die unbelebten Fenster der Geliebten starrt. Sie ist abgereist. Im Grunde hat er es bereits geahnt, aber er hat sich mit eigenen Augen von der unübersehbaren Leere überzeugen müssen.

In diesem Augenblick befindet sich Lee auf einem Schiff, das sie nach Hause bringt. Sie hat es beschlossen, und sie hat es getan. Sie wird ein Studio in New York eröffnen. Wenn es ihr in Paris gelungen ist, wird es ihr auch dort gelingen, wo ihr Ruhm – einmal abgesehen von ihrem Nabel – dazu beitragen wird, das neue Unternehmen in Gang zu bringen. Ihre Arbeit wird in Amerika inzwischen geschätzt, und der Kunstsammler Julien Levy, den sie in Paris kennengelernt hat, hat ihr für das kommende Frühjahr bereits eine Einzelausstellung in seiner Galerie vorgeschlagen. Doch der eigentliche Grund ist das Gefühlswirrwarr, in dem sie sich gefangen fühlt und aus dem sie keinen Ausweg sieht. Ray hat ihr keine Ruhe mehr gelassen, und seit Lee den faszinierenden ägyptischen Milliardär Aziz Eloui Bey kennengelernt hat, überschlagen sich die Ereignisse. Zunächst erschien es wie eins der üblichen Abenteuer, doch dieser Mann, der zwanzig Jahre älter ist als sie, strahlt einen besonderen Charme aus und gibt ihr ein bis dahin ungeahntes Gefühl, kostbar und geliebt zu sein. Hat es etwa diesmal auch Lee erwischt? Im Leben einer Frau gibt es immer einen Augenblick, in dem das, wofür sie gekämpft hat, angesichts eines obskuren Phänomens, das unter dem Namen der »großen Liebe« daherkommt, wie Schnee zu schmelzen droht. Es kann die taffsten und entschlossensten Frauen treffen, und es spielt keine Rolle, wie sehr sie um Gleichberechtigung und Unabhängigkeit gekämpft haben: Sobald die althergebrachte Figur des Märchenprinzen am Horizont erscheint, gerät jede Entschlossenheit ins Wanken. Man muss nicht Schneewittchen sein, um sich der romantischen Geschichte hinzugeben, mit der wir aufgewachsen sind, und es wird noch vieler Generationen junger, furchtloser Frauen bedürfen, um zu der nötigen Weitsicht zu gelangen und das eigene Schicksal nicht aus der Hand zu geben. Aber wie angenehm ist es doch, die unbequemen Kleider der Kämpferin abzustreifen und sich sanft dem Fluss der Gefühle hinzugeben. Lee ist hin und her gerissen, vor allem aber erschrocken über die Reaktionen der beteiligten Männer: Aziz ist verrückt nach ihr, doch er ist verheiratet oder war es zumindest, denn er hat seine Frau Nimet, eine exotische Schönheit, die es mit der gottgleichen Nofretete aufnehmen könnte, um die Scheidung ersucht. Stilvoll, statuenhaft und bereits am frühen Morgen perfekt geschminkt, verbringt Nimet Stunden vor dem Spiegel, um sich auf die zahlreichen gesellschaftlichen Anlässe vorzubereiten, die ihre Tage bestimmen. Lee hat sie für einen Beitrag in der *Vogue* mit Samtturban und Perlenkette fotografiert, zu einer Zeit, als die Beziehung zu Aziz noch wie eine kleine Episode erschien und es keinen Grund gab, die Sache publik zu machen, insbesondere nicht gegenüber Man, der inzwischen schon wegen einer Kleinigkeit einen Tobsuchtsanfall bekommt und nur darauf wartet, einen Anlass zu finden, um seiner unterdrückten Wut Luft zu machen.

Die letzte Karte, die er ihr geschrieben hat, erschreckt sie mehr als jedes mit dem Hammer zu bearbeitende Metronom. Sie scheint aus dem Jenseits zu kommen: ein weißer Hintergrund, auf dem mit Bleistift Lees Mund und Augen gezeichnet sind, verdeckt von der Schrift des Fotografen, der jeden Zentimeter der Karte mit ihrem Namen bedeckt hat, Reihe um Reihe, wie besessen, immer weiter.

»Elizabeth, Lee, Elizabeth, Lee, Elizabeth, Lee, Elizabeth, Lee, Elizabeth, Lee, Elizabeth, Lee ...«

Auf der Rückseite eine knappe, definitive Botschaft:

»Stets mit einem Auge in Reserve
Unzerstörbares Material ...
Für immer beiseitegeschoben
Hinters Licht geführt
Im Stich gelassen ...
Die Erfahrung muss weitergehen –
Ich bin stets in Reserve.«

M. R.

Der Schmerz, der Man so fest im Griff hält, treibt Lee nur Tag für Tag weiter fort von ihm, während der diskrete Charme des ägyptischen Gentlemans eine Bresche in ihr Herz zu schlagen beginnt. Aber Lee erträgt es nicht, die Heldin eines billigen Liebesromans zu spielen, und es gibt nur einen Weg, um aus dieser verzwickten Situation herauszukommen: ein Ticket ohne Rückfahrschein nach New York. Als der Ozeandampfer *Île-de-France* ablegt und in Richtung Amerika steuert, kann Elizabeth Miller, genannt Lee, endlich wieder frei atmen. Und so macht sie es sich in einem eleganten Art-déco-Sessel bequem. Der ist Teil der exklusiven und modernen Ausstattung jenes Schiffs, das sie aus dem Liebeschaos befreit, dem sie sich nicht gewachsen fühlt. Ist es ein egoistischer Akt? Ja. Aber Egoismus ist eine überlebensnotwendige Haltung, eine gesunde Einstellung, die jede junge Frau sich zu eigen machen sollte, um nicht unterzugehen. Selbst heute noch wäre es hilfreich, wenn man uns beibrächte, das klassische »Ich werde dich retten« durch ein praktischeres »Ich werde mich retten« zu ersetzen. Ein Gebiet, auf dem Lee für uns alle eine unverzichtbare Lehrmeisterin ist. Schon allein deshalb lohnt es sich, ihre Geschichte zu erzählen.

Derweil versucht Jacqueline Barsotti Goddard im nächtlichen Paris so gut es geht Ray beizustehen, der zusammengesunken wie ein Müllsack auf dem Gehweg vor Lees Studio hockt. Sie traut sich nicht, ihn allein zu lassen, denn er hat eine geladene Pistole in der Tasche, und ebenso wie seine Surrealisten-Freunde hat auch er eine fatale Neigung zum Suizid, mit dem man gern liebäugelt als dem äußersten Akt künstlerischer Freiheit: »Es scheint, wir würden uns töten, wie wir träumen. Es ist keine moralische Frage, die wir stellen: Ist der Suizid eine Lösung?«, schreibt André Breton in der ersten Ausgabe der Zeitschrift *La Révolution surréaliste*. Damit löst er eine lebhafte Debatte unter den am Thema interessierten Intellektuellen aus, wobei sich einige nicht mit der Theorie zufriedengeben. So zum Beispiel Jacques Rigaut, der über sich selbst sagte, er sei »der Mann, der mit seinem Selbstmord im Knopfloch« reise. Als enger Freund Man Rays, unverbesserlicher Dandy und für jeden Exzess zu begeistern, beschließt er, der den Tod als einzig mögliche Poetik des Lebens betrachtet, bis zum Äußersten zu gehen und schießt sich mit gerade einmal dreißig Jahren ins Herz, wobei er die Schusslinie zuvor eiskalt mit dem Lineal abgemessen hat, um ja nicht danebenzutreffen.

Ray wird das Trauma dieses Verlustes niemals überwinden, und Jacqueline ist in dieser verzweifelten Nacht klar, dass sie ihn vor einer Kurzschlusshandlung bewahren muss, die ihm zum Verhängnis werden könnte.

Als die beiden in das Studio in der Rue Campagne-Première zurückkehren, legt Ray die Pistole auf den Tisch, und wieder einmal ist es seine Inspiration, die ihn – einem Schutzengel gleich – auf wunderbare Weise vor schicksalsschwereren Vorhaben bewahrt. Den Wunsch, seinem Leben ein Ende zu setzen, weil er nicht die Frau haben kann, die er liebt, sublimiert er in dem Werk *Suicide*: in einer Perfomance, die fast schon eine Vorwegnahme der Body-Art ist, fotografiert sich Man mit nacktem Oberkörper, einer Schlinge um den Hals und dem Revolver an der Schläfe, während er beobachtet, wie die Zeit auf einem Wecker verstreicht, der zusammen mit einer Giftflasche auf einem Tisch steht. Nur die Freundin, die dabei ist, weiß, wie dicht er davor war, diesen letzten Akt zu vollziehen. Es gibt ein weiteres Foto aus jener Serie, das die Glaubwürdigkeit unserer Zeugin bestätigt. Darauf ist eine lächelnde Jacqueline zu sehen, im Abendkleid, mit Schlinge um den Hals und mit besagtem Revolver, den sie wie ein Sektglas in der Hand hält. Es handelt sich um eine vorbereitende Probeaufnahme für das letztendliche Selbstporträt: eine Arbeit, die für den Fotografen eine abschließende Katharsis ist. Indem er den eigenen Freitod inszeniert, verbannt er die Liebe zu Lee und befreit sich von ihrem Schatten.

Das Leben geht weiter für Man Ray, und er schafft es, sich zu einem Mann zu entwickeln, der »unbekümmert, aber nicht gleichgültig« ist. Diese Formulierung benutzte er gern und so oft, dass seine letzte Ehefrau Juliet sie als Inschrift für sein Grab auf dem Friedhof von Montparnasse wählte, wo Ray seit 1976 ruht.

»Ich bin eine zwanghafte Köchin!«

LEE MILLER

Farley Farm, Sussex 1977

Sie erinnert sich nicht mehr an die Einzelheiten einer Liebesbeziehung, geschweige denn an die einer Trennung. Und doch weiß sie noch immer die komplette Speisekarte der Brasserie *La Coupole* in Paris auswendig, einschließlich des legendären *Curry d'agneau à l'indienne*, das sie heute mit geschlossenen Augen zubereiten könnte. Wenn sie nur die Kraft hätte, aufzustehen und in die Küche hinunterzugehen, aber die einzige Aussicht, die ihr geblieben ist, sind die vier Wände ihres Schlafzimmers, die sie in- und auswendig kennt, wie ein Gefangener seine Zelle. Roland hat ihr einen Spaziergang im Garten vorgeschlagen, aber sie schafft es nicht oder hat keine Lust, was in ihrem Zustand fast dasselbe ist.

Lee hat nie allzu viel für das Landleben übriggehabt, und was Pflanzen betrifft, interessiert sie sich vor allem für Kräuter, die sie großzügig für ihre eigenen Rezepte verwendet. Hin und wieder wirft sie einen zerstreuten Blick aus dem Fenster, nur um ihn kurz auf der Skulptur von Henry Moore ruhen zu lassen, die wie eine füllige Hausfrau in Erwartung ihrer Gäste neben dem Eingang steht. Sie hat noch das Bild des Künstlers vor Augen, der sein marmornes Werk umschlingt wie eine Geliebte, wobei er in Wahrheit nur versucht hatte, sie in die richtige Position zu rücken. Aber auf dem Foto, mit dem Lee diesen Augenblick verewigt hat, wirkt es tatsächlich wie eine Liebesbegegnung. Wer weiß, wo diese Aufnahme gelandet ist? Vielleicht auf dem Dachboden, wo sie zusammen mit Hunderten von Negativen verstaubt oder, wie sie hofft, inzwischen von Mäusen zernagt ist. Über zwanzig Jahre ist es her, und sie kann sich nicht erinnern, was noch alles da oben begraben liegt, aber sie hat noch jeden Gang des großartigen Menüs im Kopf, das sie zu diesem Anlass gekocht hat. Henry war ganz verrückt nach *Gold Chicken,* einem absoluten Renner unter den kulinarischen Kunststücken Lees: ein Huhn, gefüllt mit lauter Köstlichkeiten wie Haselnüssen, Mandeln und Pistazien, das mit einer Goldschicht überzogen wird. Wichtig ist, mit der Füllung nicht zu übertreiben, damit beim Servieren das richtige Mengenverhältnis zum Fleisch gewahrt bleibt und am Ende nicht eine unförmige Masse herauskommt.

Aber jetzt hat sie keinen Hunger mehr, und bei der Vorstellung zu kochen, wird ihr übel: ein eindeutiges Zeichen der Krankheit. Wenn man bedenkt, welch gesunden Appetit sie hatte. Es ist erstaunlich, dass eine so schlanke Frau nicht auf Diät ist: »Sie futtert wie ein Ferkel«, hatte Ray ihrem Vater Theodore erklärt, als sie sich das erste Mal begegnet waren. Und das war mit Sicherheit als Kompliment gemeint.

Ray hatte ihr die Freude am Essen beigebracht. In Paris waren sie jeden Tag in die besten Restaurants gegangen, hatten Markenwein und die erlesensten Gerichte bestellt. Die Mittagessen dauerten oft stundenlang und gingen nahtlos in ebenso köstliche Abendessen über. Lee hatte die französische Küche zu schätzen gelernt und konnte alle möglichen Geschmacksrichtungen der für das Verfeinern von Speisen unverzichtbaren Mayonnaise herstellen. Sie hatte sogar selbst welche kreiert, so zum Beispiel die berühmte rosa Sauce, mit der sie einen kalt servierten Sommersalat aus Blumenkohl übergoss. Doch das Genialste an der surrealistischen Köchin war die Garnierung. Der Blumenkohl wurde zunächst auf einer ovalen Platte zu zwei Häufchen angerichtet und dann mit der fleischfarbenen Soße überzogen, sodass das Ganze aussah wie zwei große, wackelnde Brüste. Sie hatte das Gericht tatsächlich *Cauliflower Breasts* getauft, doch als *House & Garden* sie darum bat, das Rezept einzusenden, war sie gezwungen, den Namen in *Cauliflower Mayonnaise* umzuändern, um nicht gegen die prüden Vorstellungen der Familienzeitschrift zu verstoßen. Wenn die begeisterte Leserschaft gewusst hätte, dass Lee in ihrer Pariser Vergangenheit aus dem auf Mastektomie spezialisierten Krankenhaus, für das sie gerade an einer Reportage arbeitete, zwei echte Brüste entwendet und in das Fotostudio der *Vogue* gebracht hatte, um sie dort auf einem Teller mitten auf einem perfekt gedeckten Tisch abzulichten, hätten garantiert viele ihr Abo gekündigt. Wegen dieses gewagten Unterfangens hatte Lee damals die Kündigung gedroht, und Baron Hoyningen-Huene hatte eine Woche lang nicht mehr mit ihr gesprochen, doch hinter der an Geschmacklosigkeit grenzenden Inszenierung verbarg sich eine künstlerische Intention. Wurde der Körper der Frau, der eigentlich ihr selbst gehört, nicht seit jeher lebendig seziert und dem Publikum aufgetischt? Vom Objekt der Begierde zum leblosen Objekt ist es ein kleiner Schritt, und dem Model, das auf diesem Gebiet einige Erfahrung aufzuweisen hatte, war diese Tat gar nicht so skandalös erschienen. Im Gegenteil – beim Gedanken daran muss sie noch immer über die entsetzten Reaktionen der Kollegen lachen: Es war zwecklos, sie daran zu erinnern, dass schließlich auch Magritte eine Scheibe Schinken, serviert mit einem menschlichen Auge in der Mitte, gemalt hatte.

Lees Ehemann Roland betont immer und immer wieder, dass der Surrealismus nicht nur eine künstlerische Schule, sondern auch ein Lebensstil sei und daher auch die Kochkunst und Lees berühmte *Cauliflower Breasts* ganz und gar zu der Bewegung gehörten. Falls auch Sie dieses spektakuläre Rezept ausprobieren wollen, brauchen Sie für die rosa Sauce nur etwas Tomatenmark mit Mayonnaise zu verrühren und das Ganze am Schluss mit hartgekochten Eiern zu garnieren, die halbiert und mit einem Klecks Kaviar verziert werden.

Falls Sie Zweifel angesichts der Reaktionen Ihrer Gäste hegen oder keinen Blumenkohl mögen, können Sie auch ein anderes der vielen Hundert Rezepte wählen, die sich Lee im Lauf ihrer langen kulinarischen Karriere ausgedacht und in die Tat umgesetzt hat. Nachdem sie ihre Vergangenheit auf den Dachboden verbannt und ihren Fotoapparat in einer Schublade verschlossen hatte, zog sie sich – zur Verwunderung aller – die Küchenschürze an und entwickelte eine regelrechte Manie fürs Kochen.»Ich habe mich für das Essen entschieden, denn sobald es gekocht ist, wird es gegessen und verschwindet für immer.« Hätte sie die Bildhauerei gewählt, wäre sie nun von sperrigen Skulpturen umgeben, die ihr den Weg in den Garten verstellen würden.

Lees sarkastischer Geist lässt sie auf komplizierte Probleme stets mit einer schlichten und humorvollen Antwort reagieren, wobei sich dahinter ein unausgesprochenes Leiden verbirgt, dem sie sich, wie sie vor langer Zeit beschlossen hat, nicht stellen wird. Viel heilsamer ist es, sich eine Zigarette anzuzünden, ein Glas Wein zu trinken und sich ein neues Menü auszudenken, um die Schar der hungrigen Freunde, die jedes Wochenende zu Besuch kommen, zum Staunen zu bringen. Geradezu zwanghaft sammelt sie Unmengen an Rezepten, die sie wie ein Serienräuber aus den beim Friseur oder in der Arztpraxis ausliegenden Zeitschriften trennt. Zu diesem Zweck hat sie stets ein Taschenmesser griffbereit in ihrer Handtasche, fast als wäre sie eine gefährliche Verbrecherin.

Roland unterstützt sie in ihrer Begeisterung. Es ist ihm nur lieb, wenn seine Frau sich auf diesen harmlosen Zeitvertreib konzentriert, den einzigen, der Abhilfe schaffen kann angesichts ihrer häufigen Verstimmungen, die niemand beim wahren Namen zu nennen wagt: Depressionen. Roland lässt ihr sogar ein eigenes Studio hinter dem Gutshof errichten, um die vielen – insgesamt über zweitausend – Kochbücher unterzubringen, die Lee mit Feuereifer sammelt und wie alte Geheimschriften konsultiert, um Anregungen für ihre Abendessen zu finden. Danach schlägt sie alles in den Wind und improvisiert, wie sie es schon immer getan hat. Auf diese Weise hat sie die *Penroses* kreiert, eine Vorspeise auf Pilzbasis, die mit Stopfleber überbacken und mit Paprikapulver bestreut auf leicht geröstetem, gebuttertem Toast serviert wird: eine Delikatesse, die ihr den ersten Preis bei dem Kochwettbewerb Norwegian Open Sandwiches Competition eingebracht hat. Diese Auszeichnung erfüllt sie mit größerem Stolz als jeglicher von ihr gestalteter Modebeitrag für die *Vogue*. All ihre Erlebnisse und jedes Land, das sie besucht hat, sind Inspirationsquellen für ihre unerschöpfliche Kreativität am Herd: ob kräftig gewürztes orientalisches Hummus oder ihren Wurzeln huldigendes

Coca-Cola-Eis – unter ihren geschickten Händen werden die Menüs zu endlosen Reisen um die Welt. Die engsten Freunde werden aufgefordert, sich mit eigenen Spezialitäten zu versuchen. Am meisten schätzt man Renato Guttuso: seine unvergleichliche *Pasta al sugo* wird zu einem Klassiker der Abendessen auf der Farley Farm.

Lees Leben auf dem Gutshof in Sussex kreist gänzlich um die Küche, den wärmsten Raum in Zeiten, als das Haus noch keine Zentralheizung hatte, ein Reich, in dem sie die Herrscherin ist und ungestört Gerichte ersinnen kann, die sie wie Kunstinstallationen gestaltet: Sie sind schmackhaft und großartig anzuschauen, denn ebenso wie eine schöne Frau ist auch das Essen zunächst ein Augenschmaus. Hinter jedem Gang verbergen sich ausgeklügelte Versuche mit Geschmack und Farbe – und lange Zeiten der Vorbereitung, die in einer exzentrischen *Mise en Place* gipfeln, mit der jede Mahlzeit zu einem Kunstevent wird. Ihr ist nie in den Sinn gekommen zu malen oder als Bildhauerin zu arbeiten wie ihre Freunde, und auch ihrer Karriere als Fotografin hat sie kein großes Gewicht beigemessen: Aber in der Küche fühlt sie sich als Künstlerin und denkt sich immer gewagtere Kreationen aus.

David Scherman, der Fotoreporter, mit dem gemeinsam sie in die bodenlose Hölle der Konzentrationslager vorgedrungen ist, berichtet, dass die kulinarische Leidenschaft für Lee ein Rettungsanker war, die einzige Therapie gegen das, was wir heute als PTBS oder posttraumatische Belastungsstörung bezeichnen würden: ein akuter Stresszustand infolge traumatischer Erlebnisse. Heute ist diese Krankheit anerkannt und behandelbar, doch damals gab es nicht einmal eine entsprechende Diagnose. Für Lee und andere Zeugen der Grauen des Zweiten Weltkrieges bleibt nur, sich irgendwie zu arrangieren, um sich von den Dämonen, die keine Ruhe geben, nicht unterkriegen zu lassen. Nachts erscheinen ihr im Traum erschreckende, spindeldürre Gestalten mit aufgerissenen Augen; hauchzarte Körper, aneinandergedrängt in einem dunklen Tunnel ohne Ausweg, eine stumme Menschheit, aus der das Entsetzen spricht.

Lee weiß, wer sie sind, aber sie hat nie mit Henry Moore darüber sprechen wollen, an dessen Seite sie ganze Nächte im Untergrund von Holborn verbracht hat, gemeinsam mit Dutzenden von Londonern, zusammengepfercht wie die Ratten, in die Falle gesperrt und in Erwartung der Bombardements durch die deutsche Luftwaffe. Moore hat zahlreiche beunruhigende Zeichnungen angefertigt, um diese Schreckensbilder zu vertreiben. Lee hingegen hat angefangen zu kochen. Die Albträume legen sich nicht, aber zumindest tagsüber verlieren die schlimmsten Bilder ihre Konturen und verschwimmen mit der Gegenwart.

Allerdings nicht alle. Lee gelingt es nicht, sich dem Fluch eines bestimmten Blautons zu entziehen, einer dunklen, schmutzigen, fast schwarzen Farbe. Sie hat gelesen, dass sich die Tücke der Traumata im Detail verbirgt, genau wie der Teufel, der offensichtlich genauso gern hinter scheinbar unbedeutenden Kleinigkeiten lauert. Lee braucht diese Farbnuance nur in einem Stück Stoff, auf einem Gemälde oder einer Tapete zu erhaschen, schon spürt sie, wie eine Welle altbekannten Grauens in ihr aufsteigt und sich langsam ihres Körpers bemächtigt. Es ist die Farbe des sterbenden Kindes in dem Krankenhaus für Kriegswaisen in Wien, wo es zwar nicht an Betten und Ärzten mangelte, aber die Arzneischränke leer waren und einem nichts zu tun blieb, als die kleinen Patienten sterben zu sehen. Niemals würde sie das vergessen, schreibt sie in einem Telegramm an die zutiefst erschütterte Herausgeberin der *British Vogue*, Audrey Withers.

»Eine Stunde lang habe ich ein Kind sterben sehen. Es war blau, dunkelblau wie diese Wiener Walzernächte, von derselben Farbe wie die Streifen auf den Anzügen der Skelette in Dachau, demselben unwirklichen Donaublau wie bei Strauss.«

Immer wieder dieses verdammte Schwarzblau, das sie verfolgt. Um die Vergangenheit auszuschalten, muss man sich auf die Gegenwart konzentrieren und sich in der wertvollen Kunst der Verdrängung üben, die sehr genauen Regeln gehorcht.

Als Erstes muss man den Geist von allen Gedanken reinigen und ihn mit vielen praktischen Kleinigkeiten auf Trab halten: Basilikum waschen und vorsichtig mit einem sauberen Tuch trocknen, dann die Blätter abtupfen; Eiweiß gleichmäßig zu Schnee schlagen; Erbsen pulen und sie nach dem Kochen sofort in kaltes Wasser geben, damit sie ihre Farbe bewahren. Eine Abfolge präziser, schematischer Handlungen, deren gleichförmiger Rhythmus die Stunden füllt und die Schreckgestalten verscheucht. Dann braucht man sich nur noch dem sanften Genuss des Weines hinzugeben, dessen Wirkung sich nach und nach im Körper ausbreitet. Der Alkohol weiß immer, bis wohin er dringen muss, um alles zu beruhigen.

Nun, da sie nicht länger am Herd steht, bleiben ihr bloß noch der Wein und einige Döschen mit bunten Pillen; sie braucht sie lediglich nach Anweisung des Arztes zu schlucken, um ihren letzten Aufbruch noch ein wenig hinauszuzögern.

Doch Elizabeth Miller hat sich noch nie vor Veränderungen gefürchtet: Letztlich ist es nur eine weitere Reise in unbekanntes Terrain, und für Szenenwechsel hat sie sich schon immer begeistern können.

Wer weiß. Vielleicht birgt auch das Sterben eine Überraschung.

»Aus irgendeinem Grund möchte ich immer
anderswo sein. Es ist bloß meine Unruhe, das
Feuer, das ich unterm Hintern habe.«

LEE MILLER

New York, 1932–34

Meine Großmutter erzählte mir von dem überwältigenden Gefühl bei ihrer Ankunft im Hafen von New York in den Dreißigerjahren des 20. Jahrhunderts an Bord eines Ozeandamp-
fers. Aus meiner Generation hat, glaube ich, nie jemand etwas
Ähnliches empfunden. Aus jener Zeit, die uns heute exotischer
erscheint denn je, sind alte Filme und grobkörnige Fotos erhalten: Beim Betrachten fühlen wir uns wie die Protagonisten
in Federico Fellinis *Amarcord,* die in der Ferne voller Staunen
die prachtvolle *Rex* erspähen. Heute, da gewaltige Kreuzfahrt-
schiffe die zarte venezianische Landschaft verschandeln, können wir diesen Zauber kaum noch nachvollziehen. Doch für
meine Großmutter muss das Auftauchen der Freiheitsstatue
im Nebel des New Yorker Hafens ein derart einschneidendes
Erlebnis gewesen sein, dass sie es uns immer und immer wieder in unterschiedlich ausgeschmückten Versionen als die aufregendste Erfahrung ihres Lebens schilderte. Zweifellos führte
sie ein weitaus weniger bewegtes Dasein als Elizabeth Miller,
aber wenn ich mir Lees Ankunft in New York vorstelle, muss
ich unweigerlich an meine Großmutter denken, auch deshalb,
weil sie und Lee beim Betreten amerikanischen Bodens merkwürdigerweise gleich gekleidet waren. Die Fotos stehen neben-

einander auf meinem Schreibtisch, und ich schließe aus ihnen, dass die Mode jener Jahre als herbstliches Reiseoutfit einen gerade geschnittenen Mantel mit dickem Pelzkragen vorsah, kombiniert mit einem Glockenhut, möglichst mit Feder oder einem leichten Schleier, der das Gesicht anmutiger wirken ließ und vor Wind schützte; und dazu natürlich farblich passende Handschuhe und Handtasche. Lee und meine Großmutter gehörten zu jener glücklichen Schar Erster-Klasse-Passagiere, die kein unförmiges Gepäck schleppen mussten wie die Immigranten, die, auf der Suche nach einem besseren Leben, die Schiffe bevölkerten. So konnten beide lächelnd und mit freien Händen all jene begrüßen, die am Kai auf sie warteten. Doch hier endet die Ähnlichkeit, denn Lee gehört in eine andere gesellschaftliche Kategorie: nämlich die der Berühmtheiten. Und außer ihrer Mutter Florence und ihrem Bruder Erik warten am Pier auch etliche Journalisten auf der Jagd nach Neuigkeiten für ihre Klatschrubriken. Die Zeitung *New York World Telegram* berichtet über die Ankunft von Miss Elizabeth Miller und beschreibt sie als »die fotogenste Passagierin an Bord«, während der unglückselige Reporter, der Lee fragt, wie es sich anfühle, eine der meistfotografierten jungen Frauen Manhattans zu sein, von ihr die knappe Antwort erhält, dass sie weitaus lieber Fotografin sei als selbst ein Foto. Ein Motto, das sie gern immer wieder vorbringt, um ihre Gesprächspartner zu verblüffen, und dabei die ihr eigene Unverfrorenheit an den Tag legt, mit der sie sich nach außen hin schützt.

Doch die Realität ist, wie immer, komplizierter. Bei ihrem Aufbruch nach Paris vor kaum mehr als drei Jahren war sie ein naives kleines Mädchen, das einen Traum verfolgte. Jetzt, nachdem sie sich den schützenden Fittichen ihres Lehrmeisters entzogen hat, kommt es ihr vor, als habe sie bereits alle nur möglichen Lebensformen ausgekostet. Wie viele Existenzen stehen uns bei der Geburt offen? Und über wie viel Energie verfügen wir, sie vollends zu entwickeln? Einige bleiben unvollendet wie harmlose Bleistiftskizzen, die wir zwischen den Seiten eines Buches finden und die uns an die Wünsche und Ambitionen erinnern, die wir in unserer Jugend hegten. Lee will sie hingegen allesamt ausleben, doch mit ihren gerade erst fünfundzwanzig Jahren fühlt sie sich bereits verbraucht. Kaum hat sie einen Fuß auf die Mole gesetzt, als die Begeisterung für ihre Reise auch schon verpufft wie ein allzu leichter Schwips; am liebsten würde sie sofort umkehren, getrieben von einer sie stets begleitenden Unruhe. Inzwischen kennt sie diesen Kitzel, der sie in Momenten der Unentschlossenheit erfasst, eine innere Stimme, die sie antreibt, den Kurs zu ändern, um neue Horizonte zu erkunden und von vorn zu beginnen. Bestimmt gibt es irgendwo einen Ort, an dem sich ein besseres oder zumindest anderes Leben finden lässt, ein Ort, an dem Erinnerungen und Schmerz am Ende gar verschwinden und man der Langeweile des Altbekannten entkommen kann. Worauf also warten? Doch diesmal muss sie standhalten. Sie sieht den freudigen Blick ihres Bruders Erik, dem sie eine Assistentenrolle in ihrem neuen Studio versprochen hat. Und sie weiß, dass sie ihn nicht enttäuschen darf. Er ist noch ein Grünschnabel, obwohl er in seinem eleganten Anzug, den er ihr zu Ehren angezogen hat, wie ein gestandener Mann wirkt. Er sieht ihr ähnlich, es sind die Gesichtszüge, der Teint und die Haarfarbe der Familie, sie werden ein prächtiges Gespann abgeben. Sie brauchen nur Entschlossenheit, Kreativität und Unternehmungsgeist an den Tag zu legen ... Schlagworte, die Lee wie eine magische Formel immer und immer wiederholt, bis es ihr vorkommt, als würden sie in Großbuchstaben am schönen Herbsthimmel von New York erscheinen, jener Stadt, die ihr den ersten Impuls gegeben hat und die – wie alle – viel von ihr erwartet. Sie darf sich jetzt nicht geschlagen geben, ausgerechnet jetzt, da ein Sonnenstrahl durch die Wolken dringt und die silberne Spitze eines Wolkenkratzers erhellt, den sie noch nie zuvor gesehen hat. Sie nimmt es als ein Zeichen. »Das Schicksal geht weiter«: Sie muss auf Anita Loos vertrauen und sich treiben lassen.

»Was für ein merkwürdiges Bauwerk! Es sieht aus wie ein Füller mit Stahlfeder«, sagt Lee zu Erik, der es kaum erwarten kann, sie herumzufahren und ihr die großen städtischen Neuerungen zu zeigen.

»Es ist das Chrysler Building, es war New Yorks höchster Wolkenkratzer, allerdings nur für ein paar Monate. Dann haben sie das Empire State Building errichtet, das noch höher ist und den Rekord gebrochen hat. Mister Chrysler hat den Architekten nicht mehr bezahlen wollen, der ihn daraufhin verklagt hat.«

»Na hoffentlich gewinnt er, denn er hat wirklich gute Arbeit geleistet.«

Lee ist hingerissen von ihrem New York, das mit immer neuen Darbietungen aufwartet, um seine Bewunderer zum Staunen zu bringen.

»Du müsstest erst den *Cloud Club* im 68. Stockwerk sehen. Es ist ein exklusiver Ort, aber da du ja jetzt eine Berühmtheit bist, wird man dich bestimmt dorthin einladen«, erwidert Erik aufgeregt und hakt sich bei ihr unter wie ein Verlobter.

Florence bleibt hinter ihnen zurück und protestiert. Auch

sie verlangt nach der Aufmerksamkeit ihrer schönen und berühmten Tochter, und immer wieder muss sie darum kämpfen, wenigstens einen kleinen Widerschein jener Aura zu erhaschen, die Lee umgibt und an der alle teilhaben wollen.

»Es gibt ein neues Musical mit Fred Astaire, wir müssen uns unbedingt Karten kaufen«, versucht die Mutter sie mit dem Broadway zu ködern, der Lee schon immer angezogen hat. »Noch war nicht Premiere, aber es ist schon jetzt schwierig, zwei einfache Plätze zu bekommen. De Liagre, der bei den Proben dabei war, meinte zu mir, dass der neue Song von Cole Porter, *Night and Day,* zum Hit des Jahres werden könnte.«

»Hm, ich glaube, das wird ein Flop. Freds Schwester Adele ist nicht mehr dabei, um mit ihm zu tanzen«, mischt sich Erik ein, um ihre Vorfreude zu dämpfen.

»Nein, so was! Das Paar gibt es nicht mehr?«, lässt sich Lee vergnügt auf die harmlose Familienplauderei ein.

»So ist es, sie hat Lord Charles Cavendish geheiratet, den Zweitgeborenen des 9. Duke of Devonshire, und hat beschlossen, das Tanzen an den Nagel zu hängen. Hast du nichts davon gelesen?«

Florence ist bei den neuesten Neuigkeiten aus der Theaterwelt immer absolut auf dem Laufenden. Aber Erik lässt nicht locker.

»Und wie wird es mit dem armen Fred Astaire jetzt enden? Die wahre Ballerina der Familie war Adele.«

»Er wird schon eine andere finden, wirst sehen. Männer geben sich nie geschlagen«, bemerkt Lee, die zu dem Thema einiges zu sagen hätte, in spöttischem Ton.

Inzwischen haben sie das *Park Avenue Hotel* erreicht, wo Lee so lange wohnen will, bis sie ein geeignetes Appartement gefunden hat, um die *Lee Miller Studios* unterzubringen. Bei dem Gedanken, dass der Name Lee irreführend ist, muss sie innerlich lachen: Viele werden glauben, es handle sich um einen Mann. Sie hat diesen »neutralen« Spitznamen seinerzeit, als sie beschlossen hatte, Poughkeepsie endgültig den Rücken zu kehren, ganz bewusst gewählt. Besser so, auf diese Weise werden mehr Kunden kommen. Es ist unglaublich, aber es gibt immer noch Leute, die Vorbehalte haben, sich von einer Frau fotografieren zu lassen. Absurd in einer Zeit, in der die Pilotin Amelia Earhart in ihrem zweimotorigen Flieger allein den Atlantik überquert hat: die erste Frau und – nach dem Flug von Lindbergh – die zweite Person überhaupt, der das gelungen ist. Eine gut aussehende und ebenso unerschrockene Blondine wie Lee, die sich mit diesem Rekord nicht zufriedengibt und mit den Vorbereitungen für ihren Alleinflug um die ganze Welt beschäftigt ist.

Was muss das weibliche Geschlecht noch beweisen, damit man ihm ohne Diskriminierung und Vorbehalte begegnet? Allerdings sind die Pionierinnen des Fliegens und die Kinodiven privilegierte Ausnahmen: In Wahrheit waren Frauen die ersten Opfer der Krise; wegen der wachsenden Arbeitslosigkeit mussten sie Rückschritte hinnehmen und oft auf ihren so mühsam erkämpften Arbeitsplatz verzichten, um sich den häuslichen Pflichten zu widmen und die wenigen verfügbaren Stellen den Männern zu überlassen. Wenn man die Ausgabe der *Vogue America* von November 1932 durchblättert, erscheint die Situation unter der Rubrik *Portfolio of Smart Economics* allerdings gar nicht so düster, und mit zuversichtlicher Leichtigkeit werden die Leserinnen dazu ermuntert, den Kopf nicht hängen zu lassen.

»Auch wenn du in finanzieller Hinsicht gezwungen bist, die Ärmel hochzukrempeln, wäre es nicht dennoch kurzsichtig, sich deshalb der schönen Seiten des Lebens berauben zu lassen und auf ein Dasein in Würde und Anmut zu verzichten?«

Dann wird ihnen geraten, den Wintersport nicht aufzugeben und außerdem zu bedenken, dass geistige Armut schlimmer sei als wirtschaftliche Armut. Nach diesen nützlichen Ratschlägen und einer Werbung für Feuchtigkeitscreme erscheint ein ganzseitiges Foto von Lee, eingehüllt in ein Abendkleid von Lanvin,

»[…] das ganz ohne Schmuck getragen wird, so wie auf dem Foto mit Elizabeth Miller, die übrigens soeben in ihre Heimat zurückgekehrt ist, um ihr neues Fotostudio zu eröffnen.«

Lee verliert keine Zeit, und nachdem sie Zweifel und Zögern beiseitegeschoben hat, nutzt sie jede Gelegenheit, um für ihr zukünftiges Unternehmen zu werben. Angesichts all der ihr offenstehenden Rollen hat sie sich für die der gewieften Geschäftsfrau entschieden und profitiert von der Aufmerksamkeit, die ihr durch ihre Rückkehr nach Amerika zuteilwird, um die neue Elizabeth Miller zu lancieren. Sie gibt ein Interview nach dem anderen, legt darin ihre eigenen Techniken als Porträtfotografin dar und erklärt, dass es für sie einfacher sei, Frauen zu fotografieren, da es diese seit jeher gewohnt wären, dass man sie anschaut, wohingegen Männer gehemmter seien und oft mit seltsamen Vorstellungen im Kopf zu ihr kämen.

»Die jungen Männer wissen nie, ob sie lieber wie ein Boxer aussehen wollen oder wie Clark Gable, während die älteren verlangen, dass du einen bestimmten Glanz in ihren Augen oder einen bestimmten Winkel ihres fliehenden Mussolini-Kinns einfängst, weil irgendwelche Mädchen ihnen erzählt haben, wie schön sie das fänden.«

Dieses kategorische und etwas schnoddrige Statement ist typisch für Lee, aber trotz der öffentlich zur Schau getragenen Entschlossenheit und ohne den von der *Vogue America* propagierten Blick durch die rosarote Brille weiß sie sehr wohl, dass ein steiler Weg vor ihr liegt. Die Auswirkungen des großen Börsencrashs im Oktober 1929 haben zu zahlreichen Pleiten und Konkursen geführt, und es ist sicher nicht der günstigste Moment, um ein derart riskantes Unternehmen zu starten. Auch wenn sie auf viele einflussreiche Freundschaften zählen kann, steckt der Markt doch tief in der Krise, und Lee ist bewusst, dass sie mit aller Kraft kämpfen muss, um sich als Fotografin durchzusetzen. Sie könnte sich mit ihrer alten Karriere zufriedengeben, bei den Modehäusern ist sie nach wie vor absolut gefragt, aber sie hat beschlossen, nur insofern davon zu profitieren, als sich die Einnahmen durch ihr Fotostudio damit aufstocken lassen. Die in Manhattan kursierenden Witze über Ex-Milliardäre, die für ein Zimmer mit Aussicht vor dem *Ritz* Schlange stehen, um sich dort das Leben zu nehmen, lassen sie erschaudern. Aber sie hegt nicht die Absicht, den Plan aufzugeben, den sie sich bei ihrer Abreise aus Paris in den Kopf gesetzt hat, und sie hat Investoren gefunden, die bereit sind, auf ihr Talent zu setzen.

Sie wird mit zehntausend Dollar finanziert, mit diesem

Kapital mietet sie zwei aneinandergrenzende, durch eine kleine Küche miteinander verbundene Appartements in der East 48th Street, ganz in der Nähe der *Radio City Music Hall*: die perfekte Ausgangsbasis, um in der Stadt den Absprung zu schaffen. Das eine Appartement richtet sie als Wohnung ein, das andere als Studio, das sie mit Sofas und bunten Stoffen ausstattet und dadurch eine warme, häusliche Atmosphäre erzeugt, damit sich die Kunden, die kommen, um sich fotografieren zu lassen, wohlfühlen. Für ein Porträt, das es wert ist, so genannt zu werden, braucht es Zeit, und Lee folgt dabei genauen Regeln: Sie willigt nie in mehr als eine Session pro Tag ein und lässt daran weder Besucher noch Freunde teilhaben, denn das könnte die Vertraulichkeit stören, die unabdingbar ist, um mit der zu porträtierenden Person in Kontakt zu treten und den entscheidenden Augenblick mit der Kamera festzuhalten.

Um eine solch vertrauliche und entspannte Atmosphäre zu fördern, bittet sie ihre Kunden, sich zwischen den Aufnahmen auf einer bequemen Chaiselongue auszuruhen. Wer möchte, kann auch einen kleinen Imbiss zu sich nehmen, den eine eigens dafür angestellte Köchin zubereitet. Miss Miller überlässt nichts dem Zufall, sie liebt es, ihre Arbeit bis ins kleinste Detail zu planen, und dem Journalisten, der sie fragt, ob Frauen für eine Fotografenkarriere geeignet seien, antwortet sie aus tiefer Überzeugung:

»Frauen sind dafür sicher begabter als Männer, […] sie sind aufmerksamer und anpassungsfähiger. Und ich glaube, dass sie ein Gespür haben, das ihnen hilft, eine Persönlichkeit schneller zu erfassen, als Männer das tun.«

In der Tat ein programmatisches Manifest.

Aber eigentlich ist die Dunkelkammer ihr ganzer Stolz. Sie entwirft diese bis in alle Einzelheiten, und dank der Einsatzbereitschaft von Erik, der ihr sogar Entwicklungswannen aus Eschenholz baut, erschafft sie das »Heiligtum«, von dem sie immer geträumt hat. Die Pilotin Amelia hatte in einem ihrer zahlreichen, an mutige Frauen gerichteten Statements gesagt: »Das Schwierigste ist, sich zum Handeln zu entschließen. Der Rest ist reine Technik.« Und obwohl Lee sich selbst für faul und träge hält, entwickelt sie, wenn es darauf ankommt, eine Willenskraft, die sie selbst erstaunt. Tag und Nacht arbeitet sie gemeinsam mit ihrem Bruder, dem sie die Kniffe des Handwerks beibringt, und um ihre Visitenkarte noch attraktiver zu gestalten, ergänzt sie den Namen ihres Studios um den Zusatz *The Man Ray School of Photography*. Ein Entschluss, der ihrem Ex-Liebhaber sicher nicht gefallen wird, aber was ist daran so schlimm, die eigene Lehrzeit ins Feld zu führen? Glücklicherweise werden die Kritiker bald auf sie aufmerksam und beschränken ihre Bewunderung nicht nur auf ihren berühmten Nabel. Die Rezensionen zu ihrer von Julien Levy gestalteten Einzelausstellung sind sehr positiv, und mit der Ankündigung des Ereignisses durch den Kunstkritiker Francis Welch Crowninshield wird sie von offizieller Seite gekürt: »Lee Miller, die mit Anfang zwanzig nach Frankreich gegangen ist, kehrt als reife Künstlerin und vielseitige Fotografin zurück.«

Für Lee ist es ein glorreicher Augenblick, den Vater Theodore stolz in seinem Tagebuch festhält. Doch trotz der Befriedigung, die sie angesichts der Anerkennung ihrer Arbeit verspürt, verkauft sie nicht eine einzige Fotografie. Das ist kein Drama, die neue Kunstform hat sich noch nicht durchgesetzt, und die Sammler investieren nicht in das, was in ihren Augen lediglich ein interessantes Kuriosum ist. Nach wie vor kann sie ihre Miete nur dank der Porträt-, Mode- und Werbefotos bezahlen, und obwohl sie in ihre Arbeiten die in den Pariser Jahren erlernten Techniken einfließen lässt, verliert Lee die Lust, aus reinem Vergnügen Fotos zu schießen, wie sie es, auf der Suche nach Anregungen, in den Straßen von Montparnasse getan hat. Der Druck, ihr wackliges Unternehmen am Laufen zu halten, lastet schwer auf ihr, und es bleibt kein Raum für die kreativen Experimente der surrealistischen Periode. Ihr kommt es vor, als sei eine ganze Ära verstrichen seit damals, aber mit der New Yorker Premiere von *Das Blut eines Dichters* tritt die Vergangenheit auf angenehme Weise erneut zum Vorschein. Das Foyer des Kinos ist mit Fotos von Lee gepflastert, und an diesem Abend kommt die Crème de la Crème der städtischen Intelligenz zusammen, um Jean Cocteaus Muse zu erleben. Es ist ein echter persönlicher Triumph. In einer Szene des Films bewegt sich die von Lee gespielte lebendige Statue mit geschlossenen Augen, auf den Augenlidern sind jedoch zwei neue Augen zu sehen, die der Regisseur flüchtig darauf gemalt hat. Ein Trick, um den Gang wirken zu lassen wie bei einer Traumwandlerin, die durch einen mysteriösen inneren Trieb belebt wird. Lee hatte Cocteau freundschaftlich dafür verflucht, dass er sie zu diesem unangenehmen Vorgehen nötigte; sie musste sich praktisch blind und mit zusammengebundenen Armen am Set bewegen und fürchtete bei jedem Schritt, irgendwo anzustoßen oder hinzufallen; aber nun, beim Anblick dieser unbewusst agierenden Venus von Milo, die von einer unerklärlichen Trägheit angetrieben wird, erkennt sie sich selbst wieder. Ebenso wie die von ihr verkörperte Pappmaché-Figur hat auch Lee das Gefühl, sich blind voranzutasten, nur um sich selbst zu beweisen, dass sie zurechtkommt, obwohl sie in Wahrheit gar nicht mehr weiß, wo sie eigentlich hinwill, und ihre Zähigkeit ausgerechnet jetzt nachlässt, wo sich die Dinge zum Guten wenden und ihr Fotostudio ins Laufen kommt.

Es sind die Stars der Leinwand und der Bühne, dank derer die Nachfrage wächst und immer neue Kunden das Privileg nutzen möchten, sich von Lee Miller persönlich ablichten zu lassen. Zu den Arbeiten der Fotografin gehören die Porträts von Mary Pickford und Claire Luce, der Schauspielerin, die für Fred Astaires Schwester in dem Musical *Gay Divorce* eingesprungen ist. Das Stück ist übrigens mitnichten der von Erik vorhergesehene Flop geworden, sondern ein absoluter Kassenschlager, der die Erinnerung an Adele Astaire für immer verblassen ließ.

Um den neuen Aufträgen nachzukommen, müssen Lee und ihr Bruder oft Nachtschichten einlegen, und durch die ständige Verwendung von Entwicklerlösungen bekommt Erik braune Fingernägel. Lee ist unerbittlich, sie lässt ihn bisweilen ein und dasselbe Motiv x-mal abziehen, bis ein einwandfreies Foto herauskommt. Doch die Ergebnisse sind der Mühe wert, die Porträts aus der New Yorker Zeit der *Lee Miller Studios* sind Meisterwerke der Perfektion: so zum Beispiel das Bild von Gertrude Lawrence, einer gefeierten Broadwaydiva, die Lee in einem schwarzen Kleid fotografiert, das mit dem dunklen Hintergrund verschmilzt; nur eine weiße Vase mit metallischen Blumen sticht daraus hervor – und das Gesicht des Stars, das an eine Porzellanpuppe mit dem mörderischen Blick einer Dark Lady erinnert.

Lee fotografiert ohne Unterlass Lippenstifte, Parfüms, Theatermacher, Schriftsteller, Künstler und Damen der höheren Gesellschaft, die sich wenigstens auf einem Vorzeigefoto für Freunde wie eine Diva fühlen wollen. Lee gestaltet Modereportagen, und wenn nötig steht sie selbst Modell, wobei sie auf den Selbstauslöser zurückgreift. Sie experimentiert mit ersten Farbaufnahmen und nutzt die neuen Techniken für eine luxuriöse Make-up-Serie von Helena Rubinstein. Doch am meisten Befriedigung verschafft ihr das Theaterambiente: Sie liebt den Blick hinter die Kulissen, in Begleitung von Technikern und Schauspielern, und wenn man sie darum bittet, ein Theaterstück zu bewerben, steht sie immer zur Verfügung. Sie ist die offizielle Fotografin für die avantgardistische Oper *Four Saints in Three Acts*, mit einem Libretto von Gertrude Stein und schwarzer Besetzung, die George Gershwin zu *Porgy and Bess* inspirieren wird. Wie stets gerät Lee ins Zentrum besonders aufsehenerregender Ereignisse, aber dieser Wirbel, der sie eigentlich begeistern müsste, gibt ihr das Gefühl, in einem Käfig zu stecken und wie ein Hamster das Laufrad zu drehen; oder besser noch, eine Gefangene mit gefesselten Armen zu sein wie Cocteaus Venus. Sie trägt dieses Unbehagen in sich, verschließt es, wie bereits so vieles andere, in dem Schubfach schlechter Erinnerungen. Doch immer öfter überkommt sie eine unerklärliche Schwermut.

Im Mai 1934 reiht *Vanity Fair* sie neben Cecil Beaton und George Hoyningen-Huene in die Riege der »berühmtesten lebenden Fotografen« ein. Lebend ja, aber nicht gerade bei Gesundheit, wie der Vater bemerkt, als er sie in New York besuchen kommt. Theodore macht sich Sorgen um seine Li-Li und nötigt sie, sich eine Auszeit von dem Arbeitsstress und ihrem allzu unregelmäßigen Lebenswandel zu gönnen. Der Ingenieur, der sich für Naturmedizin und Heilpraktiken begeistert, überredet sie zu einem gemeinsamen Familienaufenthalt in der Klinik von Doktor Hayes, einem Arzt, der laut Theodore eine bahnbrechende Diät entwickelt hat, um Körper und Geist zu entgiften. Lee kommt dem Wunsch der Eltern nach, die Doktor Hayes vergöttern; und nach ihrer Rückkehr wirkt ihre Haut tatsächlich frischer. Aber die Trennung von Proteinen und Kohlenhydraten hat ihre Stimmung nicht gebessert. Immer öfter lässt Lee ihren Bruder Erik die Arbeiten im Studio allein erledigen und verbringt ihre Nächte trinkend und kartenspielend in wechselnder Gesellschaft von Autoren und Theaterregisseuren. Mit dem ein oder anderen hat sie auch eine Liebesaffäre, aber allesamt sind großartige Freunde, mit denen sie die schlechte Laune und die Langeweile vertreibt. Es ist das einzige ihr bekannte Mittel, um wieder ein wenig *joi de vivre* zu erlangen, und in jedem Fall eine wirksamere Kur als die Verordnungen von Doktor Hayes.

Obwohl ständig das Telefon klingelt und der Terminkalender von Tag zu Tag voller wird, verliert Lee das Interesse an den eher kommerziellen Arbeiten. Es ist vor allem die Routine, die sie langweilt. Ausgerechnet jetzt, da die Dinge bestens laufen und eine stabile Zukunft des Unternehmens in Sicht ist, spürt sie die Begeisterung abflauen, die sie anfangs, als die Hindernisse noch unüberwindbar schienen, so angespornt hat. Ein Mechanismus, der sie zu neuen Herausforderungen drängt und für den nötigen Adrenalinschub sorgt, um vorwärtszukommen, wobei sie jedoch Gefahr läuft, alles – ob Liebschaften oder Unternehmen – auf halber Strecke zurückzulassen. »Es ist sehr viel einfacher, eine Sache zu beginnen, als sie zu Ende zu führen«, bemerkt Amelia Earhart in einem Interview, in dem sie forsch ihr nächstes Vorhaben ankündigt. Als handle es sich um ein merkwürdiges Vorgefühl, eine Art umgekehrtes Déjà-vu: Noch wissen weder Lee noch Amelia, dass der legendäre Plan der Pilotin, die Erde zu umrunden, niemals vollendet wird. Nachdem die Heldin zahlloser Abenteuer abgehoben hat, verliert sie sich mit ihrem Flugzeug im Himmel und wird nie wieder gesehen. Auch Lee würde sich gern in den Wolken verstecken und keine Spuren hinterlassen – ein verbotener Gedanke, den sie niemandem zu gestehen wagt. Wer weiß, vielleicht ist Amelia auf irgendeiner verlassenen Insel gelandet und hat sich eine neue Existenz aufgebaut, frei von jeder Verantwortung. Eine spannende Aussicht, sich ein für alle Mal von den drückenden Erwartungen der Gesellschaft zu befreien, zu kindlicher Unbeschwertheit zurückzufinden und von vorn zu beginnen. Man muss schon ein bisschen verrückt sein, eine gute Portion Egoismus und ziemliche Gedankenlosigkeit an den Tag legen, um diesen unglaublichen Sprung zu wagen. Und am Rand ihres alten Lebens angelangt, beschließt Lee, dass der Augenblick gekommen ist, genau das zu tun.

»Hallo, Mama? Erinnerst du dich an Aziz?«

»Lee, mein Schatz ... an wen?«

»Den Freund, den ich vor ein paar Wochen nach Poughkeepsie mitgebracht habe.«

»Ah, ja, den Ägypter.«

»Gefällt er dir?«

»Na ja, schon, er ist ein eleganter Herr.«

»Besser so.«

»Warum?«

»Ich habe ihn heute Morgen geheiratet.«

>»Nomadin werde ich mein ganzes Leben lang bleiben, verliebt in wechselhafte Horizonte, in noch unerforschte Fernen.«

ISABELLE EBERHARDT

Kairo, 1934–37

Die *Long Bar* des *Shepheard's Hotel* ist der ideale Rückzugsort, um an heißen Sommernachmittagen mit einem der besten Martinis in ganz Ägypten die eigenen Gedanken zu ordnen. Nicht von ungefähr gehört diese Location zu den Pflichtetappen einer jeden *Grand Tour* und ist Pilgerziel zahlreicher in Kairo lebender Ausländer. Ein Abend kommt nicht in Schwung, ehe man nicht einen Abstecher ins *Long* gemacht hat, und dank der diskreten Vertraulichkeiten von Barkeeper Max, der für jede Konversation mit den nötigen Sprachkenntnissen aufwarten kann, bleibt man bezüglich der Neuigkeiten in der Stadt immer auf dem Laufenden. Wobei sich das Leben in der Stadt de facto nur um wenige Ereignisse dreht: ein paar namhafte Besucher, Reisen in die am Meer gelegenen Villen in Alexandria, um etwas durchzuatmen, und unzählige gesellschaftliche Anlässe, darunter immer wieder Abende im Haus des Baron Jean Empain, im Palais Hindou. Die Einrichtung dieser im Stil eines indischen Tempels errichteten fürstlichen Residenz lässt an ein Filmset denken, bei dem unklar bleibt, ob der Regisseur einen Streifen über Versailles oder eher über »Tausendundeine Nacht« intendiert hat. Darüber hinaus füllen unzählige Tennis- und Bridgeturniere die Stunden und

Tage der trägen ägyptischen High Society, in die Lee wie ein Fremdkörper mit dem Stempel der amerikanischen Ehefrau von Aziz Eloui Bey hineinkatapultiert worden ist. Ein Erkennungszeichen, das ihr die Freiheit gewährt, unbehelligt hinter dem Steuer ihres Packards durch die Gassen von Kairo zu kurven, Hosen zu tragen, in der *Long Bar* einzukehren und alle möglichen alkoholischen Getränke zu konsumieren. Gerade nippt sie zum Beispiel an einem Gemisch aus Minze, Limette und vor allem Gin, das ihr der treue Barkeeper gegen die starken Kopfschmerzen empfohlen hat, an denen sie infolge des Rausches der vergangenen Nacht leidet.

»Nur mit Alkohol lässt sich Alkohol vertreiben«, versichert ihr Max in einem Englisch, das durch die vielen Akzente seines reichen Wortschatzes gefärbt ist.

Im Gegenzug möchte er alle Einzelheiten über das große Fest im Palais Hindou erfahren: Ihm sei zu Ohren gekommen, die Burlesque-Tänzerin, in die sich der Baron verguckt habe, hätte sich nackt, nur mit einer glänzenden Goldschicht überzogen, dargeboten. Lee nickt und verrät ihm, dass man ihr nach dieser Nummer den Beinamen Goldie angehängt habe –, den sie übrigens auch behalten wird, nachdem sie die Baronin Empain geworden ist. Lee weiß bereits, dass man wochenlang über nichts anderes reden wird, da sich in den beschränkten Schickeria-Kreisen, abgesehen von Temperaturschwankungen und Moskitoinvasionen, nicht viel ereignet.

Aziz ist ein hoher Funktionär im Ministerium für Eisenbahn, Funk- und Fernsprechwesen und arbeitet an einem neuen Projekt zur Ausstattung der wichtigsten öffentlichen Gebäude mit Aircondition. Zum Glück hat er in ihrer eigenen Villa in Kairo sofort eine solche Anlage installiert: ein Geschenk an seine schöne und junge Ehefrau, die er seit ihrer Ankunft allmählich verwelken sieht wie eine Rose, über die man eine Glasglocke gestülpt hat. Es ist nicht so einfach, sich an all das Neue zu gewöhnen. Aziz weiß sehr wohl, dass sein Land bei der ersten Begegnung, wenn man auf ein Übermaß an Farben, Aromen und durchdringenden Gerüchen stößt, die einem zu Kopfe steigen wie eine Droge, einen Schock auslösen kann.

Er ist besorgt um Elizabeth, und wie der kleine Prinz aus der gleichnamigen Geschichte möchte er diese exotische Blume, die er gepflückt und gegen den Rat aller mit sich genommen hat, hegen und pflegen. Er kann sich noch an die Szene erinnern, die Lee dem Standesbeamten in New York gemacht hat, weil dieser ihr davon abriet, sich auf die Ehe mit einem »farbigen« Mann aus einer völlig anderen Kultur einzulassen. Hinter Elizabeths Wut auf den Unglückseligen verbarg sich in Wahrheit eine gewisse Unruhe, dieselbe, die Aziz auch in den Augen der Eltern seiner zukünftigen Ehefrau wahrgenommen hatte. Nur mühsam hatten sie ihre Bestürzung über die schwerwiegende Entscheidung ihrer Li-Li verbergen können. Ausgerechnet jetzt, wo sie ihren Weg gefunden hatte und Theodore stolz die beruflichen Erfolge der jungen Fotografin aufzählen konnte, beschließt die Tochter aus heiterem Himmel, das mit so vielen Opfern aufgebaute Studio aufzugeben und am anderen Ende der Welt in einem unbekannten Land zu leben. Aziz fühlt sich verantwortlich für diese romantische Entführung und schreibt den Millers lange Briefe voller Zuneigung, in denen er versucht, sie zu beruhigen. Doch wenn man diese Briefe heute liest, wirken sie eher wie die Korrespondenz eines Arztes, der sich um eine Rekonvaleszentin von zarter Gesundheit kümmert. »Lee ist glücklich. Natürlich ist es angesichts ihrer unruhigen Natur nicht leicht, zu einem Zustand der Heiterkeit zu gelangen. Gewisse Reaktionen sind unvermeidlich.« Aber es ist vor allem die Langeweile, die Lee zu schaffen macht. »Ihr Gehirn braucht Arbeit, um die Zeit auszufüllen«, fährt Aziz fort. »Wenn sie sich erst einmal von dem hektischen Leben in New York erholt hat, wird es ihr besser gehen.« Am Ende versichert er den Eltern, dass er immer für sie Sorge tragen wird.

Lee fügt ein paar wenige Worte am Briefende hinzu. Sie hat keine Zeit zu schreiben, sie fühlt sich nicht gut, vielleicht wegen der Typhusimpfung oder wegen der Mückenplage im Zuge der Nilschwemme, auf die sofort eine gewaltige Hitzewelle gefolgt ist, die ihr jegliche Kraft raubt. Aber in Wahrheit bringt sie nicht den Mut auf, an Erik zu schreiben. Bei ihrer übereilten Entscheidung hat sie nicht an den Bruder gedacht und hat ihn ohne Arbeit zurückgelassen, nachdem er sich mit Leib und Seele für ihr Unternehmen verausgabt hatte.

Sie hat versucht, das Studio – einschließlich Erik – an Man Ray abzugeben, in der Hoffnung, er würde seinem alten Wunsch, nach Amerika zurückzukehren, nachgeben. Sie hatte ihm den Vorschlag über einen Freund unterbreiten lassen. Aber seine Reaktion war unversöhnlich: »Hol die Kastanien selbst aus dem Feuer.« Nun setzt sie ihre gesamte Hoffnung, ihr schlechtes Gewissen zu besänftigen, auf Aziz: Vielleicht kann er mithilfe einflussreicher Bekannter einen guten Posten für Erik finden und ihn davon überzeugen, mit seiner jungen Ehefrau Mafy nach Kairo umzuziehen. Für Lee wäre es traumhaft, ihn bei sich zu haben, ein Heilmittel gegen die Einsamkeit, unter der sie, trotz der Fürsorge ihres liebevollen Ehemanns, von Tag zu Tag mehr leidet. Als Lee beschlossen hatte, sich in das neue Abenteuer zu stürzen, hatte sie sicher nicht von einem Leben als Schönheitskönigin der ägyptischen High Society geträumt. Sie hat keine Gemeinsamkeiten mit diesem Kreis von Frauen, die sie ironisch als »ganz Perlen und Satin« beschreibt, und ihrer Unruhe lässt sich nicht mit einem Tee und einem Stück Torte bei *Groppi* beikommen, jener exquisiten Konditorei, wo sich ihre Bekannten jeden Tag treffen, um über Belanglosigkeiten zu plaudern. Sie war sicher gewesen, durch die Ehe mit Aziz ein endgültiges Mittel gegen ihre Unruhe zu finden; sie hatte gehofft, das wunderbare Gefühl, geliebt zu werden und aller materieller Sorgen enthoben zu sein, würde genügen, um sie glücklich zu machen. Stattdessen fühlt sie sich wie ein Tiger im Käfig in den zehn Zimmern des wunderschönen Hauses, das ihr der Ehemann neben einer persönlichen Dienerin, einem Koch und fünfzehn weiteren Angestellten zur Verfügung gestellt hat.

Ich habe nie einen Milliardär geheiratet, und ich bedaure es auch nicht. Aber manchmal erschien mir ein Leben ohne materielle Sorgen wie eine Befreiung. Einmal hatte sich ein junger, wohlhabender Mann in mich verliebt, und ich hatte flüchtig mit einem solchen Gedanken gespielt, aber er war nicht so faszinierend und geheimnisvoll wie Aziz: Er glich eher einem friedlichen Nerd mit Hängewangen, und vor allem verabscheute er die Rolling Stones. Der Funken ist nicht übergesprungen. Lee hingegen war vorbehaltlos verliebt in Aziz, einen intelligenten und gebildeten Mann, der versprochen hatte, ihr die Freiheit zu lassen und sie zu beschützen, ohne jemals ihre Selbstständigkeit mit den gefährlichen Waffen der Eifersucht und des Besitzanspruchs zu bedrohen. Im Gegenzug wollte er nur ihre Liebe: ein Pakt, dem man kaum widerstehen kann. In den Dreißigerjahren des 20. Jahrhunderts war der Weg für junge Frauen mit Leidenschaft und Talent noch ziemlich steil und beschwerlich, und wenn sie eine Karriere als Muse, brave Hausfrau, Prostituierte oder Ordensschwester ablehnten, blieben ihnen nur wenige Möglichkeiten, um Gleichberechtigung zu erlangen: Es war, als würde man sich ohne Rettungsboot in einen Sturm begeben, auf die Gefahr hin, ein schlimmes Ende zu nehmen, wie die verruchten Frauen in den Hollywoodfilmen.

Lee hat sich an einen Traum geklammert, der zu einem der schlimmsten Albträume zu verkommen droht, und obendrein hat sie den Spaß am Fotografieren verloren. Die unverzichtbare Rolleiflex liegt zusammen mit unbenutzten Filmen in einer Ecke ihres Arbeitszimmers, als sie endlich einer neuen Liebe begegnet. Es handelt sich nicht etwa um einen Liebhaber, der sie aus der Trägheit erweckt, in der sie zu versinken droht, sondern um die Entdeckung der Wüste. Sie hat nur ein einziges Mal das Chaos der Stadt hinter sich lassen müssen, um geblendet zu sein von den unermesslichen Sandflächen, die ihr Erscheinungsbild mit dem Wind verändern: ein Anblick, den sie stundenlang in absoluter Stille bewundern kann und der ihr Bedürfnis stillt, sich dem beklemmenden Kairoer Gesellschaftsleben zu entziehen.

So wie viele vor und nach ihr fühlt sich auch Lee auf fatale Weise von der Erhabenheit der Wüste angezogen. Mehr als nur eine Landschaft ist sie ein Seelenort mit der unglaublichen Macht, unsere verborgensten Gefühle widerzuspiegeln und uns von den Zwängen zu befreien, die uns erdrücken. Eine zweifellos wirksamere Therapie als die Hormonbehandlungen gegen die Erschöpfungszustände, unter denen sie leidet, und etwas, das der um seine Gattin besorgte Aziz nicht anders als gutheißen kann. Die Exkursionen, die Madame Bey mit großer Begeisterung organisiert und dabei Freunde und Bekannte einbindet, werden in den obersten Kreisen der ägyptischen Gesellschaft sehr kritisch gesehen, aber Lee pfeift auf das Gerede: Sie hat ein Heilmittel gegen üble Laune und die Langeweile der mit Bridgeturnieren und Aperitifs gefüllten Tage gefunden, und im Kontakt mit der Natur dieser geheimnisvollen Orte erwacht erneut ihr nomadischer Geist, der einzige Antriebsmotor, der ihr das Gefühl gibt, lebendig zu sein. Eine Expedition in die Wüste zu organisieren ist eine ausgeklügelte Kunst, der sich Lee mit Eifer und Präzision widmet, wie stets, wenn sie von einer neuen Leidenschaft gepackt wird. Und auf wunderbare Weise beginnt das Adrenalin, das sie braucht, um ihr Leben zu ertragen, wieder in ihren Adern zu zirkulieren.

Sie verbringt ganze Nachmittage mit dem Ausarbeiten von Routen, sie sorgt für Proviant und Vorräte und wählt sorgfältig die Mitglieder der Mannschaft aus: Jammerlappen und Streithammel, die sich mit dem Mangel an Komfort eines offenen Feldlagers nicht abfinden wollen, werden ausgeschlossen. Aziz ist zu stark von seiner Arbeit in Anspruch genommen und kann sie nicht begleiten. Aber er übergibt sie in die Obhut eines erfahrenen Führers: ein Stück Sicherheit für diese verwegenen Unternehmungen. Und dennoch beobachtet er jedes Mal voller Sorge, wie sich seine furchtlose Vagabundin an der Spitze der Karawane in der Ferne verliert. Dank seiner großherzigen Liebe scheint sich Lee in jenes waghalsige junge Mädchen zurückverwandelt zu haben, in das er sich verguckt hatte, als er ihr zum ersten Mal in Paris begegnet war. Er weiß nicht, ob das Wüstenabenteuer genügen wird, um die »rastlose Seele« seiner Ehefrau zu besänftigen, aber ebenso wie Man Ray ist auch ihm bewusst, dass er sie verlieren wird, wenn er versucht, sie festzuhalten. Die Frau, die einst Topmodel, begehrte Fotografin der Surrealisten und Venus für Cocteau gewesen ist, trägt nun weite, unförmige Hosen und inspiziert mit Kennerblick die komplizierte Landkarte, auf der sie hofft, einen neuen Ausweg zu entdecken.

> »Ich fühle mehr denn je, dass ich das sesshafte Leben niemals aushalten könnte und dass die Sehnsucht nach dem sonnigen *Anderswo* mich niemals loslassen wird ...«

Das könnte ein typischer Satz von Lee während eines Augenblicks rastloser Unruhe sein. Doch gesagt hat ihn um die Jahrhundertwende Isabelle Eberhardt, eine junge Wüstenreisende, die mit Anfang zwanzig, allein und als Beduine verkleidet, auf einem Pferd die Sahara durchquerte, Scheiche, Legionäre und Vagabunden wie sie selbst frequentierte und offen den durch ihr Geschlecht auferlegten Regeln trotzte. Sie ist nur eine von vielen, meist unbekannten Abenteuerinnen, die sich im Lauf der Jahrhunderte auf waghalsigste Weise die Freiheit des Reisens herausgenommen haben und einen für eine Frau undenkbaren Lebensstil wagten. Isabelles unbeugsames Wesen erinnert mich an das von Lee während ihrer Wüstenexkursionen, die bei den wohlanständigen Bürgern, die sie nur allzu gern an den Pranger gestellt hätten, für Empörung sorgten. Ihre Freundin Gertie Wissa bemerkt dazu trocken: »Man musste Lee so nehmen, wie sie war, es war zwecklos, sie verändern zu wollen, sie benahm sich genauso wie ein Mann.« Und ich glaube nicht, dass sie das als Kompliment verstanden haben wollte. Ohne ihr Entsetzen zu verhehlen, gibt Gertie auch folgende freimütige Äußerung von Madame Bey wieder: »Wenn ich pinkeln muss, mache ich das auf der Straße. Wenn ich hinter jemandem her bin, springe ich einfach zu ihm ins Bett!« Eine gewagte Absichtserklärung, die keinen Raum für Heuchelei lässt, allerdings in den Salons der feinen Kairoer Damen nicht unbemerkt bleibt.

Alle sind jedoch begeistert von der Gastfreundschaft, die Lee den Gefährten dieser Streifzüge zuteilwerden lässt. Als echte Hausherrin veranstaltet sie zwischen den Dünen köstliche Picknicks, die von ihrem späteren kulinarischen Talent künden. Regel Nummer eins: Es darf niemals an alkoholischen Getränken mangeln, auch wenn man dafür die zur Verfügung stehenden Kanister literweise mit Martini füllen muss und nur wenige Feldflaschen für Wasser übrig bleiben. Während der Erkundungen stößt Lee auf wunderbare Orte: die koptischen Klöster am Roten Meer, versteckte Oasen, winzige Ortschaften, verloren im Nirgendwo. Und der Fotoapparat wird wieder zum treuen Reisebegleiter. Es gibt keine Route, vor der sie zurückschreckt: Der Wunsch, Grenzen zu überschreiten, treibt sie in Gegenden, die angesichts der überall in der Welt spürbaren Bedrohung eines nahenden Krieges als immer unsicherer gelten. Während der Jahre in Ägypten entstehen aus meiner Sicht die schönsten Aufnahmen der gesamten fotografischen Laufbahn Lee Millers. Das Objektiv erfasst die endlosen Weiten, in denen sich ihre innere Einsamkeit spiegelt, und nur selten schimmert jene für die meisten Orientreisenden so typische kolonialistische Folklore durch. Auf ihren Fotos sind fast nie Menschen abgebildet: Lee bevorzugt die unermessliche Leere, wobei die Wahl der Bildausschnitte das Kämpferische der surrealistischen Schule erkennen lässt. Es sind Details, Landschaftsfragmente, wie etwa bei *Sand Tracks*: ein Foto des vom Wind zerfurchten Sandes, eine endlose Folge von Wellen ohne fließende Übergänge, die an die Sinnlichkeit der fragmentierten Körper ihrer frühesten Experimente erinnert. Die Isolation, die sie sich mit ihrer ägyptischen Ehe gewissermaßen auferlegt hat, trägt auf unbewusste Weise Früchte. Mit diesen Aufnahmen erreicht Lee eine künstlerische Reife, die sie in dem Getümmel ihres New Yorker Lebens niemals entfaltet hätte.

In meinem Arbeitszimmer hängt eine Reproduktion des *Portrait of Space*, und jedes Mal, wenn ich von meinem Computer aufblicke, um einem Gedanken nachzugehen, wandert mein Blick dorthin: Es ist ein Bild von ungeheurer Anziehungskraft. Unvermeidlich starrt man auf den grenzenlosen Raum, der sich hinter dem Fenster einer verlassenen Hütte in der Wüste erstreckt, verdunkelt von den Fetzen eines Moskitonetzes, an dem ein kleiner Rahmen angebracht ist. Er gibt den Blick auf ein Stückchen Himmel frei, an dem eine Wolke steht. Es ist kein trauriges oder trostloses Bild, wie es scheinen könnte, denn wie ein Geheimnis birgt es in sich die Verheißung eines sonnigen Anderswo, das bereit ist, uns zu empfangen. Der gewaltige Horizont vor unseren Augen kündet von der Möglichkeit des Aufbruchs, und allein der Anblick einer solchen Erscheinung stimmt uns mutiger und hoffnungsfroher. Zumindest mir hat er immer dieses beruhigende Gefühl vermittelt, aber jeder kann daraus etwas ziehen, das ihn ganz persönlich anspricht. Eine Fotografie ist dann wirklich gelungen, wenn sie die Kraft eines Spiegels besitzt: Du findest dich darin wieder und entdeckst, dass sie zu deinem Leben gehört, obwohl sie mehr als siebzig Jahre zuvor in der Wüste aufgenommen worden ist. Erst vor Kurzem, während meiner Recherchen zu den unzähligen Verknüpfungen, die im Lauf der Zeit zu Lee Millers Bildern entstanden sind, habe ich entdeckt, dass die Aufnahme *Portrait of Space* als Einbandillustration für die italienische Ausgabe von »Der englische Patient« verwendet wurde, jenem Roman von Michael Ondaatje, der uns allen nicht zuletzt durch die Verfilmung von Anthony Minghella ans Herz gewachsen ist. In der Tat eine perfekte Kombination. Wer weiß, ob Lee nicht stolz darauf gewesen wäre.

»Es ist wirklich Zeit für einen Martini, Max.«

»Ohne Oliven und mit viel Gin, so wie Sie es mögen, Madame Bey.«

»Dein Martini ist der beste in ganz Nordafrika. Er wird mir fehlen ...«

»Sie sind zur Abreise entschlossen?«

Lee wirkt strahlender als sonst. Sie denkt an die Koffer, die aufgeklappt auf dem Bett in ihrem schönen Haus liegen. Sie hat sie sorgfältig gepackt, aber sie ist stets in Sorge, etwas Entscheidendes zu vergessen, und so beginnt sie von Neuem, Schuhe und Kleider aufzulisten. Sie muss unbedingt das Badekostüm einpacken, man weiß ja nie, sicher wird sie nicht die ganze Zeit in der Stadt verbringen. Noch hat sie nicht entschieden, ob sie die Rolleiflex oder nur die kleine, fürs Reisen besser geeignete Leica mitnehmen soll.

»Ja, Max, morgen reise ich ab.«

»Für immer?«

»Nein, keine Sorge, Ende des Sommers werde ich wieder hier auf deinem Balkon sitzen. Ich mache Urlaub in Paris, ich bin seit Jahren nicht mehr dort gewesen, wer weiß, was mich da erwartet.«

»Wird Monsieur Aziz Sie begleiten?«

»Du bist ganz schön neugierig, was, Max? Nein, nein, ich fahre allein, aber ich nehme mein Dienstmädchen Elda als Leibwächterin mit. Reicht dir das?«

»Haben Sie keine Angst, dass es Krieg geben könnte, Madame? Ich höre Übles hier in der Bar.«

»Die beiden Verbrecher warten nur darauf. Aber ich glaube nicht, dass es so weit kommen wird.«

»Sie nennen Hitler und Mussolini so?«

»Wie willst du sie sonst nennen? Hast du nicht gesehen, was sie in Guernica angerichtet haben?«

»Natürlich, Madame, die Bilder waren in allen Zeitungen. Sie haben recht, zwei Verbrecher.«

»Mach mir noch einen, Max, damit ich deinen Martini niemals vergesse. Weißt du, er ist der einzige Grund, weshalb man Kairo vermissen könnte.«

»Sind Sie denn zum Sommer-Golfturnier noch gar nicht zurück?«

»Nein, Max, ich glaube, dieses Jahr werde ich es ausfallen lassen.«

>>Der Künstler ist ein Politiker, der die schreck-
lichen, brennenden oder süßen Ereignisse der
Welt im Blick hat und sich ganz nach ihrem
Vorbild formt. [...] Die Malerei ist nicht dazu
gedacht, Wohnungen zu schmücken, sie ist
eine Waffe gegen den Feind.<<

PABLO PICASSO

Paris, 1937

Elda ist noch nie in Paris gewesen, und beim Anblick des Hafens von Marseille scheint sie noch aufgeregter zu sein als
Madame Bey. Ein strahlend blauer Postkartenhimmel heißt
die beiden soeben in Frankreich gelandeten Passagierinnen
willkommen. Für Lee ist Elda eigentlich keine Reisegefähr-
tin, sondern eher ein lästiges Anhängsel, und sie hegt nicht
die geringste Absicht, sich während ihres so heiß ersehnten
>>Single<<-Urlaubs von einem Wachhund eskortieren zu lassen.
Die Vorstellung, auf Schritt und Tritt von einer persönlichen
Dienerin begleitet zu werden, ist ihr peinlich, und obwohl sie
ein sehr vertrauensvolles Verhältnis zu ihrer Bediensteten entwickelt hat – womit sie gegen die Benimmregeln verstößt, die
eine stets gebührliche Distanz zu den Hausangestellten vorschreiben –, entspricht dieses erzwungene Zusammenleben
nicht ihrer Art. Aber es ist die einzige unumgehbare Bedin-
gung gewesen, die Aziz ihr für die Reise auferlegt hat, und Lee
hat das akzeptiert. Sie ist gerade dreißig Jahre alt geworden
und kann es kaum erwarten, sich wieder ins Geschehen zu
stürzen: Sie wäre eigenhändig durch das Meer geschwommen,

das sie von ihrem gelobten Land trennt, nur um sich nicht einen weiteren Sommer lang dem eitlen Müßiggang jenes langweiligen Zirkels von Damen »ganz Perlen und Satin« hingeben zu müssen. Sie verspürt eine große Sehnsucht nach den brillanten Gesprächen mit ihren alten Künstlerfreunden, und sie braucht diese spannungsgeladene Atmosphäre, die nur Paris zu bieten hat, wie die Luft zum Atmen. »Reißt mir das Herz heraus, ihr werdet Paris dort sehen«, hatte Louis Aragon einmal zu ihr gesagt. Lee hatte es damals als dichterische Übertreibung betrachtet, doch jetzt erscheint es ihr wahrhaftiger als je zuvor.

In dieser Leidenschaft für Paris erkenne ich mich wieder. Seit ich mit achtzehn Jahren zum ersten Mal am Gare de Lyon aus dem Zug gestiegen bin, stellt diese Stadt auch für mich eine Schatzkammer aller nur denkbaren Wunder dar. Und obwohl ich damals in einer Art Kellerloch übernachtet habe, das mir ein italienischer Freund netterweise überlassen hatte, fühlte ich mich wie eine Königin, weil ich diese wohltuende Atmosphäre aufsaugen konnte, die mich mit jedem Atemzug der Frau näherbrachte, die ich zu werden wünschte. Zumindest war ich davon überzeugt, so wie alle, die mit der ersten Ankunft in Paris diesen Rausch erleben.

Aziz hat für seine Frau im *Prince de Galles* gebucht, einem gediegenen, eleganten Hotel in der Nähe der Champs-Élysées: die passendste Unterkunft für eine Dame von Stand. Lee wäre das *Hôtel Istria* oder irgendein anderes kleines Hotel in Montparnasse lieber gewesen, aber es ist nicht sie, die die Kosten trägt, und es hatte keinen Zweck, ihm zu widersprechen und sich auf eine Diskussion einzulassen, die ihn am Ende noch ganz und gar umgestimmt hätte. Sie weiß, dass sie sich auf dünnem Eis bewegt: Dass ein Ehemann, noch dazu ein Ägypter muslimischen Glaubens, ihr die Freiheit lässt, ganz auf eigene Faust die Ferien zu genießen, ist ein gewagter Schritt, mehr kann sie wirklich nicht verlangen. Als »ausländische« Ehefrau hat sie ohnehin eine privilegierte Stellung in Kairo und kann sich Dinge herausnehmen, die für die Frauen vor Ort undenkbar wären. Sie führen ihr abgeschiedenes Leben in den Harems und beobachten schweigend durch die vergitterten Fenster die Welt mit all ihren Festen, die ausschließlich Männern vorbehalten sind. Neugierig wie Lee ist, geht sie diese Frauen besuchen und verwandelt sich in eine Art Scheherazade, indem sie ihrer nach Neuigkeiten hungernden weiblichen Zuhörerschaft Geschichten erzählt, die dieser ebenso unglaublich erscheinen wie ihr selbst die Erzählungen aus »Tausendundeine Nacht«. Die Frauen wollen alles über ihr so andersartiges Leben erfahren: »Wie ist es, mit Männern zusammen zu sein? Wie ist es, mit ihnen zu reisen?« Aber vor allem: »Wie fühlt es sich an, für den eigenen Lebensunterhalt zu arbeiten?« Was sie wohl nach ihrer Rückkehr zu erzählen haben wird? Doch Lee selbst quält eine andere Frage: Wie lange wird sie es noch schaffen, ihrem Gatten treu zu bleiben? Sie möchte Aziz nicht in seiner Würde verletzen, aber ihr Drang nach einem unabhängigen Leben steht in offenem Widerspruch zu dieser Ehe. Obwohl sie nun weit fort von ihrem goldenen Käfig ist, fühlt sie sich zunehmend gefangen in einer Beziehung, in der sie nicht sie selbst sein kann: Trotz Beys großzügiger Toleranz erscheint ihr die eigene Situation nicht viel anders als die der Frauen in den Harems.

Aber weshalb sich die Ferien mit solch düsteren Gedanken verderben, wo sie doch schon nach wenigen Telefonaten zum

Ball der Schwestern Rochas eingeladen worden ist, der genau am Abend ihres Ankunftstags stattfindet? Ein weiterer glücklicher Zufall, den das Schicksal – einem wohlgesinnten Freund gleich – für sie bereithält.

Elda kann nicht einmal mehr fragen, um wie viel Uhr sie zurück sein wird, da hat Madame Bey auch schon ein Taxi gerufen und sich mit der Erregtheit eines Teenagers in die heiße Pariser Nacht gestürzt. Es ist einer der zahlreichen Maskenbälle der Saison, doch diesmal hat Lee keine Zeit gehabt, sich ein passendes Kostüm auszudenken, und so trägt sie ein schlichtes Abendkleid von derselben Farbe wie ihre himmelblauen Augen. Sie ist der einzige Gast ohne Verkleidung, und vielleicht ist sie auch deshalb die am meisten beachtete Frau in dem großen Saal, in dem sich neben Scheichen, Piraten und Damen des 18. Jahrhunderts auch aufreizende, nur notdürftig mit ein paar effektvollen Efeuranken bedeckte Fräuleins tummeln, die dem Garten Eden entsprungen zu sein scheinen.

Der Erste, dem sie begegnet, ist Man Ray. Sie beäugen sich auf die Entfernung wie zwei Raubkatzen im Dschungel, und ohne ein Wort zu wechseln, beschließen sie, die Waffen zu strecken: Es bringt nichts, ewig Groll zu hegen, zumal nicht, wenn anstelle der Liebe eine innige Freundschaft treten kann. Die beiden einstigen Liebenden teilen zu viele Leidenschaften, als dass sie sich diese vielversprechende Gelegenheit entgehen lassen könnten, dank derer sie ein ganzes Leben lang einander verbunden bleiben. Ray hat das Trauma der Trennung auch dadurch überwunden, dass Ady in sein Leben getreten ist, eine bemerkenswerte Tänzerin aus Martinique, mit der Lee sofort Freundschaft schließt. Sie hätte sich keinen besseren Abend für ihr Pariser Comeback wünschen können. Besonders gefesselt wird ihre Aufmerksamkeit von einer merkwürdigen Person, die in Begleitung von Max Ernst erschienen ist: Der Künstler und sein Freund haben sich als Banditen verkleidet, aber in exzentrischer und surrealistischer Manier, mit schillernd grün gefärbten Haaren, kobaltblauen Händen, grellbunten Hemden und regenbogenfarbenen Hosen, die mit bunten Farbklecksen übersät sind. Bei ihrem Anblick muss Lee schallend lachen. Als Roland Penrose sie erkennt, würde er vor Verlegenheit am liebsten im Boden versinken: Er ist schüchtern, zurückhaltend, und seine Quäker-Herkunft sowie die Erziehung zum englischen Gentleman sind Lichtjahre entfernt von der exzentrischen Verkleidung, in der er hier auftaucht. Doch er setzt alles daran, aus seiner Haut zu schlüpfen, und hegt eine große Leidenschaft für die neuen avantgardistischen Strömungen, die im krassen Gegensatz zu dem akademischen Stil des Vaters stehen, eines bekannten neoklassizistischen Malers mit einer Vorliebe für religiöse Themen. Ebenso wie Lee ist auch Roland nach Paris gekommen, um in die einzigartige Atmosphäre einzutauchen, die seinem Wesen so zuträglich ist. Noch ist er unentschlossen, ob er Maler, Sammler oder alles beides sein möchte, fest steht für ihn jedoch, dass er sein Leben damit verbringen wird, die genialen Werke jenes Künstlerkreises, der zu seiner eigentlichen Familie geworden ist, zu durchdringen und sie bekannt zu machen. Während Lee noch lacht, ist Roland bereits bis über beide Ohren in sie verliebt. Aber das war er schon, bevor er ihr begegnet ist, als er sie nämlich, wie verzaubert, auf den solarisierten Aufnahmen Man Rays bewundert hat. Und noch bevor er sie zum ersten Mal küsst, hat er von ihren Lippen auf dem großen Gemälde des amerikanischen Fotografen geträumt, das ein Jahr zuvor auf der von ihm selbst organisierten Internationalen Surrealisten-Ausstellung in London zu sehen war, mit der er in seinem verschlafenen und in der Tradition verhafteten Heimatland für den üblichen Skandal gesorgt hatte. Lee verkörpert für Roland die Königin der Inspiration, eine majestätische Gottheit, die das Leben und die Kunst der Menschen, mit denen sie in Kontakt tritt, erhellt, und als er ihr die kobaltblaue Hand reicht, um sich vorzustellen, schenkt er ihr bereits sein Herz. Der krasse Gegensatz zwischen Lees feiner Eleganz und Rolands verrückter Aufmachung trägt ein Übriges dazu bei, diese zufällige, aber so schicksals- und zukunftsweisende Begegnung zu besiegeln.

In der Suite des *Prince de Galles* ist Elda auf dem Damastsessel eingeschlafen, während sie auf Madame Beys Rückkehr wartet, die jedoch erst im Morgengrauen auftaucht und sich anschickt, sofort wieder zu verschwinden. Lee hat keine Zeit zu verlieren, sie ist viel zu beschäftigt, ihrem eigenen Leben hinterherzueilen, das immer mehr an Fahrt aufnimmt, wie ein Film, der plötzlich schneller abgespult wird, sodass es unmöglich ist, eine Szene von der nächsten zu unterscheiden. Nach einem Abendessen, das Max Ernst eigens organisiert hat, nachdem er zwischen den beiden Freunden – einer göttlichen Erscheinung gleich – den Funken hat überspringen sehen, sind Lee und Roland unzertrennlich. Und wie es zu Beginn einer jeden Liebesgeschichte nun einmal so ist, bleibt kein Raum für andere. Vor allem nicht für Elda, die Madame Bey ab diesem Zeitpunkt nur noch flüchtig zu Gesicht bekommt, wenn sie kurz im Hotel auftaucht, um sich umzuziehen. Die persönliche Dienerin hat niemanden mehr zu bewachen und verbringt die Pariser Nächte allein in der von Aziz ausgewählten

Luxusresidenz. Lee ist derweil de facto ins *Hôtel de la Paix*, in die schlichte Unterkunft von Roland umgezogen, und an seiner Seite fällt alle Unruhe von ihr ab. Über das tiefe erotische Einverständnis hinaus verbindet sie jene unmittelbare Komplizenschaft, die so selten zwischen zwei Fremden zu finden ist. Trotz ihrer Verschiedenheit sind Lee und Roland zwei Wesen derselben Spezies, und als sie sich in die Augen blickten, haben sie einander sofort erkannt, als hätten sie gemeinsam eine ferne Kindheit durchlebt, in demselben Hof gespielt und sich die Vesper geteilt. Zu derartigen Begegnungen kommt es nur sehr selten in einem Leben, sie sind absolut außergewöhnlich, und man darf sie keinesfalls ungenutzt lassen.

Es ist das erste Mal, dass Lee Miller sich einem Mann ebenbürtig fühlt und mit ihm Leidenschaften, Ideale sowie einen feinen Sinn für Humor teilt, der ihre Gespräche wie ein Feuerwerk belebt. Ein zurückhaltender, gebildeter Engländer, der seinen Abenteuergeist unter Tweedjacken versteckt, und eine Amerikanerin mit rauer Stimme und herzhaftem Lachen, die obendrein auch noch eine der schönsten Frauen der Welt ist, finden zueinander wie zwei Überlebende eines Schiffbruchs und können nicht mehr voneinander lassen. Die Realität ist ein wenig komplizierter, aber es wird noch Zeit genug sein, sich ihr zu stellen. Paris ist die Stadt der Gegenwart, und in jenem Sommer 1937 ist sie lebendiger denn je. Soeben ist in dem eigens dafür errichteten Palais de Chaillot die *Exposition internationale des Arts et des Techniques* eröffnet worden, und Roland kann es kaum erwarten, diese Weltausstellung und insbesondere den spanischen Pavillon, wo *Guernica*, das meistdiskutierte Werk von Pablo Picasso gezeigt wird, gemeinsam mit Lee zu besuchen. Eigentlich sollen mit der Ausstellung die modernen Technologien gewürdigt werden, die eine Zukunft des Fortschritts und der Zivilisation verheißen, aber wegen der vielen Streiks, zu denen es in Frankreich inzwischen ständig kommt, sind zahlreiche Gebäude noch nicht fertiggestellt. Die sozialistische Regierung unter Léon Blum hat die Erwartungen enttäuscht, ein Ende der Wirtschaftskrise ist nicht in Sicht, und in der Bevölkerung macht sich Unmut breit: eine Stimmung der Unzufriedenheit, angeheizt von den üblichen Aufwieglern, die ihre Chance nutzen, um als Lösung der Probleme die Machtergreifung eines starken Mannes zu propagieren. Ein politisches Schema, das sich noch heute gern wiederholt, als hätten wir nichts aus der Geschichte gelernt. Selbst die angesehensten Demokraten sehnen sich immer stärker nach einer neuen Führung des Landes, nach jemandem, der in der Lage ist, rigoros für Ordnung zu sorgen – so wie in Deutschland –, und der vor allem entschlossen ist, die in der Arbeiterklasse gefährlich um sich greifenden Tendenzen zum stalinistischen Kommunismus zu unterbinden. Immer häufiger schaut man in Europa auf Hitler als den Helden, der dem deutschen Volk seinen Nationalstolz zurückgegeben hat. Man ist geblendet von den Bildern der nationalsozialistischen Propaganda, die dem Talent der Regisseurin Leni Riefenstahl geschuldet sind. Ihr Dokumentarfilm *Triumph des Willens* gewinnt in jenem Jahr auf der Pariser Weltausstellung die Goldmedaille und führt dem Publikum in einem pathetischen Zusammenschnitt die freudige Energie der Massen vor Augen, die zwischen dröhnenden Flugzeugen und Militärparaden dem Anführer des Dritten Reichs huldigen. Aber es findet sich keine Spur der erbarmungslosen Gewalt, die sich immer stärker Bahn bricht.

Die Bewunderer des Dritten Reichs müssen nicht lange warten, bis sich ihr makabrer Traum verwirklicht: Kaum drei Jahre später marschiert die SS, deren prächtige Paraden sie so fasziniert hatten, über die Champs-Élysées, und von der Terrasse des Palais de Chaillot hinab betrachtet der Führer zufrieden die besetzte und unterworfene Stadt. Die Weltausstellung von 1937 birgt bereits die dunklen Vorzeichen dieser Zukunft. Von der drohenden Kriegsgefahr zeugen bis dahin allerdings lediglich die Bauwerke, die sich in provokanter Protzigkeit gegenüberstehen: Ganz oben auf dem deutschen Pavillon prangen der Adler und das riesige stählerne Hakenkreuz, das die beiden mit Hammer und Sichel ausgestatteten Proletarier auf dem Dach des ebenso monumentalen Pavillons der Sowjetunion herauszufordern scheint. Während Lee und Roland dicht an dicht wie zwei Verliebte zwischen diesen Bauwerken hindurchschlendern, sind sie von düsteren Vorahnungen erfüllt, die durch den Anblick von *Guernica* nur noch verstärkt werden: Was da vor ihren Augen erscheint, ist nicht bloß ein Gemälde, sondern ein Schmerzensschrei, der die Grausamkeit eines Massakers enthüllt. Picassos Pinselführung ist aussagekräftiger als jede politische Rede. Roland ist derart beeindruckt von der Gewalt des Bildes, dass er sofort den Plan fasst, es der ganzen Welt zu zeigen: Es ist der einzige Weg, um denen, die es immer noch nicht begriffen haben, die teuflische Gefahr des Nationalsozialismus vor Augen zu führen, der in Spanien die Generalprobe seiner Grausamkeit abgehalten hat. Am 26. April desselben Jahrs hatte die deutsche Luftwaffe gemeinsam mit den faschistischen Alliierten im Dienste Francisco Francos drei Stunden lang ununterbrochen das wehrlose Baskenstädtchen

Guernica bombardiert. Die wenigen Überlebenden berichten von ganzen Familien, die mit brennenden Körpern auf der Suche nach einem Versteck um ihr Leben rannten, während die Jagdbomber in den Tiefflug gingen, um ihre Arbeit mit Maschinengewehren zu beenden. Es ist das erste Mal in der Militärgeschichte, dass ein von Zivilisten bewohntes Zentrum in dieser Brutalität durch einen Luftangriff dem Erdboden gleichgemacht wird. Leider wird Guernica zum traurigen Auftakt einer sich immer fester verankernden Praxis unserer sogenannten modernen Kriege.

Es heißt, dass dieses Gemetzel an Unschuldigen ein Geschenk zu Hitlers Geburtstag gewesen sei, den er einige Tage zuvor gefeiert hatte: ein Gedanke, der dem Führer sicher gefallen haben dürfte. Die rechtmäßige spanische Republik gibt das Gemälde sogleich bei Picasso in Auftrag, der innerhalb von zwei Monaten eine gigantische Leinwand erschafft, für die er nur drei Farben verwendet: weiß, schwarz und grau. Das Ergebnis ist beeindruckend und lässt den Betrachter fassungslos zurück: ein gewaltiges Fresko, das mittels stilisierter sterbender Tierfiguren und verzweifelt weinender Frauen das Grauen zum Ausdruck bringt. Einziges Hoffnungszeichen ist eine kleine weiße Blume, die aus der Hand eines tödlich Getroffenen wächst. Die Entstehungsgeschichte von *Guernica* in all ihren Phasen ist durch eine exzellente Fotoreportage Dora Maars dokumentiert, die, von derselben Empörung wie Picasso getrieben, ihre Leica zur Hand nimmt und einzigartige Bilder von der Arbeit an dem Gemälde schafft. Die Kraft der Darstellung reicht über den aktuellen Bezug hinaus und wird zu einem Manifest gegen jegliche Gewalt. Doch nicht alle betrachten es als Meisterwerk. Manche sind regelrecht empört über Picassos offenkundiges politisches Engagement: Ein Künstler solle an seine Leinwände und Pinsel denken und sich nicht um die Geschicke der Menschheit kümmern. Aber die Kunst besitzt eine subversive Kraft, die über ihre eigenen Intentionen hinausreicht. Nicht von ungefähr hat Joseph Goebbels, der Propagandaminister des Dritten Reichs, die Ausstellung »Entartete Kunst« organisiert, mit der die Meisterwerke so vieler genialer Geister, einschließlich Picassos, auf dem Index landen. Diese Arbeiten verkörpern für das nationalsozialistische Regime eine dekadente und kranke Ästhetik und verherrlichen obendrein die Unreinheit der Rasse: Sie sind, mit anderen Worten, ein nicht hinnehmbarer Ausdruck von Freiheit und gehören um jeden Preis vernichtet. Auch Wassily Kandinsky steht auf der schwarzen Liste: Der russische Künstler war nach der Machtergreifung Hitlers aus seiner Wahlheimat Deutschland nach Paris geflohen, um der Gewaltherrschaft zu entkommen. Sobald die Machthaber ihre eigenen ästhetischen Normen vorschreiben und entscheiden, was als das Schöne zu gelten hat, wird es Zeit einzuschreiten. Wenn die Kunst zum Schlachtfeld wird, darf man nicht gleichgültig bleiben. Und Roland ist bereit, den Kampf eigenhändig aufzunehmen. Er überzeugt Picasso davon, eine Wanderausstellung mit *Guernica* zu organisieren und das Werk als schlagkräftiges Propagandawerkzeug für den Frieden zu verwenden. Man muss alles nutzen, um jene wachzurütteln, die noch immer die nationalsozialistische Bedrohung unterschätzen und die Möglichkeit eines erneuten Weltkriegs für irreal erachten.

»Man braucht nur die Bücher zu lesen, die auf dem Scheiterhaufen gelandet sind, die Bilder zu betrachten, die von Gewaltherrschern und Inquisitoren aller Epochen vernichtet wurden, um den Kompass der Freiheit niemals aus dem Blick zu verlieren«, erklärt Roland aus tiefer Überzeugung und mit einem Nachdruck, der nicht ganz zu seinem liebenswürdigen Äußeren eines ewigen Cambridge-Studenten zu passen scheint.

Lee findet immer stärker Gefallen an dem exzentrischen englischen Gentleman, der ihr mit vor Erregung geröteten Wangen von den tausend Träumen erzählt, die er verfolgt: Er hat in London eine Galerie eröffnet, um dort die neuen künstlerischen Strömungen bekannt zu machen, und nun muss er zurück in die Heimat, um eine Einzelausstellung seines Freundes Max Ernst zu gestalten, den er nicht nur wegen seiner Gemälde, sondern auch wegen der Collagen und *Frottage*-Arbeiten schätzt. In dieser Technik hat Roland selbst einige Werke geschaffen, die er ihr unbedingt zeigen möchte.

»Warum kommst du nicht zu mir nach Cornwall?«, fragt er Lee unvermittelt, während sie in einem Bistro in der Nähe der Seine die letzten Sonnenstrahlen genießen. »Ich habe für einen Monat ein wunderschönes Häuschen in Lamb Creek gemietet, es gibt dort einen Fluss, wo man mitten im Wald baden kann. Und Paul Éluard und Nusch kommen auch, und Eileen Agar ... Du musst sie kennenlernen, sie würde dir gefallen. Sie ist eine fantastische Künstlerin, die einzige weibliche Surrealistin in England. Sie schafft kleine poetische Werk, kombiniert Muscheln, Fotografien, Federn und andere Fundstücke, die nur sie aufzustöbern vermag ...« Roland lässt Lee keine Zeit zu antworten, er drängt sie mit seiner ansteckenden Begeisterung und verheißt ihr jenes »sonnige Anderswo«, dem sie noch nie hat widerstehen können. »Du darfst einfach nicht fehlen, auch Henry Moore wird kommen. Ich habe gerade eine seiner Skulpturen gekauft und im Garten in Hampstead aufgestellt. Du wirst es nicht glauben, aber ein Komitee von Anwohnern aus dem Viertel hat Unterschriften gesammelt, damit sie entfernt wird.«

»Ist Goebbels Propaganda also bis ins Herz von London vorgedrungen?«, bemerkt Lee amüsiert, und ihr Gesicht erstrahlt in allerschönstem Lächeln.

»Es erscheint lächerlich, aber es ist alles wahr. Man betrachtet sie als obszön, kannst du dir das vorstellen? Eine abstrakte Skulptur ... die noch dazu *Mother and Child* heißt ... Ich habe beschlossen, eine Zeitschrift zu gründen, um allen den Wert der modernen Kunst nahezubringen.«

»Wie viele Leben willst du leben, Roland Penrose?«

»Eigentlich würde ich diesen Urlaub gern bis in alle Ewigkeit verlängern. Wir könnten Picasso in Mougins in Südfrankreich besuchen. Er ist im August mit Dora dort.«

»Dora Maar? Ich würde sie gern kennenlernen, ich habe einige ihrer Fotos in der *Vogue* gesehen, sie hat eine interessante Art, die Dinge zu betrachten.«

»Leider hat sie aufgehört zu fotografieren; sich in Pablo zu verlieben, kann verhängnisvoll sein. Aber wenn ich eine Frau wäre, würde ich sofort den Kopf für ihn verlieren.«

Penrose hegt eine fast mystische Bewunderung für den katalanischen Meister, und er verzeiht ihm ohne Vorbehalt das diktatorische Gebaren, mit dem er die Zusammenkünfte seiner Freunde, Kinder und Geliebten organisiert. Auf Einladung Picassos hat er bereits ein Zimmer im Hotel *Vaste Horizon* reserviert, wo der Meister während der Ferien seine kleine Gruppe von Aficionados versammelt, und nun kann er es kaum erwarten, dieses Zimmer mit Lee zu teilen.

»*Vaste Horizon?* Was für ein verheißungsvoller Name ...
Aber ich muss dich daran erinnern, dass ich eine verheiratete
Frau bin.«

»Ich bin nicht eifersüchtig.«

»Ich auch nicht«, flüstert Lee, während sie sich ihre letzte
Lucky Strike anzündet.

Nachdem sie Roland zum Zug in Richtung London begleitet hat, kehrt sie ins gediegene *Prince de Galles* zurück, wo sie
ein Billett ihrer neuen Liebe mit folgendem schlichten Satz
vorfindet: »Ich bin aus einem Traum erwacht ... ob ich wohl
je wieder so etwas Überraschendes und Wunderbares träumen werde?«

Wenige Tage später packt Madame Bey die Koffer und
schickt Elda zurück nach Ägypten, nicht ohne ihr zuvor noch
ein kostbares Fläschchen des neuesten Parfüms von Elsa Schiaparelli namens *Shocking* zu überreichen; ein Geschenk, das die
Bedienstete als das kostbarste Andenken an ihren seltsamen
Parisaufenthalt bewahren wird. Der Brief, den Lee an Aziz
schreibt, ist sehr kurz, denn sie kann nur das schreiben, was
der Ehemann hören will, und muss alles auslassen, das ihn
verletzen könnte. Es sind nur wenige zärtliche Zeilen, um ihm
mitzuteilen, dass es ihr gut gehe, dass sie sich mit ihren alten
Freunden die Zeit vertreibe und beabsichtige, ihren Ferien-
aufenthalt in Cornwall sowie in Südfrankreich zu verlängern,
dass sie aber zu ihm nach Alexandria zurückkommen werde,
um sich die wunderbaren Motorbootausflüge zum Saisonende
nicht entgehen zu lassen.

Aziz scheint froh, sich die Kosten für das Luxushotel sparen
zu können. Auch wenn er die drohende Gefahr spürt, lässt er
keinerlei Beunruhigung durchblicken.

»Du bist wie ein Vollblutpferd, das man zu lange im Stall eingesperrt hat. […] Amüsiere dich, Liebste, aber übertreibe es nicht. […] Kairo ist, wie du dir denken kannst, ziemlich langweilig, was mich die Vorstellung leichter ertragen lässt, dass du zu deinem eigenen Wohl fortbleiben musst, auch wenn ich mich dadurch einsam und verlassen fühle.«

Eine Antwort, die ein Meisterwerk der Diplomatie darstellt.

Wir haben niemals begonnen
Wir haben uns immer geliebt
Und weil wir uns lieben
Wollen wir die anderen befreien
Aus ihrer eisigen Einsamkeit.

PAUL ÉLUARD

Farley Farm, Sussex, 1977

Er ist ihr als Sommer der Liebe im Gedächtnis geblieben. Das schöne Haus im georgianischen Stil, das Roland in Lamb Creek gemietet hat, ist zu einem offenen Camp der Surrealisten geworden. Für diese fröhliche Runde folgte die Zeit nicht länger den gleichförmigen Stunden der Normalsterblichen, sondern eher den zerfließenden Uhren der Gemälde Dalís, die allein dem Rhythmus der Lust und des Verlangens gehorchten.

Vierzig Jahre sind seit jener feurigen Zeit vergangen, und obwohl Lee die Vergangenheit lieber vergraben und nicht mehr daran denken möchte, blinken manche Details dieser Ferien wie unverhoffte Sonnenstrahlen auf und treffen sie in ihrem Bett auf der Farley Farm, das während der Krankheit zu einem Rettungsboot für sie geworden ist. Es sind Momentaufnahmen in grellen Farben, wie sie Roland für seine fantasievollen Collagen verwendet hat, die nunmehr die Gestalt von Erinnerungen annehmen: wilde Vögel im Flug; blauer Himmel; verfallene Burgen; Fahrten über unbefestigte Waldwege in dem alten Ford, der bei jedem Schlagloch ächzt, und Éluard, der lauthals

168

Gedichte improvisiert, um den Motorenlärm zu übertönen; eiskalte Wasserspritzer beim Baden im Fluss Truro, mit nackten Körpern im Licht des Sonnenuntergangs; die kühle Dunkelheit der Buchläden, in denen sie nach wertvollen Bänden stöbern; und die blutjunge Leonora Carrington, die surreale Gestalten auf die Papiertischtücher eines Landgasthofs kritzelt. Aber vor allem der intensive und greifbare Zustand des Glücks, so allumfassend, dass einem der Atem stockt und man mitten in der Nacht aufschreckt, um sich zu vergewissern, dass nicht alles bloß ein Traum ist, oder man die Augen geschlossen hält, obwohl man wach ist, aus Angst, die Magie könnte verblassen.

Aus jenen fernen Tagen bleibt Lee ein Foto im Gedächtnis, das Roland von ihr zusammen mit Leonora, Ady und Nusch aufgenommen hat: Alle vier haben die Augenlider gesenkt und tun so, als schliefen sie, gebannt von einem Zauber, der die Zeit zum Stillstand gebracht hat, während sie an einem sonnigen Sommernachmittag wie wohlerzogene Fräulein zu einem Kaffee zusammengekommen sind. Es ist ein hinreißendes Bild, das mich sehr bewegt: eine Gruppe von Freundinnen, die die schlafenden Schönheiten spielen, ohne zu wissen, dass sie den letzten Widerschein einer unwiederbringlichen Zeit erhaschen, in der es noch möglich erscheint, Kunst und Liebe in absoluter Freiheit zu praktizieren.

Die Sommerfrischler in Cornwall waren eine kleine internationale Künstlerschar am Rande des Abgrunds der Geschichte: Alles war im Begriff zusammenzubrechen, aber sie hielten hartnäckig an ihrem Dasein als Idealisten, Innovatoren, Nonkonformisten, Pazifisten und Romantiker fest. Stets begeistert für etwas oder in jemanden verliebt und bereit, mit Feuereifer und einem uns heute unbekannten Wagemut jegliche kulturelle und erotische Erfahrung auszukosten. Selbst in den wildesten Zeiten der Siebzigerjahre, als meine Generation etwas linkisch versuchte, das Diktat der freien Liebe zu befolgen, haben wir nie so viel gewagt, und unsere tapferen Versuche, die »Fantasie an die Macht« zu bringen, verdanken sich jenen »schlechten Vorbildern«, die auf jede Form von Moralismus allergisch reagierten und deshalb allen Ideologien ein Dorn im Auge sein mussten.

Lee hat sich mühsam ins Wohnzimmer hinuntergeschleppt. Sie fühlt sich schwach, weil sie zu wenig isst, und sie isst zu wenig, weil sie sich schwach fühlt. Sie hat den Appetit verloren, obwohl Patsy sich geradezu überschlägt, um ihn anzuregen, und all die leckeren Rezepte nachkocht, die sie sich als jahrelange Gehilfin Lees bei deren wunderbaren kulinarischen Streifzügen genauestens angeeignet hat. Patsy kümmert sich jetzt um sie, so wie sie sich zuvor um ihren Sohn Antony und den Gutshof gekümmert hat, da das Ehepaar Penrose allzu stark von seinen Reisen rund um die Welt in Anspruch genommen war. Lee hat noch nie viel für Kinder übriggehabt, sie langweilen sie: In ihrer Gegenwart kann man weder sarkastische Bemerkungen fallen lassen noch eine Zigarette nach der anderen rauchen. Und sie war auch nicht verärgert, als Antony ihr – nicht etwa, um sie zu provozieren – erklärte, er würde Patsy als seine wahre Mutter betrachten. Er hatte allen Grund dazu. Patsy war da, wenn er sich im Dunkeln fürchtete, und seine Bockigkeit wusste sie mit sanften Worten zu beschwichtigen, zu denen Lee niemals fähig gewesen wäre. Jeder liebt auf seine Weise, und mit dem Mutterinstinkt verhält es sich nicht immer so, wie einem die Lehrbücher weismachen wollen. Tief in ihrem Inneren weiß Lee, dass sie hart war zu ihrem Sohn:

Vielleicht hat sie ihm nicht verziehen, dass er der Grund für ihre endgültige Kapitulation war. Sie hat nicht damit gerechnet, schwanger zu werden; und wer weiß, ob sie ohne dieses mit vierzig Jahren unerwartet eingetretene Ereignis nicht erneut aufgebrochen wäre, um auf Achse zu sein. Stattdessen ist sie geblieben. Sie hat sich um Rolands Karriere gekümmert und hat angefangen zu kochen.

Aber es kommt immer darauf an, wie man etwas erzählt. Unser Leben nach unseren Wunschvorstellungen zu beschreiben fällt uns leichter, als es so zu leben. Und Lee hat tatsächlich ganze Seiten aus ihrem persönlichen Lebensroman herausgerissen, um die Handlung zu vereinfachen. In Wahrheit ist sie geblieben, weil Roland der einzige sichere Hafen ist, in dem sie nach dem Sturm des Krieges landen kann. Der Boden unter ihren Füßen schwankt: Wenn sie auch noch ihn verlöre, würde sie sich selbst verlieren. Roland bietet ihr Schutz und Halt. Um zu überleben, hat sie sich ergeben.

Mit unsicheren Schritten gelangt sie ins Wohnzimmer, wo das Porträt hängt, das Roland während der Schwangerschaft mit Antony von ihr gemalt hat, mit dickem Bauch, kobaltblauen Brüsten und einem eidechsenähnlichen Fötus, den man in ihrem Leib erkennt: Jede andere Frau wäre entsetzt, ihre eigene Mutterschaft auf diese Weise dargestellt zu sehen, doch Lee sieht darin das perfekte Abbild ihrer Schwangerschaft. Aber sie mag noch ein weiteres Gemälde von Penrose, auf dem sie mit zwei Tauben anstelle der Hände zu sehen ist: die eine weiß, die andere schwarz, wie ihre Persönlichkeit. Roland hat ihm den Titel *Night and Day* gegeben; er hat Lee eine Hose aus festen Ziegelsteinen und einen himmelblauen Pullover mit ein paar Wolken darauf gemalt: das ihr auf den

Leib geschnittene »sonnige Anderswo« ihrer Träume. Wenn er nicht sein ganzes Leben damit verbracht hätte, die Kunstwerke seiner Freunde bekannt zu machen, wäre er selbst ein großer Künstler geworden – trotz der giftigen Bemerkungen Peggy Guggenheims, die ihn als mittelmäßigen Maler bezeichnete, der sich besser als Liebhaber eignen würde. War diese Randbemerkung in ihrer Autobiografie unbedingt nötig, um Aufschluss über ihre Liebespraktiken zu geben? Wo es sich noch dazu lediglich um eine flüchtige Affäre und keinesfalls um eine ernsthafte Geschichte gehandelt hatte. Sie schrieb, dass Mr Penrose seine Geliebten gerne fessele, um für sich das Gefühl zu erzeugen, sie unterworfen zu haben – was ist daran so schlimm? Rolands größtes Geschenk für Lee waren goldene Handschellen, maßgefertigt von Cartier, ein Schmuckstück, das sie stets mit Stolz getragen hat. Aber die Zeit der Leidenschaften ist nicht mehr als eine blasse Erinnerung. Seit Lady Penrose zu einem stummen Schatten geworden ist, kann sie nur noch zwischen den farbigen Wänden ihres Hauses hindurchgleiten und sich der Panoramen auf den Gemälden ihrer engsten Freunde erfreuen: der einzige Anblick, der noch Gefühle in ihr weckt.

Der Gutshof ist eine Schatzkammer voller unglaublicher Kunstwerke, die einen Museumsdirektor glücklich machen würden, aber das Ehepaar Penrose mag sie nicht wie mumifizierte Bilder in einer Gemäldegalerie ausstellen. Sie wollen sie hautnah erleben, so wie all die abstrusen Objekte, die in buntem Durcheinander die Regale und Tische des Hauses füllen. Ein Gemälde von Miró hängt über dem mit Wandmalereien von Roland verzierten Kamin: Jeden Winter muss es dem Rauch und den Feuerfunken standhalten, aber sie haben es nie woanders aufgehängt. Eine Lampe Man Rays dient den Mücken als Refugium, und Blumensträuße zieren die von Picasso entworfenen Vasen und Krüge. Im Flur hängt neben einer Zeichnung von Max Ernst ein Gemälde von Leonora Carrington: eine auch in emotionaler Hinsicht gelungene Zusammenstellung, die Lee niemals müde wird zu betrachten.

In jenem magischen Sommer vor so vielen Jahren verlieben Max und Leonora sich bis über beide Ohren ineinander. Sie, gerade einmal zwanzig Jahre alt, hat bereits mit allen Spukgestalten, die durch ihren Kopf geistern, Bekanntschaft gemacht, und mit einer für ihr Alter erstaunlichen Geschicklichkeit hat sie begonnen, ihnen in atemberaubenden Gemälden Gestalt zu verleihen. Max Ernst hat in diesen Bildern sofort seine eigenen, von fantastischen Tieren und düsteren Symbolen bevölkerten Visionen wiedererkannt und ist Leonora und ihrem Zauber erlegen. Sein Freund Breton hat sie als das »auf wunderbarste Weise besessene Gehirn unserer Tage« bezeichnet. Und alle fragen sich, wie eine junge Frau derart kraftvoll malen und auf derart natürliche Weise einen surrealistischen Blick und ein solches Talent an den Tag legen kann. Die beiden sind ein außergewöhnliches Paar: Leonora ist winzig, mit den stechenden Augen eines wilden Frettchens und einer rabenschwarzen Lockenmähne, die an die lebenden Schlangen der Medusa erinnert; Max hat mit seinen sechsundvierzig Jahren dagegen bereits weißes Haar, das einen Kontrast zu seinem athletischen und gelenkigen Körper bildet, und Augen, so blau wie zwei Aquarellfarbtupfer.

Lee schießt in Cornwall wunderschöne Fotos von den beiden glücklich Verliebten: Leonora mit nacktem Oberkörper in der Sonne, neben Max, der mit seinen riesigen Händen ihre Brüste bedeckt, wodurch die jugendliche Figur seiner Gefährtin wie eine winzige Miniatur wirkt. Sie ist Hexe-Kindfrau-Puppe, die perfekte Verkörperung der von den Surrealisten ersehnten weiblichen Modelle, aber sie lässt sich nicht einschüchtern von den erotischen Fantastereien der großen Meister: Sie hat keine Zeit, für sie die verrückte und sinnliche Muse zu spielen, sondern will sich nur selbst mit Leib und Seele ihrer Kunst widmen. Lee verspürt eine natürliche Zuneigung für Leonora, sie erkennt in der jungen Frau ihren eigenen Drang nach Unabhängigkeit wieder, etwas, das nichts und niemand unterdrücken kann. In ihren Gemälden stellt sich Leonora selbst als weißes Pferd dar, das unbeherrscht stampft. Mit der Wut eines jungen Fohlens hat sie gegen die Eltern aufbegehrt, die für die Tochter bereits das übliche Los des braven Mädchens beschlossen hatten: eine standesgemäße Ehe und viele Kinder. In ihren Augen sind die Leidenschaft Leonoras für die Malerei und ihr Leben als sogenannte Bohemienne tadelnswert und in jedem Fall unschicklich für ein junges Mädchen ihres Standes. Der Vater, ein reicher Textilfabrikant, setzt alles daran, sie mit flammenden Worten davon abzubringen: »Du bist keine wahre Künstlerin, sonst wärst du nämlich arm und homosexuell, was gleichermaßen verbrecherisch ist.« Leonora zitiert Lee diesen anklagenden Satz und imitiert dabei die dröhnende Stimme des Vaters. Als dieser von der skandalösen Beziehung zu Max erfuhr, hatte er aufgehört, sie zu beschimpfen und kein Wort mehr mit ihr gesprochen. Wenn er das Refugium der beiden Liebenden zu Gesicht bekommen hätte – ein primitives Landhaus, vollgestopft mit ihren Werken –, hätte ihn der Schlag getroffen. Roland hat dagegen sofort ihr Talent erkannt und wollte sie neben Dalí, Picasso und Magritte bei der Surrealisten-Ausstellung in London dabeihaben.

Mister Penrose besitzt den perfekten Spürsinn. Mit dem Erbe des Vaters hat er mehrere avantgardistische Sammlungen gekauft und damit den Bruder zur Verzweiflung gebracht, der sicherere Anlagen bevorzugt hätte. Aber Roland muss die Kunst, die er bewundert, hautnah erleben, und so umgibt er sich in jedem Haus, das er bewohnt, mit diesem Lebenselixier. Das Gutshaus der Farley Farm in Sussex spiegelt seine Persönlichkeit wider: ein solides und gediegenes englisches Cottage, dessen Inneres in einem bunten Farbenreigen die ausgefallensten, auf zahllosen Reisen zusammengesammelten Gegenstände, Fresken, Designmöbel und die unterschiedlichsten Gemälde birgt, sehr viele Gemälde, die dicht an dicht an den in lebhaften Tönen gestrichenen Wänden hängen. So wie sein Haus, verbirgt auch Roland hinter dem schlichten und zurückhaltenden Äußeren ein Feuerwerk an Kreativität und verrückten Einfällen: Aus ebendiesem Grund weiß ihn Picasso – mit seiner Leidenschaft für Gegensätze – so sehr zu schätzen. Roland ist ein treuer und großzügiger Freund, und mit der Zeit verlässt sich der katalanische Meister immer mehr auf dessen ästhetisches Gespür und geht mit ihm ein brüderliches Bündnis ein, aus dem denkwürdige Ausstellungen und eine umfangreiche Biografie erwachsen, an der Penrose jahrelang arbeitet.

Mit leichtem, fast an ein Gespenst erinnernden Schritt gelangt Lady Penrose ins Wohnzimmer, wo sie einst mit äußerst anregenden Gesprächen ihre Gäste unterhielt. Jetzt ist sie vor Müdigkeit erschöpft, nur noch ein Schatten ihrer selbst. Nicht zu fassen, wie die Energie buchstäblich aus ihr verschwunden und einem Fiebern gewichen ist, das belanglose Wünsche in ihr weckt, die es nicht wert sind, die Tage, geschweige denn ein Leben damit zu füllen. Trotz der Schwäche versucht sie, den wenigen Anregungen nachzugehen, die, der Wirkung des Morphins zum Trotz, noch Einfluss auf ihre zarte Willenskraft haben. Klassische Musik ist zu einer neuen Überlebensstrategie, einer unverzichtbaren Nahrung geworden. Lee war die Erste, die mit einem tragbaren Kassettenrekorder durch London streifte – eine ganz neue Erfindung, die es ihr ermöglichte, sich beim Laufen über einen Kopfhörer mit Musik zu berauschen. Nun, da sie ans Haus gefesselt ist, hört sie Mozart und Beethoven in voller Lautstärke, um die Gedanken zu vertreiben und den lästigen Fragen derer zu entgehen, die sich um sie sorgen. Sie ist am Sterben, aber sie ist nicht krank, so zumindest lautet ihre Version der Dinge. Wagner ist jedoch absolut tabu: Seit sie aus dem Krieg zurückgekehrt ist, reagiert sie allergisch auf die Kompositionen des deutschen Meisters. Allzu stark fühlt sie sich durch sie an das Triumphgeschrei der Deutschen erinnert, gegen das sie eine beinahe gewaltsame Aversion hegt, und auf der Farley Farm wagt niemand, ihren musikalischen Vorschriften zuwiderzuhandeln.

Während die ersten Klänge von *Così fan tutte* ertönen, sitzt sie auf ihrem Lieblingssessel und betrachtet ungestört das Porträt, das Picasso in jenem scheinbar nie endenden Sommer von ihr gemalt hatte.

Nach dem Aufenthalt in Cornwall war die ganze Gesellschaft in das kleine, im Hinterland von Cannes gelegene Dorf Mougins gereist, wo stets die Sonne schien und unzählige Wildkräuter von so intensivem Duft gediehen, dass es einen in der Nase kitzelte. Hier hat Picasso, der *artiste soleil*, die Fäden in der Hand, und gemeinsam mit seiner Gefährtin Dora Maar hat er das komplette Hotel *Vaste Horizon* reserviert, um seine Freunde zu beherbergen. Er selbst wohnt in dem größten Zimmer des Hotels und malt dort begeistert Gemälde. Sie erstrahlen in mediterranen Farben: flammendes Gelb und leuchtendes Rosa, die mit lebendig schillernden Grüntönen kontrastieren, und dazu die gesamte Palette an Blau, wie nur der Himmel Südfrankreichs sie zu bieten hat. Das Porträt, das Lee, eingelullt von Mozarts Liebesklängen, betrachtet, gehört zu jener großartigen Serie an Werken, die, zu Ehren der für ihre geheimnisvolle Schönheit bekannten Frauen von Arles, den Titel *Les Arlésiennes* trägt. Picasso porträtiert seine Freunde, ohne sie posieren zu lassen. Er arbeitet instinktiv und, wie er selbst sagt, *par cœur,* und in den aufgelösten Geometrien der Gesichter erkennt man sofort die Ähnlichkeiten wieder. Das Porträt von Lee ist ein Triumph der Sinnlichkeit und des Überschwangs.

»Zwei lächelnde Augen und ein grüner Mund sind in demselben Profil dargestellt, und die Brüste sehen aus wie die von einer freudigen Brise geblähten Segel eines Schiffs. Großartig!«

So beschreibt es Roland, und er ist derart begeistert von der Glückseligkeit, die das Gemälde versprüht, dass er auf der Stelle beschließt, es zu kaufen und seiner neuen Liebe zu schenken. Picasso hat in Mougins seinen Frieden gefunden, das Meer ist für ihn ein natürliches Element, und die Gesellschaft der Menschen, die er liebt, inspiriert ihn auf spielerisch leichte Weise.

Wenn er nicht gerade malt, nimmt er mit nacktem Oberkörper ein Sonnenbad, er liebt es, seinen Körper zu bräunen, der so kräftig und wendig ist wie der eines jungen Stiers, und bei Sonnenuntergang durchkämmt er die Strände auf der Suche nach Muscheln und Strandgut, das die Wellen großzügig für ihn an Land treiben. Die wertvollsten Fundstücke sind verwittert und vom Meersalz zerfressen: evokative Objekte, die die endlose Sammlung an Kleinodien bereichern, die er wie Schätze in seinem Pariser Atelier hortet. Er braucht eine heitere Unterbrechung nach der Trauer um *Guernica:* ein Werk, das er wie in Trance vollendet hat, getrieben von einer moralischen Pflicht gegenüber seinem Volk und von einem wütenden Impuls gegen die Barbarei des Krieges. Er wird sich niemals zum Sklaven irgendwelcher Ideologien machen, aber er ist davon überzeugt, dass ein Künstler nicht gleichgültig bleiben darf, wenn er die kostbarsten Werte der Menschheit in Gefahr sieht. Eben in jenen Tagen verfasst Paul Éluard sein Gedicht *La Victoire de Guernica,* ein Titel, aus dem ein unbeugsamer Optimismus spricht. Eigentlich ist es weniger ein Gedicht als vielmehr ein provokantes und schmerzliches Vermächtnis, das das Gemälde auf seiner langen Reise um die Welt begleiten wird. Roland hat Picasso davon überzeugt, *Guernica* in verschiedenen Städten des Vereinigten Königreichs auszustellen, doch erst über vierzig Jahre später, nach dem Tod von General Franco, wird es zum ersten Mal nach Spanien gelangen. Picasso legt in seinem Testament sogar schriftlich fest, dass das Werk niemals Heimatboden berühren darf, solange dort die Diktatur nicht abgeschafft ist. Leider stirbt er, bevor sich dieser Traum verwirklicht, aber der strikte Wille des katalanischen Künstlers wird auch nach seinem Tod befolgt. Unter der

Sonne von Mougins erscheint der Sieg der Republikaner noch möglich, und keiner ahnt, welche Katastrophe schon bald über Europa hereinbrechen wird. Das Leben ist süß und voller Verheißungen für die Liebenden, die sich am Strand von Antibes unter Picassos väterlichem Blick von der Sonne bräunen lassen. Er lenkt die Gesellschaft der Freunde wie ein Meister des *joie de vivre:* Diese hohe Kunst wird von der Gemeinschaft der Surrealisten mit demselben Eifer praktiziert wie jede andere kulturelle Disziplin.

Wie stets in dieser Geschichte fällt mir ein Foto in die Hände, das mir unmittelbarer und besser als alle Worte dabei hilft, die glückliche Harmonie zu erfassen, von der die Tage der Protagonisten erfüllt sind: Ein Schnappschuss ist eine Momentaufnahme, ein Wimpernschlag, der einen Augenblick unseres Lebens festhält und für die Zukunft bereithält, ohne die Möglichkeit der Wiederholung. Das gilt insbesondere für damals, als es noch nicht all die unzähligen digitalen Bilder gab, mit denen sich endlose Abfolgen von Augenblicken wiedergeben lassen – zu viele, um nicht belanglos zu werden. Doch wenn Lee die Augen schließt, sieht sie mit förmlich plastischer Präzision jenen Schwarz-Weiß-Schnappschuss aus dem Sommer der Liebe vor sich. Wir könnten ihm den Titel *Le Déjeuner sur l'herbe* geben, weil es an das liebliche Picknick erinnert, das Édouard Manet im 19. Jahrhundert mit seinem berühmten, von Zeitgenossen als obszön bezeichneten Gemälde verewigt hat. In der Version des impressionistischen Malers ist eine nackte Frau in Gesellschaft zweier vollständig bekleideter Gentlemen zu sehen; in Lee Millers Version haben die jungen Frauen nur ihre Brüste entblößt, aber die Atmosphäre der Freizügigkeit bleibt die gleiche. Bei der Landpartie der Surrealisten umarmen sich Nusch und Paul Éluard zärtlich, während Man Ray und Ady sie lächelnd betrachten und Roland, geblendet von der Sonne, mit verliebtem Blick ins Objektiv oder besser gesagt zu Lee schaut, die mit der Aufnahme dieser idyllischen Freiluftszene beschäftigt ist. Eigentlich gibt es zwei Fotos dieser Art: Auf dem anderen steht Roland hinter der Kamera, und Lee ist auf dem Bild zu sehen, mit selbstbewusst entblößten Brüsten und einer noch nicht brennenden Zigarette im Mund; eine respektlose Pose ganz nach ihrem Geschmack. Diese Fotografie ist nicht Teil des offiziellen künstlerischen Vermächtnisses von Lee Miller, sondern ein Fragment aus ihrem Privatleben, das uns als unwiederbringlicher Augenblick überliefert ist: die Momentaufnahme einer friedlichen und sinnlichen Ruhe vor dem Sturm.

Jeder liebt jeden, und während der durch die Sommerhitze bedingten nachmittäglichen Siesta ziehen sich alle in ihre Zimmer zurück – nicht unbedingt immer mit demselben Partner fürs Bett. Sex, Liebe und Freundschaft stellen unterschiedliche Blickwinkel dar, die nebeneinander existieren können, ohne Konflikte oder Eifersucht auszulösen. Eine mutige Konstellation, mit der die bürgerlichen Regeln aufgelöst werden: Nur erfahrene Lebenskünstler können gewisse Kapriolen vollführen, ohne dabei auf der Nase zu landen. Ich selbst bin jedes Mal, wenn ich versucht habe, auf diesem Gebiet mit Konventionen zu brechen, von Schuldgefühlen zernagt worden. Das ist das unerwünschte Ergebnis einer katholischen Erziehung, aus der sich nur wenige Frauen meiner Generation befreit haben. Und trotz der ermutigenden Solidaritätsbekundungen in den feministischen Selbstfindungsgruppen hat mich der Schatten der Sünde hartnäckig verfolgt, während ich mich mühsam in Richtung der heißersehnten sexuellen Befreiung voranbewegte. Lee fühlt sich in dieser Atmosphäre vollkommener Freiheit hingegen ganz in ihrem Element und hat in Roland den idealen Partner gefunden: Sie können ihre tiefe Liebe füreinander ausleben und Komplizen bleiben, ohne jemals die tödliche Waffe des Besitzanspruchs zu zücken. Und als sei das noch nicht genug, beschließen sie, sich stets alles in völliger Aufrichtigkeit zu gestehen. Ihre Beziehung ist stärker als jeder Seitensprung, der für sie nie ein Hindernis oder Drama darstellt, sondern nichts weiter ist als Sex: ein erotischer Drang, der auf dieselbe Weise ausgelebt wird wie irgendeine andere, das Leben versüßende Spielerei. Es ist ein ambitioniertes Vorhaben, das jedoch ein kleines Hindernis außer Acht lässt: Lee lebt eigentlich in Ägypten, verheiratet mit Aziz Eloui Bey, der sie sehnsüchtig erwartet, um mit ihr eine rechtmäßig geschlossene Ehe zu führen, und der in der Zwischenzeit an einem der Tische des Segelclubs an der sommerlich heißen Uferpromenade von Alexandria sitzt und einen Martini nach dem anderen schlürft. Wie ist sie nur in diese paradoxe Lebenssituation hineingeraten? Wieder einmal verkompliziert sich das Leben Elizabeths, doch diesmal kann sie nicht einfach die Flucht ergreifen. Wenn dieser Wirrwarr in ihr die Oberhand gewinnt, fühlt sich Lee wie ein kniffliges Puzzle, dessen Teile einfach nicht zusammenpassen wollen. Wahrscheinlich hat sie einige davon unterwegs verloren, und nun ist es zu spät, danach zu suchen. Nur Picasso ist es gelungen, ihre verschiedenen Persönlichkeiten in einem Porträt zusammenzufügen. Jetzt presst Lee das Bild an ihre Brust, ein mit Papier und Bindfaden verpackter Schutzschild, der sie vor der ungewissen Zukunft bewahren soll, die sie erwartet.

Der schier endlose Sommer neigt sich abrupt dem Ende zu. Chauffeur Marcel hat Picassos stattlichen Hispano-Suiza gewaschen und belädt ihn nun mit Leinwänden, Muscheln, Koffern und sogar mit einem Rinderschädel, den der Künstler am Strand gefunden hat – das schönste Geschenk, das ihm dieser Aufenthalt am Mittelmeer bescherte. Als auch Kasbec, der afghanische Windhund des Malers, in den Wagen klettert, ist das für alle das Zeichen zum Aufbruch. Lee erwacht aus einem dreimonatigen Traum, wie jemand, der von einem Zauberkünstler hypnotisiert wurde und nun von ihm mit einem Fingerschnalzen zurück ins Leben geholt wird. Sie wirkt wie eine Flickenpuppe, als sie sich auf der Mole von Marseille von Roland verabschiedet, und ohne ein weiteres Wort verschwindet sie und verliert sich zwischen den Passagieren des nach Ägypten auslaufenden Schiffes. Die Vorhersagen für die Überfahrt sind bestens, und der Himmel erstrahlt in demselben Postkartenblau wie bei ihrer Ankunft. Seltsam, dass die Wetterbedingungen oft so wenig den eigenen Gefühlsregungen entsprechen.

Die letzten Mozartklänge sind verstummt, und über den Gutshof in Sussex senkt sich der Abend: Wie stets eilt Patsy herbei, um Lady Penrose, die auf ihrem Sessel eingeschlafen ist, in die Arme zu schließen und ihr beizustehen.

Es ist Zeit, ins Bett zurückzukehren und einer weiteren Nacht ohne Träume entgegenzublicken.

»Ich behalte mir das Recht vor, viele verschiedene Menschen gleichzeitig zu lieben
und meinen Prinzen oft zu wechseln.«

ANAÏS NIN

Kairo, 1937–38

Lee hat beschlossen, eine Party zu geben, um der guten Kairoer Gesellschaft Picassos Porträt zu zeigen, das zusammen
mit ihr nach Ägypten gelangt ist und nun wie ein Fremdkörper zwischen den vom Ehemann ausgewählten gediegenen Wohnzimmermöbeln thront. Das ist keine eitle Geste,
sondern eher eine für Lee typische Provokation. Sie kann es
kaum erwarten, die Kommentare ihrer »Perlen-und-Satin«-
Freundinnen zu hören, die noch nie ein abstraktes Kunstwerk zu Gesicht bekommen haben. Sie malt sich schon die
sarkastischen Bemerkungen und das verlegene Lachen aus
und freut sich vor allem auf den Scherz, den sie vorbereitet hat, um den Abend aufzulockern. Madame Bey trägt ein
schlichtes Abendkleid, aber sie hat ihre Wangen smaragdgrün
geschminkt und die Fingernägel wie immer blau lackiert: Die
Vorstellung kann beginnen. Picassos Gemälde ist mit einem
Tuch verdeckt, und als die neugierigen Gäste versammelt
sind, um das berühmte Porträt zu bewundern, enthüllt es
Lee mit theatralischer Geste. Nach einem langen peinlichen
Schweigen kommen genau die Reaktionen, die sie erwartet
hat.
»Sollst du das etwa sein, Lee?«

»Das ist ja ein furchtbares Geschmier. Und so was nennt sich Kunst?«

»Kindergartenkram …«

»Und was soll dieses Gekritzel wert sein? Ich könnte das besser.«

Auf diesen Satz hat sie gewartet, und wie auf ein vereinbartes Zeichen bittet sie die treue Elda, den Speisesaal zu öffnen, wo auf dem Tisch Papier und Farben bereitliegen, um jedem die Gelegenheit zu geben, sich mit dem katalanischen Meister zu messen.

»Und jetzt zeigt mir, was in euch steckt.«

Belustigt ermuntert Lee die Gäste bei ihren ungeschickten Versuchen, indem sie daran erinnert, dass Picasso ihr gestanden habe, als Kind wie Raffael gemalt zu haben, und dass er ein ganzes Leben gebraucht habe, um zu seinem eigenen Stil zu finden. Der Abend ist ein Erfolg, auch wenn die Kleider der Anwesenden mit Farbklecksen übersät und nur noch reif für den Mülleimer sind. Immerhin ist es ihr dieses eine Mal gelungen, sich über die gesellschaftlichen Konventionen hinwegzusetzen, die sie zu Tode langweilen. Ihre Surrealisten-Freunde wären stolz auf sie.

Lee verspürt immer stärker das Bedürfnis, die Spielregeln zu übertreten, um ihrem alten Leben die Stirn zu bieten. Seit ihrer Rückkehr streift sie wie ein Gespenst durch die Zimmer der Villa: Wo ist die alte Madame Bey geblieben? Ihr selbstsicheres Wesen, das es ihr leicht machte, sich unbefangen zwischen den verschiedenen Kairoer Gesellschaftsevents hin und her zu bewegen, hat sich in Luft aufgelöst, ist wie ein nutzlos gewordener Luftballon, den man am Ende eines Festes fortschweben lässt, am Himmel Ägyptens entschwunden. In Wolken getaucht, ist es unwiederbringlich verloren.

Am Morgen blickt sie in den Spiegel und sieht eine von der Sonne Mougins' gebräunte Frau, die ihr verwirrt und in Erwartung von Antworten entgegenblickt. Allein schon die Ankunft des Briefträgers lässt sie erzittern: Bereits von Weitem erkennt sie an der flatterhaften Schrift die Briefe Rolands und schließt sich im Arbeitszimmer ein, um sie allein und in Ruhe zu öffnen und dieses einzige Vergnügen, das sie in der Zeit zurückversetzt, mit allen Mitteln der Kunst in die Länge zu ziehen. Ihre Stimmungen schwanken immer stärker, und die Aufmerksamkeiten, die Aziz ihr zuteilwerden lässt, wobei er taktvoll jedes heikle Thema vermeidet, machen das Ganze nur noch schlimmer. Statt der verständnisvollen, wohlwollenden und beschützenden Haltung, die der Ehemann in gewohnter Manier an den Tag legt, hätte sie lieber ein erbarmungsloses Verhör über sich ergehen lassen. Auf die vagen Berichte über die fröhliche Gesellschaft, die sie während des Sommers genossen hat, reagiert Aziz mit den ironischen Bemerkungen eines Mannes von Welt.

»Was für komische Namen deine Freunde haben! Du sagst, es seien große Künstler, aber sie erinnern mich an eine Liste im Abspann der Filme im *Cinéma des Agriculteurs!*«

Lee ist bestürzt von der Distanz, die nunmehr zwischen ihrer beider Leben herrscht, aber sie kann sich nicht zu einer Entscheidung durchringen. Sie ist misstrauisch angesichts ihres eigenen Wankelmuts. Sie hatte Wurzeln schlagen, zur Ruhe kommen und ein behütetes Dasein unter dem Schutz eines toleranten und großzügigen Ehemanns führen wollen, stattdessen fühlt sie sich wie eine Gefangene in einem Grabmal, beigesetzt in einem verzierten Sarkophag, so schön wie die der Pyramiden. Allem in diesem Land haftet der Beigeschmack des Todes an, und trotz ihrer Bemühungen wird sie sich niemals heimisch fühlen. Als sei das nicht genug, ist sie

»[…] die meiste Zeit in einem Zustand der Ekstase oder der Agonie […] wie die Heiligen, die sich selbst geißeln, oder wie hysterische, unterdrückte Ordensschwestern, die eine mystische Hochzeit vollzogen haben.«

So schreibt sie an Roland in Briefen voller Selbstmitleid, in denen sie ihm ihre Liebe beteuert, aber auch ihre Unfähigkeit eingesteht, alles über den Haufen zu werfen. Sie vertraut ihrem eigenen Instinkt nicht mehr und erklärt sich selbst für

»[…] auf zynische Weise misstrauisch gegenüber meiner Liebe und Zuneigung zu dir. Ich möchte für immer bei dir sein und mit dir leben, aber meine ›für immer‹ scheinen keine Bedeutung mehr zu haben.«

Roland klammert sich an den Briefwechsel, der ihn mit jener wie ein Wirbelsturm in seinem Leben aufgetauchten Frau verbindet, und lässt alle anderen Pläne fahren.

»Liebste, ich lese deine Briefe, bin am Boden zerstört, ein Wrack […] Drei Monate lang in diesem unglaublichen Glücksrausch verbracht zu haben, hingerissen vom Zauber deiner Gegenwart, und nun so zu enden, ist unerträglich. Ich sehe dich, nehme deine Stimme, deine Hände wahr, in jedem Augenblick, und ich bin sicher, dass nichts verloren ist.«

Es ist eine feurige Korrespondenz, die eines großen Liebesromans würdig wäre. Darin eingestreut sind unbefangene Geständnisse zu Seitensprüngen beider Seiten, die wie heilsame Zeitvertreibe beschrieben werden, um die Trennung besser zu ertragen. Diese grenzenlose, fast schon anrüchige Offenheit erstaunt mich immer wieder und steht im Kontrast zu meinen eigenen, wohl noch im 19. Jahrhundert verhafteten Maßstäben. Bei keiner Frau, die ich kenne, habe ich auch nur annähernd eine solche Freizügigkeit im Handeln finden können. Nicht einmal eine amerikanische Freundin von mir, die nackt im Dreck von Woodstock getanzt hat und uns allen als Leuchtfeuer der Emanzipation und Kühnheit galt, konnte Lee Miller wirklich das Wasser reichen. Für eine Frau ist es extrem schwierig, in so klarer Weise Sex und Liebe voneinander zu trennen, aber obendrein alles unter einen Hut zu bringen, ohne den Geliebten dabei zu belügen, ist ein an Waghalsigkeit kaum zu überbietendes Unterfangen. In den Dreißigerjahren des 20. Jahrhunderts beschließt Lee, diesen hürdenreichen Weg einzuschlagen. Sie weiß, dass es riskant ist, aber sie verzichtet nie auf ihre sexuelle Freiheit, denn sie darf den als kleines Mädchen gefällten Entschluss, stets die eigene körperliche Unversehrtheit zu verteidigen, nicht verraten. Sie wird immer selbst entscheiden, wem sie sich wirklich hingibt, doch dafür ist sie im Gegenzug gezwungen, die unvermeidliche Untreue, die Kehrseite dieser wagemutigen Vereinbarungen, hinzunehmen.

»Sie wollen schon wieder aufbrechen, Madame Bey?«
Die *Long Bar* des *Shepheard's Hotel* ist der einzige Ort, an dem Lee Zerstreuung findet. Bei einem Martini mit Max zu

plaudern ist das ideale Gegengift gegen die seichten Konversationen der Kairoer Upperclass.

»Meine üblichen Exkursionen, Max. Du müsstest einmal mitkommen: Gräber und Klöster sind weitaus interessanter als all die Leute hier.«

»Es heißt, Sie hätten einen ziemlich waghalsigen Fahrstil, Madame.«

»Wenn es dir lieber ist, können wir auch ein Kamel nehmen, ich bin inzwischen richtig gut im Kamelreiten und würde mir gern eins anschaffen, um damit durch die Stadt zu ziehen. Diese Tiere sind genauso blond wie ich, die ideale Tarnung.«

»Sie sind eine der wenigen Personen hier in Kairo, die noch den Mut haben, sich ungezwungen zu bewegen. Mir ist zu Ohren gekommen, dass inzwischen sogar das Hotel voller Spione ist ... voller feindlicher Spione«, ergänzt der Barmann mit verschwörerischer Miene.

»Ich habe Spione schon immer faszinierend gefunden, mach mich doch mal mit einem bekannt.«

»Sie spielen mit dem Feuer, Madame. Nachdem Hitler Österreich annektiert hat, ist alles in großem Aufruhr. Es gibt Gerüchte über eine Allianz zwischen den beiden Verbrechern, wie Sie sie nennen ... Damit dürfte ein Krieg unabwendbar werden.«

»Da muss ich dir leider recht geben, Max. Die beiden sind schlimmer als Moussas Kobras.«

»Was wissen Sie denn über Kobras, Madame?«

»Habe ich dir das nicht erzählt? Ich nehme Unterricht im Schlangenbeschwören. Heutzutage kann so etwas von Nutzen sein.«

»Wenn ich, wie Sie, einen amerikanischen Pass hätte, würde ich unverzüglich in mein Heimatland zurückkehren.«

»Aber ich war noch nicht in Syrien, und es heißt, Palmyra sei das achte Weltwunder. Wobei dein Martini natürlich unübertroffen bleibt. Schade, dass mein Glas leer ist.«

»Darf ich Sie daran erinnern, dass es bereits ihr drittes ist?«

»Ich hätte kein Problem damit, Alkoholikerin zu werden, Max.«

In Nordafrika brodelt es ebenso wie in ganz Europa, und die Spannungen zwischen Ägypten, das unter britischem Protektorat steht, und dem zum faschistischen Königreich Italien gehörenden Libyen nehmen stetig zu. Reisen ist gefährlich geworden, aber Lee kennt kein anderes Heilmittel gegen ihre Verstimmungen: Diese von ihr beschönigend als »*Jitters*« bezeichneten Zustände brechen plötzlich wie ein Gewitter über sie herein und halten alle von ihr fern, sobald sie sich anbahnen. Am Steuer ihrer treuen Arabella – wie sie ihren Packard mit Klappverdeck getauft hat – nimmt Lee ihre Streifzüge durch die Wüste wieder auf: Sie durchquert Syrien und den Libanon; sie besucht Damaskus, Aleppo, Palmyra, Beirut – stets auf den Spuren der großen Reisenden, deren Bücher sie verschlingt; sie fotografiert Ruinen und Nekropolen; und sie schreibt lange, leidenschaftliche Briefe an Roland, in denen sie ihm begeistert von jenen Orten berichtet, an denen die Zeit stillzustehen scheint und an denen ein unwirklicher Frieden herrscht, während die Welt im Begriff ist, aus den Fugen zu geraten. Von diesen Exkursionen sind wunderbare Aufnahmen erhalten, die noch heute ein einzigartiges Zeugnis verlorengegangener Kulturen liefern. Aber sie sind auch ein Abbild des seelischen Zustands von Lee, die mit melancholisch zärtlichem Blick die großartigen Ruinen und Ortschaften der Wüstenoasen erfasst und in deren Trostlosigkeit das eigene Gefühl der Verlassenheit wiedererkennen lässt, von dem sie sich nicht zu befreien weiß.

Aber sosehr sie sich auch ihrem Eheleben entzieht, ist ihr doch bewusst, dass sie sich früher oder später der Realität stellen muss. Sie möchte Roland wiedersehen, ihm in die Augen schauen, um die Antwort zu finden, nach der sie auf ihren ziellosen Streifzügen sucht. Sie sehnt sich nach einer weiteren Reise, gemeinsam mit ihm und bevor es zu spät ist. Die beiden beschließen, sich in Griechenland zu treffen, um herauszufinden, ob ihr gegenseitiges Verlangen an Ende bloß eine durch die Distanz befeuerte Schwärmerei ist oder tatsächlich etwas, das die Bezeichnung »für immer« verdient. Erneut lässt Aziz ihr vollkommene Freiheit: Es ist der letzte verzweifelte Versuch, die Bindung zu ihr aufrechtzuerhalten. Die langen Nächte, die er beim Pokerspiel im Segelclub verbracht hat, haben ihn gelehrt, dass man, wenn einem die Karten fehlen, nur noch bluffen kann. Er verabschiedet sie lächelnd, während Lee sich mit Arabella einschifft, die sie mit Koffern, Nahrungsmitteln, Decken und sogar einem Feldbett beladen hat: Als erfahrene Weltenbummlerin weiß sie, was man für ein großes Abenteuer alles braucht.

Lee und Roland treffen sich in Athen, und wenn dieses Buch ein Film wäre, würde jetzt romantische, aber nicht allzu schnulzige Musik ertönen, ein paar schmelzende Streicher, die die klassische Bildfolge untermalen würden, mit der sich in wenigen Minuten die Entwicklung einer Liebesgeschichte erzählen lässt. Lee und Roland auf Mykonos bei einem Sonnenbad an einem einsamen Strand; Lee, die frisch gemolkene Ziegenmilch trinkt und verzückt ihren Geliebten anlächelt; Rolands gebräuntes und wie aus Holz geschnitztes Gesicht; der Tempel des Dionysos auf Delos mit seinem Phallus-Obelisken und dazu Lee in Hosen, mit nackten Brüsten und einer antiken Kette um den Hals; Arabella, die sich über unbefestigte Wege ins Gebirge hinaufschiebt und bei jedem Schlagloch Gelächter auslöst; die Picknicks unter Olivenbäumen; das Orakel von Delphi mit dem heiligen Stein, der den Nabel der Welt markiert, und Roland, der in seinem Tagebuch die Nebel beschreibt, die aus den Felsen zum Himmel aufsteigen und der Menschheit eine unsichere Zukunft verheißen. Am liebsten würden sie niemals aufhören zu reisen, würden jeden versteckten Winkel der Erde erkunden und die Zeit zum Stillstand bringen, um die Unschuld jener Orte zu bewahren, die zu so schicksalsschweren Veränderungen verdammt sind – am liebsten würden sie gemeinsam für immer diesen perfekten Augenblick ihrer Liebe festhalten. Sie fassen den Entschluss, auf den Balkan weiterzureisen, sie durchqueren Bulgarien und Rumänien und sind begeistert von dem morbiden Charme Bukarests, wo in den Teesalons Kaviar anstelle von Gebäck serviert wird und in jeder Kutsche ein Geiger neben dem Kutscher sitzt, um die Fahrgäste zu unterhalten.

Doch der Zauber wird unterbrochen: Roland muss zurück nach England. Schweren Herzens steigt er in den Orientexpress. Lee kann sich hingegen nicht dazu durchringen, die Reise zu beenden, es ist zu früh, um nach Kairo zurückzukehren, sie fühlt sich noch nicht bereit, dem Wirrwarr der anstehenden Entscheidungen, die sie dort erwarten, zu begegnen, und in einem ihrer typischen plötzlichen Einfälle bietet sie ihrem Freund Harry Brauner an, als Fahrerin und Fotografin für ihn tätig zu werden. Der Musikethnologe ist auf dem Weg in die Karpaten, um dort seine Forschungen zur lokalen Folklore voranzutreiben. Für Lee ist es die Gelegenheit, ihr wachsendes Bedürfnis nach Adrenalin zu stillen. So bricht sie gemeinsam mit Brauner sowie einer Sängerin namens Lena und mit einem Grammofon für Tonaufzeichnungen im Gepäck hinterm Lenkrad von Arabella auf, die zwar nicht mehr das blank polierte Fahrzeug von einst ist, ihr aber bei der neuen Expedition treue Dienste leistet. Sie folgen den Sinti und Roma von einer Lagerstätte zur nächsten, erleben Hochzeiten, Exorzismen und magische Praktiken mit.

»Wir tranken Unmengen an starken Likören und Molke. Wir fotografierten all die Fresken, die auf die Außenwände der fantastischen Kirchen der Bukowina gemalt waren.«

Lees Berichte sind unglaublich spannend; sie verliert nicht einmal den Mut, als sie ausgeraubt werden und mitten in den Bergen mit dem Auto festsitzen, ohne einen Ort, an dem sie Schutz suchen oder um Hilfe bitten könnten. Es ist die gefährlichste Situation in ihrem Leben, sie werden sogar als vermisst gemeldet. Aber ihr Instinkt als Reisende verlässt sie nicht, und bei dieser Gelegenheit wird ihr endgültig bewusst, dass sie keinerlei äußere Gefahr scheut. Viel ängstlicher steht sie ihrer eigenen Gefühlssituation gegenüber, und es wird Zeit, nach Hause zurückzukehren und die Dinge zu regeln.

Während seiner traurigen Rückkehr nach England überkommt Roland eine böse Vorahnung. Als er durch München reist, sind alle Straßen der Stadt mit Hakenkreuzen und riesigen Plakaten gepflastert, auf denen der Kopf des Führers prangt: Man feiert das berühmte Abkommen, mit dem der Krieg abgewendet werden soll. Doch diese naive Hoffnung erweist sich schon bald als Farce, die es Hitler ermöglicht, die eigene maßlose Gier zu stillen und das Heer für zukünftige Invasionen zu stärken. Mit eifriger Unterstützung Mussolinis zwingen Chamberlain im Namen Englands und Daladier im Namen Frankreichs die Tschechoslowakei, das Sudetenland an das Dritte Reich abzutreten, um so einen »dauerhaften Frieden« für ganz Europa zu erwirken: ein Trick, den nur wenige aufmerksame Beobachter durchschaut haben. »Sie hatten die Wahl zwischen Krieg und Schande, sie haben sich für die Schande entschieden und werden trotzdem den Krieg bekommen.« So lautet der prophetische Satz Winston Churchills, den Roland, kaum dass er in England gelandet ist, in allen Zeitungen liest. Und er begreift, dass es nur noch eine Frage der Zeit ist.

Während die schwarze Wolke des Nationalsozialismus immer näher kommt, treibt sich Lee irgendwo auf dem Balkan herum und lässt nichts von sich hören: Der sich anbahnende Konflikt könnte sie für immer trennen und ihrer Liebesgeschichte ein Ende bereiten. Weshalb sollte eine amerikanische Staatsbürgerin, die mit einem wohlhabenden ägyptischen Gentleman verheiratet ist, alles aufs Spiel setzen, um ihn in einer derart gefährlichen Lage in England aufzusuchen?

»Das Wirksamste [...] bildete jedoch zu
allen Zeiten der Terror, die Gewalt. [...] Die
Gewinnung der Seele des Volkes kann nur
gelingen, wenn man neben der Führung des
positiven Kampfs für die eigenen Ziele den
Gegner dieser Ziele vernichtet.«

ADOLF HITLER

Frankreich, 1939

Die Nike von Samothrake mit ihren gespreizten Flügeln ist
fast drei Meter hoch, ein Marmorkoloss, der sich nicht so einfach für den Transport verpacken lässt. Um den armlosen Körper der Venus von Milo winden sich zahllose Schnüre und
verwandeln sie in ein surrealistisches Traumgebilde. Zehn
Mann hat man gebraucht, um Géricaults monumentales Gemälde *Das Floß der Medusa* aus dem Museum zu schaffen. Es
schwankt gefährlich, als man es durch das Hauptportal trägt.
Die mit Meisterwerken beladenen Konvois verlassen Paris,
doch wegen ihrer unglaublichen Höhe stoßen sie an die Strom-
leitungen und verursachen auf diese Weise in der gesamten
Region um Versailles einen Blackout. Um die Fahrt fortsetzen zu können, ruft man Facharbeiter zu Hilfe, deren Aufgabe
darin besteht, vor dem Konvoi an allen gefährlichen Stellen per
Hand die Stromkabel anzuheben.
Mit den ersten Anzeichen des nahenden Krieges haben die
Verantwortlichen der französischen Museen auf eigene Initiative beschlossen, die staatlichen Schätze in Sicherheit zu bringen. Für diese heikle Operation war man gezwungen, auf die

Kulissenwagen der Comédie-Française zurückzugreifen, die einzigen Fahrzeuge, mit denen sich diese empfindliche und schöne Fracht transportieren lässt. Jetzt sind die kostbarsten Werke aus staatlichem Besitz auf dem französischen Land unterwegs, auf der Suche nach einem geschützten Versteck, um den Bombardements eines nunmehr als unabwendbar geltenden Konflikts zu entkommen. Doch kein Ort scheint sicher, kein Boden kann sich mehr Heimat nennen. Auf dieselbe Weise irren in Frankreich – ziellos wie verstörte Insekten nach einem Angriff auf ihren Bienenstock – Tausende von Intellektuellen, Künstlern und Veteranen aus dem spanischen Bürgerkrieg umher, und auch jüdische Familien auf der Flucht aus Deutschland, nachdem dort die Rassengesetze in Kraft getreten sind. Ein Strom verzweifelter Menschen, denen die Grausamkeit der Geschichte auf den Fersen ist. Mit den gewalttätigen Übergriffen während der sogenannten Reichskristallnacht hat das nationalsozialistische Regime sein furchtbares Gesicht offenbart. An einem einzigen Tag sind auf obersten Befehl des Reichskommandos Hunderte von Synagogen, Häusern und Geschäften der jüdischen Gemeinschaft in Flammen aufgegangen und mehr als dreißigtausend Personen in Konzentrationslager deportiert worden, die das Regime heimlich und mit dem Ziel der »Endlösung« vor Augen errichtet hat. Es fällt immer schwerer zu glauben, dass dem von seinen Anhängern als »Retter der deutschen Nation« betrachteten Mann in seinem wahnwitzigen, Zerstörung und Tod bringenden Lauf noch Einhalt geboten werden könnte.

Frankreich, seit jeher Land der Freiheit und der Gastfreundschaft, bangt nun angesichts des drohenden Krieges, auf den es weder vorbereitet noch den es willens ist zu führen. »Die große Illusion«, einen neuen Konflikt vermeiden und nationale Grenzen, mit denen die Menschen willkürlich entzweit werden, überwinden zu können, bleibt eine vage Hoffnung, die der Regisseur Jean Renoir in dem gleichnamigen, übrigens in ebendiesem Jahr für den Oscar nominierten Film formuliert. In Deutschland und Italien landet der Streifen auf dem Index, er gilt als pazifistischer Müll, der deutsche Propagandaminister Joseph Goebbels erklärt ihn zum »filmischen Feind Nr. 1« und ordnet die Vernichtung der Negative an.

In Paris geht, trotz der tiefsitzenden Angst, das gesellschaftliche Leben weiter, während die *Expats* aus den Vereinigten Staaten, die in der von Sylvia Beach gegründeten Buchhandlung *Shakespeare and Company* ihren städtischen Treffpunkt haben, die Gefahr wittern und beschließen, in die Heimat zurückzukehren.

Die Korrespondentin des Magazins *New Yorker*, Janet Flanner, die Frankreich zu ihrer Wahlheimat erhoben hat, berichtet verzweifelt vom Sturz der spanischen Republik nach dem Einmarsch des Caudillo Francisco Franco in Barcelona und von dem Leid Zehntausender Flüchtender, die über die Grenze gelangen, um in Frankreich Schutz zu suchen, bei ihrer Ankunft jedoch unter unmenschlichen Bedingungen in Lagern interniert werden.

Auf ihrer Rückreise nach Kairo verfolgt Lee die unheilvollen Nachrichten aus Europa. Und ausgerechnet, als die Ungewissheit in der Welt am größten ist, fällt sie ihren Entschluss.

»Lieber Aziz,
[…] es lässt sich nicht so tun, als gäbe es das Problem nicht […]. Ich wünsche mir die utopische Kombination aus

Sicherheit und Freiheit, und auf emotionaler Ebene möchte ich mich ganz und gar von einer Arbeit oder einem geliebten Mann in Anspruch nehmen lassen. Als Erstes muss ich mir, glaube ich, die Freiheit nehmen oder schaffen, sodass ich mich endlich wieder auf etwas konzentrieren kann, und dann hoffe ich, auch eine Form von Sicherheit zu finden, und wenn ich sie nicht finde, so wird mich doch das Bemühen darum am Leben halten [...]«

Madame Bey löst sich auf, und an ihre Stelle tritt wieder Elizabeth Miller, fest entschlossen, sich auf das Spiel des Lebens mit all seinen Unwägbarkeiten einzulassen. Während sie in das Schiff steigt, das sie zu Roland bringt, weiß sie bereits, dass sie nie wieder nach Ägypten zurückkehren wird. Und obwohl sie Zuneigung für Aziz verspürt, der sie erneut ziehen lässt, ohne ihr Steine in den Weg zu legen, empfindet sie doch keinerlei Reue. Die Gefahren des Krieges stehen ihren Absichten jedenfalls nicht im Weg: Wieder einmal geht sie dem Schicksal mit einer schier unerschöpflichen Sorglosigkeit entgegen.

Eine Ehe aufzugeben ist eine schwierige und komplizierte Angelegenheit. Wer das durchgemacht hat, kennt den Schmerz und die Rückschläge, mit denen man es auf diesem holprigen Weg zu tun hat. Auch ich habe das erlebt, und ich weiß noch, dass ich, um den Gewissensbissen und Grübeleien zu entkommen, zu einer Reise ans Ende der Welt aufgebrochen bin, in Begleitung meines neuen Freundes. Um das Abenteuer zu finanzieren, verkaufte ich eine silberne Vase und andere mehr oder weniger wertvolle Kostbarkeiten, die ich zur Hochzeit geschenkt bekommen hatte. Dank der Ausbeute aus diesem Schatz bin ich bis nach Afghanistan gekommen, und zwar, wie damals üblich, mit dem Bus; aber egal wie weit ich reiste, haftete meiner wiedergewonnen Freiheit doch immer ein bitterer Beigeschmack, eine Mischung aus Schuldgefühlen und unbestimmten Ängsten an. Zum Glück gab es damals noch keine Handys, und die reuigen WhatsApp-Nachrichten, die solche Entscheidungen heutzutage erschweren, sind mir erspart geblieben. Dennoch haben die kilometerlangen Straßen an unbekannte Orte und all die neuen aufregenden Erfahrungen nicht genügt, um meine Unruhe zu besänftigen. Kaum wieder zu Hause, habe ich mich monatelang verzehrt und immer wieder alte Gefühle umgewälzt. In mir war keine Spur von Elizabeth Millers Unverfrorenheit, einer raren Eigenschaft, die unsere Mütter uns nicht mit auf den Weg gegeben haben. Vielleicht bin ich deshalb so fasziniert von ihrer Geschichte. Es heißt, man solle nur über das schreiben, was man selbst erlebt hat, aber ich glaube, dass eine große Anziehungskraft von jenen Existenzen ausgeht, die auszuleben wir selbst niemals ganz den Mut aufbringen, mit denen wir nur von Weitem liebäugeln und somit zu Beobachtern unserer eigenen Träume werden. Manchmal besteht die einzige Möglichkeit, mit dem eigenen Leben zurechtzukommen, darin, sich anderen Leben zuzuwenden, die nichts mit uns selbst zu tun haben: Im schlimmsten Fall finden wir dabei zumindest ein wenig Ablenkung.

Lee und Roland beschließen, den Sommer 1939 in Frankreich zu verbringen. Sie wollen ihre Freunde treffen und den Zauber der ersten Zeiten ihrer Liebe wieder aufleben lassen. In Rolands Ford V8 fahren sie Richtung Süden, um Picasso zu besuchen, aber die Sonne in Mougins strahlt nicht mehr so hell wie einst. Der drohende Konflikt scheint sich geradezu auf die Landschaft niederzuschlagen, und eine feuchte Schwüle durchdringt ihre von Vorahnungen erfüllten Tage. Der katalanische Meister beobachtet die hinter dem Hafen am Horizont versammelten Kriegsschiffe und vermeidet ein Gespräch über das verwundete Spanien. Derweil setzt *Guernica* seine Reise durch Europa fort, bewundert von einem Publikum, das eher an einer Trauerzeremonie als an einer Kunstausstellung teilzunehmen scheint. Lee und Roland verabschieden sich von ihrem Freund, der beschlossen hat, nach Paris zurückzukehren: Noch ahnen sie nicht, dass sie ihn viele Jahre lang nicht wiedersehen werden, aber dennoch ist es der traurigste Abschied ihrer Freundschaft. Die Nachricht vom Nichtangriffspakt zwischen Deutschland und der Sowjetunion trifft sie überraschend, während sie unterwegs nach Saint-Martin-d'Ardèche sind, wo sich Max Ernst und Leonora Carrington in einem Häuschen im Wald ihrer Liebe hingeben. Es ist eine folgenschwere Neuigkeit, die alle, die gehofft hatten, der Krieg ließe sich noch abwenden, zur Verzweiflung bringt: Wer auf Stalins Integrität gesetzt hatte, verliert jetzt alle Hoffnung. Die Welt steht am Rande des Abgrunds, aber in dem verwunschenen Hüttchen der beiden Künstler, das an eine Behausung für Elfen und Kobolde erinnert, gelingt es Lee und Roland, noch einige Tage in völliger Harmonie zu verleben. Vor dem Haus stehen riesige, von Max und Leonora gefertigte Fisch- und Vogelskulpturen, Wächtern gleich, die ihre Zweisamkeit beschützen. Leider nützen sie nichts, als Max wenige Monate später als unerwünschter Ausländer verhaftet und im Lager Camp des Milles in der Nähe von Aix-en-Provence interniert wird. Leonora ist verrückt vor Schmerz und läuft täglich in Tränen aufgelöst die Straße entlang, um ihn zu besuchen. Ihre Beziehung zerbricht, und die Albträume, denen die beiden Liebenden in beklemmenden Bildern Gestalt verliehen hatten, werden grauenhafte Realität.

Roland und Lee gelangen am 1. September nach Saint-Malo. Kurz bevor sie nach England ablegen, erreicht sie die Nachricht, mit der leider alle gerechnet haben:»Hitler ist in Polen einmarschiert.« Sie schaffen es gerade noch, an Bord des letzten verfügbaren Schiffes zu gehen, und treffen in London ein, als die ersten Luftschutzsirenen mit ihrem Geheul die Stadt erfüllen. Es wird nicht leicht, sich an diesen immer wiederkehrenden Lärm zu gewöhnen, der die Bewohner in den nächsten Jahren begleitet. Frankreich und England haben bis zuletzt gehofft, noch irgendwie davonzukommen. Sie hätten Polen möglicherweise geopfert und dem deutschen Aggressor überlassen, wenn sie nur einen Vorwand, eine gute Begründung gefunden hätten, um ihr Gesicht zu wahren. Aber die Anmaßung der Nationalsozialisten lässt keinen Spielraum für Verhandlungen, und sie sind gezwungen, ein Ultimatum zu stellen. Es kommt zur Kriegserklärung. Und die Engländer – die in ihrem unverbesserlichen *sense of humour* bis dato noch ironisch Wetten zum Zeitpunkt des Ausbruchs abgeschlossen hatten, als handle es sich um eine Wetterprognose – beschaffen sich nun eilig Gasmasken.

Bei ihrer Ankunft in Rolands Haus in Hampstead wartet ein Brief der amerikanischen Botschaft auf Lee. Man rät ihr, das erste Schiff in Richtung Vereinigte Staaten zu nehmen, da man andernfalls nicht für ihre Unversehrtheit garantieren könne. Lee zerreißt ihn und schreibt den Eltern, dass sie den Krieg gemeinsam mit Roland in Großbritannien überdauern werde.

»Alles lässt uns glauben, dass es einen bestimmten geistigen Standort gibt, von dem
aus Leben und Tod, Reales und Imaginäres,
Vergangenes und Zukünftiges, Mitteilendes
und Nicht-Mitteilendes, Oben und Unten
nicht mehr als widersprüchlich empfunden
werden.«

ANDRÉ BRETON

London, 1939–42

Das Stadtviertel Hampstead liegt auf einem Hügel. Früher war
es ein Bauerndorf, heute ist es einer der gefragtesten Bezirke
der Stadt. Es hat sich eine Atmosphäre ländlichen Chics bewahrt und seit jeher Künstler und Intellektuelle auf der Suche
nach einem Rückzugsraum aus dem Londoner Chaos angezogen. Sigmund Freud hat hier nach seiner überstürzten Flucht
aus dem nationalsozialistischen Österreich sein letztes Lebens-
jahr verbracht; gemeinsam mit seiner Familie kam er bereits
schwer erkrankt an, im Gepäck die unverzichtbare Couch für
seine therapeutischen Sitzungen: Sie ist ein Kultobjekt, das sich
noch immer in dem Haus befindet, in dem seine Familie wei-
terlebte und das inzwischen ein Museum ist. In den baumbe-
standenen Straßen reihen sich Villen im georgianischen Stil
an moderne, aus rotem Ziegelstein errichtete Gebäude des Architekten Ernö Goldfinger, der in jenen Jahren gemeinsam mit
Roland Penrose und einer bunten Schar von Idealisten eine
ganze Reihe von Initiativen ins Leben rief, um die aus Hitler-
deutschland geflohenen Künstler zu unterstützen. Während

des Krieges wird Hampstead zu einer pazifistischen Hochburg, die der Brutalität jener Zeit die Stirn zu bieten versucht.

In dem Haus Nummer 21 in Downshire Hill, wo Lee nun mit Roland lebt, stehen die Türen zu jeder Tages- und Nachtzeit offen, um Freunde, Auswanderungswillige in Erwartung ihres Visums, Politiker, Schriftsteller und sogar eine Gans zu beherbergen. Lee hat sie auf der Straße aufgegabelt und sofort bei sich zu Hause aufgenommen, wo sie nun zwischen den Gästen im Wohnzimmer herumwatschelt. Es ist nicht bekannt, ob sie irgendwann im Ofen landete, aber in jedem Fall herrschte Lebensmittelknappheit. Und in Voraussicht schwieriger Zeiten hortete Lee große Mengen an Kräutern und Gewürzen, die sie wie eine Besessene in allen Geschäften Londons einkaufte: »Bei jeder großen Belagerung essen die Attackierten Ratten. Und wenn ich schon Ratten essen muss, sollen sie wenigstens gut gewürzt sein.«

Elizabeth Miller ist nicht der Typ, der sich daheim verbarrikadiert und die Dinge abwartet. Und während Roland sich als freiwilliger Helfer für Tarnmanöver bei Luftangriffen meldet, stellt sie sich bei der Redaktion der *British Vogue* vor und versucht, sich dort nützlich zu machen, und sei es auch nur, indem sie Kaffee kocht. Sie will sich wieder ins Spiel bringen, und sie braucht eine Arbeit, um die Ungewissheit jener Tage zu ertragen, in denen man, in Erwartung des feindlichen Angriffs, ständig zum Himmel starrt. Trotz der unsicheren Kriegszeiten fährt die Zeitschrift in dem ihr eigenen extravagant unaufgeregten Stil fort, über Modetrends zu berichten. Doch Chefredakteurin Audrey Withers ist eine kluge Frau, die den Zeitgeist erfasst: Sie spürt, dass sie nicht einfach so tun kann, als wäre nichts, da sie ansonsten Gefahr liefe, sich von der Geschichte abhängen zu lassen. Sie erkennt in Lee die nötigen Fähigkeiten, um den Leserinnen des Frauenmagazins die neue Botschaft zu vermitteln, die sich mit dem Slogan *beauty and duty* auf den Punkt bringen lässt. Es geht vor allem um Schönheit und Fraulichkeit, ohne dabei jedoch das bewaffnete Vaterland aus den Augen zu verlieren sowie die Pflicht, sich solidarisch zu zeigen und die Anstrengungen des Landes zur Bewältigung des Konflikts zu unterstützen. Neue Rubriken entstehen, in denen die Leserinnen, ungeachtet der Krise, ermahnt werden, nicht das Interesse an der Mode zu verlieren. Lee wird mit einer Reihe von Beiträgen beauftragt, die veranschaulichen sollen, wie es trotz der Beschränkungen, der Rationierung von Stoffen und des Verbots, jegliche Form von Borten, Stickereien und Spitzen zu verwenden, möglich ist, Eleganz zu bewahren: »Eure Kleidung wird schlichter sein, da in diesen Zeiten alles Aufwändige albern wirkt«, heißt es in den Anmerkungen der Redaktion. Den Designern werden strikte Empfehlungen an die Hand gegeben: So sollen Kleider höchstens zwei Taschen und nicht mehr als fünf Knöpfe haben. Einer Journalistin, die Lee fragt, welchen Zweck es habe, sich in Kriegszeiten mit Mode zu befassen, antwortet sie: »Ich darf Sie daran erinnern, dass England der größte Textilexporteur weltweit ist. Dank der Mode können Flugzeuge und lebensnotwendige Güter gekauft werden.« Mit dieser kämpferischen Haltung stellt sie sich der Herausforderung, ihren Beitrag für das Land zu leisten, das sie zu ihrer Wahlheimat erkoren hat; und innerhalb kurzer Zeit wird sie zu einer wichtigen Stütze für die Zeitschrift und springt für Mitarbeiter ein, die an die Front gerufen werden. Wenn Kriege ausbrechen oder historische Krisen auftreten, haben Frauen leider nur wegen des herrschenden Arbeitskräftemangels die Chance, sich eine Arbeit zu beschaffen. Lee bildet hier keine Ausnahme, aber dank der im Lauf ihrer langen Karriere erworbenen Fertigkeiten kreiert sie Fotos, die von einer persönlichen künstlerischen Note zeugen: So solarisiert sie etwa das Bild eines Mannequins, das eine preiswerte *Guêpière* trägt, und verleiht ihm dadurch das Aussehen einer überirdischen Sirene; und für jedes Kleidungsstück denkt sie sich ein anderes Hintergrundszenarium aus, wobei sie sich stimmungsvoller Objekte bedient, die sie sich – nach dem Vorbild ihrer Pariser Lehrmeister – auf dem Flohmarkt beschafft.

Obwohl Lee sich in den Apellen der *British Vogue* an die Frauen, »weibliche Interessen« zu wahren, nicht wiederfindet, unterstützt sie doch die von der Chefredakteurin vorgegebene Zielrichtung.

>»Unsere Linie besteht darin, ein Zivilisationsniveau aufrechtzuerhalten. Und in unseren Augen besteht die erste Pflicht einer Frau darin, die Kunst des Friedenstiftens zu pflegen und zu praktizieren, um so zu verhindern, dass diese Praxis in glücklicheren Zeiten in Vergessenheit gerät.«

Auch die mit Luxus und Gesellschaftsevents befasste Illustrierte ist bereit, ihren Beitrag zu leisten, und Lee wird beauftragt, die Frauen des ATS, der Frauenabteilung des britischen Heeres, zu fotografieren. Es ist ein kleines Heer von Köchinnen, Telefonistinnen, Fahrerinnen, Postbotinnen, Munitionsinspekteurinnen, Arbeiterinnen und Bäuerinnen: über sechzigtausend Frauen, die, in unterschiedlichen Rollen im Hintergrund agierend, dazu beitragen, das Vereinte Königreich während des Krieges zu unterstützen und wertvolle Mechanismen des gesellschaftlichen Lebens zu sichern. Lee verewigt diese unsichtbaren Heldinnen auf den Militärschiffen, in den Hangars der Luftwaffe, in den Fabriken und Landwirtschaftsbetrieben. Sie tragen keine Markenkleidung, sondern Arbeitsuniformen; doch für Lee verkörpern sie weitaus mehr Eleganz als jedes noch so schicke Mannequin.

Die Monate vergehen, ohne dass von einer der beiden Konfliktparteien auch nur ein Schuss fällt, und so hoffen nach der lautstarken Kriegserklärung inzwischen viele auf eine allgemeine Trendwende. In englischen Zeitungen spricht man ironisch vom *Phoney War* und in Frankreich vom *Drôle de guerre*: einem Scheinkrieg, in dem niemand angreift und die Flugzeuge der Royal Air Force anstelle von Bomben nur Propagandaflugblätter, harmlos wie Konfetti, auf den Feind abwerfen. Der Befehl lautet: Zeit gewinnen, Korrespondenten berichten von untätigen Soldaten, die ihre Langeweile mit Ballspielen vertreiben. Das französische Kommando schickt zu deren Unterhaltung die beliebtesten Stars an die Front, und Maurice Chevalier singt für die Truppen *Parlez-moi d'amour*. Doch die feindlichen Schützengräben liegen so dicht beieinander, dass auch die Deutschen das Lied auswendig lernen und es ungehemmt anstimmen, sodass an der Maginot-Linie ein makabrer Chor erklingt, der zur Legende wird. Auf diese Weise gelangt man praktisch kampflos zum tragischen Ende. Die dreibändigen Memoiren, die General Gamelin während des letzten Teils seiner deutschen Kriegsgefangenschaft verfasst, werden nicht genügen, um eine derart vernichtende Niederlage zu rechtfertigen. Der Einmarsch in Frankreich kommt für alle überraschend, und nach der Unterzeichnung des Waffenstillstands, mit dem das Land de facto zweigeteilt wird, bleibt England allein zurück, um gegen Hitlers Heer zu kämpfen, das unbesiegbar scheint, als stünde es mit dem Teufel im Bunde.

Man muss sich auf das Schlimmste gefasst machen. Die Regierung fordert die Bevölkerung auf, in jedem Garten Luftschutzkeller auszuheben. Jeder, der ein Stückchen Land besitzt, beeilt sich, diesem neuen staatlichen Auftrag nachzukommen, und die schönen Blumenrabatten der Cottages weichen improvisierten, von Kriegsgärten umgebenen Bunkern. Roland und Lee errichten ein solches Versteck in Hampstead, und selbst dieser Stollen, der Schutz vor Bombenangriffen gewähren soll, wird unter den Händen der beiden Künstler zu einer exzentrischen surrealistischen Installation. Der Eingang ist mit einer Skulptur von Barbara Hepworth getarnt, während die Wände im Inneren in grellen Farben gestrichen sind: Sogar die Laken auf den Notlagern sind bunt, rot und violett, und es gibt reichliche Schnapsvorräte, um die langen Nächte des Wartens zu überstehen. Für den in der *Vogue* erscheinenden Artikel *British Women Under Fire* fotografiert Lee zwei Models, die auf den Holzstufen vor ihrem Versteck sitzen: Sie tragen Pullis und Tweedröcke, und ihre Gesichter sind von merkwürdigen schwarzen Masken bedeckt, die sie vor Brandbomben schützen. Es ist ein beunruhigendes und gleichzeitig poetisches Bild: eine klassische Darstellung Lee Millers, die stets einen Bogen von der Kunst zur historischen Dokumentation zu schlagen weiß. Die beiden jungen Frauen scheinen eher bereit für einen Maskenball als für einen Bombenangriff. Der Grat zwischen Leben und Tod war nie so schmal wie in jenen Tagen, und Lees Aufnahme veranschaulicht diesen grausamen Widerspruch besser als so viele offizielle Fotografien.

Doch das, was nicht mehr einzutreten schien, entlädt sich plötzlich mit ganzer Gewalt am Himmel über London. Der »Blitz« beginnt am 7. September 1940, und allein am ersten Tag verlieren vierhundertachtundvierzig Menschen ihr Leben. Der deutsche Bombenhagel hält drei Monate lang Tag und Nacht ununterbrochen an. Kein Ziel wird verschont: von Liverpool bis Birmingham, von Manchester bis Glasgow werden alle englischen Städte getroffen. Am Ende des Krieges sind dreiundvierzigtausend Zivilopfer zu beklagen, über die Hälfte davon allein in London. »Wir fühlen uns wie Krebse ohne Panzer«, schreibt Lee an die besorgten Eltern. Dennoch überwiegt in ihren Briefen stets eine Unerschrockenheit, die sie nie verlässt.

Roland berichtet, dass Lee ihn eines Abends zu seinem Wachdienst bei der Luftabwehr begleitet, eine militärische Aufgabe, auf die er gern verzichten würde, und während sie Hand in Hand durch die wegen der Ausgangssperre dunkle Nacht laufen, in der nur die Feuerspuren der Brandbomben aufleuchten, dringt Lees raue Stimme durch den betäubenden Lärm der Einschläge bis an sein Ohr: »Liebling, ist das nicht aufregend?« Roland ist in Wahrheit zu Tode erschrocken, aber Lee, »die sich ganz sorglos der durch die Gefahr verursachten Erregung hingibt«, lindert mit ihrer ruhigen Ausstrahlung auch seine Ängste.

Wenn sie bei einem Luftalarm gerade nicht in der Nähe ihres Hauses sind, finden Lee und Roland, wie so viele andere Einwohner Londons, Zuflucht in einem der U-Bahn-Schächte. Sie verbringen etliche Nächte in der Station Holborn, in Gesellschaft von Henry Moore und seiner Frau Irina. Der Künstler kann sich keinen Marmor für seine Skulpturen beschaffen, und so begnügt er sich damit, eine Serie von Skizzen anzufertigen, die unter dem Titel *Shelter Drawings* in die Geschichte eingehen: Sie sind das bewegende Zeugnis einer erschrockenen, aber gefassten Menschheit. Dargestellt sind Hunderte von Körpern, die sich in den unterirdischen Tunneln der Stadt einer an den anderen reihen. Enge Verwandte und einander völlig fremde Menschen schlafen auf der Erde, dicht an dicht wie verlassene Welpen, aneinandergeschmiegt und reglos, als wären sie bereits tot. Die Kraft dieser Bilder, aus denen die Würde und Widerstandskraft des unter Beschuss stehenden englischen Volkes spricht, erreicht die Herzen des amerikanischen Publikums, das diese Bilder auf einer Ausstellung im MoMA zu Gesicht bekommt, mit der die öffentliche Meinung in Übersee sensibilisiert werden soll. Doch vorläufig beharren die Vereinigten Staaten auf ihrer Neutralität, und nach einer kurzen Unterbrechung wird der Bombenhagel auf die Insel fortgesetzt. Meine Generation hat den Krieg nicht erlebt und kennt ihn nur aus den lückenhaften Erinnerungen der Großeltern und Eltern, mit denen die Geschehnisse verzerrt und, einem bösen Märchen gleich, in weite Ferne gerückt werden. Während der ersten Covid-Welle 2020 haben viele die Einschränkungen durch den Lockdown und die Angst vor einem unbekannten Virus mit der Verwirrung und dem Schrecken verglichen, die die Bevölkerung im Zweiten Weltkrieg erlebt haben muss, wenn sie während der feindlichen Angriffe wehrlos und zusammengepfercht in den Schutzkellern ausharrte. Ich glaube, dass sich nichts vergleichen lässt mit jener tödlichen Bedrohung aus dem Himmel, ausgehend von anderen menschlichen Wesen, die darauf abgerichtet waren, Städte dem Erdboden gleichzumachen und deren Bewohner zu vernichten. Um den Unterschied zu begreifen, braucht man nicht auf Zeitzeugen zurückzugreifen: Es genügt ein Blick in die Zeitungen und auf die Berichte über die Konflikte, die sich in unserer heutigen, globalisierten Welt entzünden, in der es sehr viel tückischere und tödlichere Waffen gibt als damals. Doch die Völker, die es heute trifft, erscheinen uns, selbst wenn sie unseren Staatsgrenzen gar nicht so fern sind, als fremd und weit weg, und ihre Ängste berühren uns weitaus weniger als unsere eigenen hausgemachten Traumata.

Trotz der Hölle, die über London hereinbricht, arbeitet Lee weiterhin für die *Vogue* und durchquert, allen Gefahren zum Trotz, die Stadt, um die Bond Street zu erreichen, wobei sie oft Mühe hat, zwischen den Trümmern die Straßen wiederzuerkennen. »Als Erstes haben wir immer gezählt, wer da war, um uns zu vergewissern, ob alle davongekommen waren. Es war eine Frage von Stolz, unsere Aktivität aufrechtzuerhalten.« Der Standort wird mehrfach getroffen und ausgebrannt, die Redaktion aber niemals geschlossen: Die Büros sind voller Schutt und zerbrochenem Fensterglas, beißender Brandgeruch durchdringt das Viertel. Die Redakteure sind gezwungen, in den Kellern zu arbeiten, und wenn – wie Lee es ironischerweise nennt – die »heilige Dreifaltigkeit« nicht in Erscheinung tritt, also nicht wie durch ein Wunder elektrisches Licht, Gas und Wasser funktionieren, redigiert man bei Kerzenschein.

Stolz schickt Lee ihren Eltern eine Seite aus der Zeitschrift, auf der ihre Fotos zur Dokumentation des Angriffs zu sehen sind: »Ohne viel Aufhebens geht die *Vogue*, ebenso wie andere Londoner Blätter, in einem Versteck in Druck.« Und handschriftlich ergänzt sie: »Hier also die *Vogue*, trotz allem.« Auch wenn sie für eine oberflächliche Frauenzeitschrift arbeitet, ist sie davon überzeugt, eine wichtige Aufgabe zu erfüllen und ihren Beitrag zum Widerstand der Stadt zu leisten. Es sind nicht so sehr die Modereportagen, für die sie sich begeistert, viel berauschender ist das Gefühl, sich im entscheidenden Augenblick des Jahrhunderts im Zentrum der Geschichte zu befinden. Sie ist aus Liebe zu Roland in England geblieben, aber auch, um eben jene Kultur zu verteidigen, die es ihr ermöglicht hat, sich zu entfalten; doch wenn sie ganz ehrlich zu sich ist, hat sie sich vor allem deshalb zum Bleiben entschlossen, um den rauschähnlichen Zustand zu erleben, den eine Extremsituation wie der Krieg auslösen kann. Lee interessiert sich wenig für die Zukunft, sie liebt den Augenblick, und im Angesicht der unkalkulierbaren Gefahr fühlt sie sich wie ein Fisch im Wasser.

Die gleich einer Giftwolke über allem schwebende tödliche Bedrohung erschreckt sie nicht etwa, sondern verleiht ihr die nötige Kraft, um sich erneut als Fotografin ins Spiel zu bringen. Mit ungewohntem und nonkonformistischem Blick dokumentiert sie die Folgen des Luftangriffs. Die Bilder sind derart kraftvoll, dass sie unter dem Titel »Grim Glory. Pictures of Britain Under Fire« in einem Buch zusammengestellt werden: ein unvergessliches Zeugnis des Alltagslebens in dem unter Beschuss stehenden Land. Lees Aufnahmen machen jede Rhetorik zunichte und bringen die Auswirkungen des deutschen Bombenangriffs in schlichten, aber eindringlichen Szenen auf den Punkt. Auf der Fotografie *Remington Silent* ist im Vordergrund eine beim Luftangriff zerstörte Schreibmaschine zu sehen; die im Staub verteilten Tasten sind für immer zum Schweigen verdammt. *Revenge on Culture* zeigt eine klassizistische Frauenstatue, die, halb unter Schutt begraben, auf der Erde liegt; der Hals ist von einer herabgefallenen Metallstange zerbrochen worden. Es sind symbolische Bilder voller Schmerz, sie sind der Abgesang an eine dem Untergang geweihte Epoche der Schönheit und der Zivilisation. Die Welt, die Lee gekannt hat, zerfällt unter ihren Augen, und so zückt sie ihre Rolleiflex, um entschlossen darüber zu berichten. Die Einleitung zu dem Buch stammt von Ed Murrow, einem in London stationierten US-Korrespondenten, der seine amerikanischen Landsleute mit sicherer Stimme und in einfachen Worten tagtäglich via Radio über die Entwicklung des europäischen Konflikts auf dem Laufenden hält. Lee schätzt ihn sehr und möchte ihm einen eigenen Artikel in der *Vogue* widmen; und sie erklärt sich sogar mutig bereit, den Begleittext zu den Fotos zu verfassen. Es kostet Mühe, Audrey Withers davon zu überzeugen, die das interne Gleichgewicht der Zeitschrift nicht stören will, aber schließlich gelingt es Lee, und sie versucht sich erstmalig im Verfassen eines Artikels. Das Formulieren ist eine Qual: Im Gegensatz zur Fotografie, die mehr sagt als tausend Worte, ist das Schreiben für sie ein Weg voller Hindernisse und Schwierigkeiten, ein tückisches Medium, dem sie sich nicht gewachsen fühlt und das jeden Satz zu einer Tortur macht. Nach etlichen schlaflosen Nächten und unzähligen Gläsern Whisky bringt Lee dieses für sie so gewaltige Projekt zu einem Ende. Sie ist sicher, dass der Artikel im Müll landen wird. Stattdessen wird er ein Erfolg und erscheint auch in der amerikanischen Ausgabe. Ihr Stil ist so erfrischend und direkt, wie man ihn aus Gesprächen mit ihr kennt, ohne den patriotischen Beiklang, der so oft in der Kriegsberichterstattung zu finden ist.

Fast ohne es selbst zu merken, hat Lee eine weitere Hürde genommen und ist bereit, ein neues Kapitel aufzuschlagen.

Auch wenn das Schreiben für sie stets ein finsteres Ungeheuer bleibt, mit dem es erbitterte Kämpfe auszutragen gilt, wächst ihre Leidenschaft für derartige Reportagen, durch die sie sich mitten ins Geschehen begibt und die nichts mit dem langweiligen Ambiente der Modeberichterstattung zu tun haben. Es ist ihr unerträglich, ihre Tage in Gesellschaft von Cecil Beaton zu verbringen, jenem gefeierten Fotografen, der bei der *Vogue* den Status eines Gurus hat. Lee findet ihn »abstoßend, wegen seiner Überheblichkeit, seiner technischen Unfähigkeit und seiner offenkundig antisemitischen Einstellung«. Sie ist nie zimperlich in ihren Urteilen gewesen und hat keine Angst, sich frei zu äußern, auch wenn ihr diese unverfrorene Offenheit etliche Feinde beschert. Schon seit Längerem verzichtet sie auf die für die eigene Reputation so wichtigen diplomatischen Heucheleien und macht sich einen Spaß daraus, ihrem Ruf als böses Mädchen zu entsprechen, der ihr vorauseilt wie eine Legende. Statt der eleganten Salons besucht sie lieber die überfüllten, verrauchten Lokale, in denen die Korrespondenten ein und aus gehen, die nach London gekommen sind, um mit eigenen Augen die Entwicklungen des Konflikts zu verfolgen. Sie treffen sich in der Bar des Hotels *Savoy,* die trotz der Rationierung bestens mit Schnaps ausgestattet ist, oder in den Restaurants im Stadtteil Soho, die niemals zu schließen scheinen. Es ist eine Schar von Amerikanern, die in Anspielung auf die Zeitschriften, für die sie arbeiten, unter dem Namen »Time-Life«-Gruppe bekannt sind. In ihrer Gesellschaft fühlt Lee sich zu Hause, und das nicht nur wegen der gemeinsamen Nationalität. Sie hat Seelenverwandte gefunden, denen sie kameradschaftlich verbunden ist und mit denen sie ungezwungen und ganz direkt Ideen austauschen kann, ohne dass jemand an ihrer beißenden Ironie Anstoß nehmen würde. Vor allem aber hat sie – was nicht zu unterschätzen ist – eine Gesellschaft gefunden, die mindestens ebenso viel Alkohol verträgt wie sie selbst. Sie schließt Freundschaft mit Margaret Bourke-White, der ersten als Fotografin für *Life* tätigen Frau, die ebenso wie Lee davon überzeugt ist, dass sich der Faschismus nicht in Europa ausgebreitet hätte, wenn der Propaganda, mit der die öffentliche Meinung über die wahre Natur Hitlers und Mussolinis getäuscht worden ist, durch eine wirklich unabhängige Berichterstattung begegnet worden wäre. Sie lernt Robert Capa kennen, der sich mit seinem Foto eines im spanischen Bürgerkrieg gefallenen republikanischen Soldaten bereits einen Namen gemacht hat; Capa verabscheut diesen Ruhm, da ihn das Bild an den Tod seiner Gefährtin Gerda Taro erinnert, die mit sechsundzwanzig Jahren von einem »befreundeten« Panzer überrollt wurde – ein Thema, das man in seiner Gegenwart nicht ansprechen darf. Capa ist eine derart faszinierende Erscheinung, dass jedes Mal, wenn er einen Raum betritt, alle anwesenden Frauen jegliche Gespräche einstellen und ihn wie gebannt anstarren. Doch Lees Aufmerksamkeit gilt eher einem etwas unscheinbaren und unbeholfenen Fünfundzwanzigjährigen – einem intelligenten und geistreichen amerikanischen Burschen mit lebhaften Augen hinter dicken runden Brillengläsern. Sein Name ist David Scherman, und unter den Fotografen für *Life* gilt er als Wunderknabe. Nachdem er über den Konflikt in Nordafrika berichtet hat, ist er nun in London tätig und wartet bereits ungeduldig auf das bevorstehende Eingreifen seitens der USA.

Dave ist fasziniert von Lee, die schon »Dutzende wunderbare Leben« hinter sich hat. Er ist noch ein unerfahrener und naiver *Good Boy*, doch als er in das Haus in Hampstead eingeladen wird, dessen Wände mit Gemälden von Picasso, Magritte und De Chirico gepflastert sind, entdeckt er eine Wunderwelt, die er bisher nur aus den Artikeln der Zeitschrift *New Yorker* kennt. So schreibt er Jahre später:

»Das Haus war verblüffend, ebenso wie die *Soirees*, zu denen die Hausherren prominente Vertreter der modernen Kunst, des Journalismus, der britischen Politik, der Musik und sogar der Spionage einluden [...] Kommunisten, Liberale und Konservative tranken Seite an Seite in einer freundschaftlichen Mélange, die es in dieser Form nirgendwo jemals wieder geben sollte.«

Doch noch verblüffender ist für ihn die sexuelle Freizügigkeit, die Roland und Lee ohne Schwierigkeiten praktizieren. Dave wird »in die Familie« aufgenommen, und es entsteht eine wunderbare Dreiecksbeziehung, zu der Roland seinen Segen gibt und Dave wie einen Freund im Haus beherbergt: Er selbst ist sehr von seinen Aufgaben in Anspruch genommen und froh, dass jemand über Lees Sicherheit wacht, wenn er sie allein in der unter Beschuss stehenden Stadt zurücklässt. Nur ein einziges Mal lässt ihn seine ansonsten unerschütterliche britische Gelassenheit im Stich, als er nämlich bei seiner Rückkehr nach London feststellen muss, dass Dave seinen Pyjama trägt: Das ist eine Grenze in seinem Privatleben, die nicht überschritten werden darf. Was sich in unseren Augen als nonkonformistisches Verhalten darstellt, ist für die drei ganz selbstverständlich, aber sie sind nicht die Einzigen, die in diesen Kriegszeiten ein so zwangloses Leben führen. Wenn man nicht weiß, ob man den nächsten Tag lebend überstehen wird, treten die gewohnten Regeln außer Kraft; und einen Partner für die Nacht zu haben ist das beste Mittel gegen die Angst.

Auch wenn es auf den ersten Blick anders scheinen mag, so ist doch das entscheidende Element, das Lee und Dave verbindet, nicht der Sex, sondern die gemeinsame Leidenschaft für die Arbeit vor Ort. Zusammen realisieren sie Reportagen außerhalb von London, besuchen Militärbasen und strategische Ziele und werden innerhalb kurzer Zeit zu einem gut eingespielten Team. Dave bringt ihr die für den Einsatz an der Front wichtigen Strategien bei, Lee stellt sich dem Freund mit ihren eigenen künstlerischen Erfahrungen zur Verfügung. Obwohl *Life* und *Vogue* so verschieden sind wie Tag und Nacht, tauschen die beiden Fotografen doch oft die Kamera, und teils wissen sie selbst nicht so genau, wer von ihnen der eigentliche Urheber der in den jeweiligen Zeitschriften erscheinenden Beiträge ist. Von Dave stammt sogar eine der Aufnahmen für das Buch über Militär-Camouflage, an dem Roland mitwirkt. Die strategische Praxis, unter Beschuss stehende Personen oder Objekte zu tarnen, ist für Roland eine Art Kunst und vielleicht der einzige für ihn moralisch vertretbare Weg, um seinen Beitrag in diesem Konflikt zu leisten, ohne die eigenen pazifistischen Ideale zu verraten. Nicht von ungefähr entsteht im Kontext dieser Kollaboration ein Bild, das ebenso gut in einer Surrealisten-Ausstellung gezeigt werden könnte: Zu sehen ist Lee, die nackt auf einer Wiese liegt wie eine schlafende Schönheit, ihr Körper ist mit einer olivgrünen Paste eingestrichen und von einem Fischernetz bedeckt, ein paar Moosbüschel verbergen den Intimbereich, und einige orangefarbene Blüten auf einer der Brüste geben dem Ganzen den letzten Schliff.

Das Ergebnis lässt eher an die erotischen Phantasien eines bukolischen Malers als an die Illustration für ein strategisches Handbuch denken. Roland beginnt seine Vorträge stets unbeirrt mit diesem Foto von Lee, das seine Zuhörer sprachlos vor Staunen macht. »Wenn sich die Schönheit Elizabeth Millers tarnen lässt, so gibt es kein militärisches Ziel, das sich nicht verbergen ließe«, erklärt er.

Das, was die Engländer inzwischen als Kriegsalltag betrachten, wird jäh durch eine Nachricht unterbrochen, mit der alle schon lange rechnen: »Nach dem japanischen Überfall auf Pearl Harbour treten die Vereinigten Staaten an der Seite Englands in den Krieg ein.« Während auf den Titelseiten der amerikanischen Zeitungen in Großbuchstaben das Wort »WAR« erscheint, schlüpfen die in London anwesenden Korrespondenten in ihre Uniformen und begeben sich zu den neuen Schauplätzen des Konflikts. Lee sitzt wie auf Kohlen: Nun, da auch ihr eigenes Land involviert ist, kann sie nicht länger tatenlos zusehen und sich nur um Kleider und Parfüms kümmern. Mit der ihr eigenen Ironie wird sie später berichten, dass sie, abgesehen von dem Wunsch, mit dabei sein zu wollen, auch neidisch auf die Kollegen war, die als akkreditierte Korrespondenten Zugriff auf rationierte Waren wie Kleenex-Tücher, Zigaretten und Whisky hatten. Dave rät ihr, auf jeden Fall den Antrag zu stellen, und mit dem Segen von Chefredakteurin Audrey Withers, die stets an ihre Fähigkeiten geglaubt hat, erhält Mrs Elizabeth Miller am 30. Dezember 1942 den Ausweis als Kriegsberichterstatterin für die *Vogue*. Die Bezeichnung mag als absurder Widerspruch in sich erscheinen, doch für die Zeitschrift erweist sich diese Ernennung als großer Gewinn, den nicht einmal der für sein gutes Gespür bekannte Condé

Nast für möglich gehalten hätte. Nun braucht Lee nur noch eine Uniform. Sie bestellt sie in einem der Fachgeschäfte in der Savile Row und bereitet sich auf die soundsovielte Verwandlung vor. Eine der schönsten Frauen der Welt, die das New Yorker Nachtleben und die surrealistische Pariser Kunstszene bereichert hat und – einer Nomadin gleich – sogar durch die Wüste zog, ist wieder einmal in eine andere Haut geschlüpft und trägt nun eine grüne Militäruniform, flache Mokassins und ein Schiffchen auf dem blonden Haar. Nie ist sie so glücklich gewesen.

Die Uniform ist ein Panzer, der sie vor jedem männlichen Urteil schützt und ihre Gesprächspartner zwingt, ihr geradewegs in die Augen zu schauen und vielleicht sogar zuzuhören, was sie zu sagen hat. Die eigene Weiblichkeit zu verbergen, um endlich ernst genommen zu werden, ist ein aufregendes Unterfangen, fast so, als könnte man sich unsichtbar machen. Und Lee fühlt sich in ihrer neuen Rolle stärker denn je.

Auf einem Foto ist sie neben fünf Kolleginnen zu sehen. Sie lächeln ins Objektiv und zeigen stolz das dreieckige Abzeichen mit der Aufschrift »War Correspondent« an ihren Uniformen. Lees Blick ist verträumt, ihre Hände umklammern die Rolleiflex, die sie in den kommenden Jahren ständig begleiten wird.

>Der Krieg ist eine vom Menschen
selbst erschaffene Hölle.«

ROBERT CAPA

Saint-Malo, 1944

Wir haben so viele Filme über den Zweiten Weltkrieg gesehen, dass wir fast den Eindruck bekommen könnten, ihn
selbst erlebt zu haben. Gemeinsam mit John Wayne und Tom
Hanks sind wir auf hoher See den Geschossen ausgewichen
und am berüchtigten D-Day, der den weiteren Konfliktver-
lauf besiegelte, in der Normandie gelandet. Doch die einzigen fotografischen Zeugnisse dieses Ereignisses verdanken
wir Robert Capa, der am 6. Juni 1944 mit dem 16. Infanterie-
regiment des amerikanischen Heeres am Omaha Beach landete – ein Deckname, der in die Geschichte eingehen sollte.
Besagte Fotos sind unter der Bezeichnung *The Magnificent
Eleven* bekannt: Nur elf unscharfe Aufnahmen von insgesamt vier Filmen, die der Fotograf mit nach Hause brachte,
konnten gerettet werden. Wegen eines Entwicklungsfeh-
lers ist der Rest der Reportage zerstört worden, aber wenn
man bedenkt, welche technischen Mittel damals zur Verfügung standen, bleibt es immer noch ein Wunder, dass diese
Aufnahmen bis in die heutige Zeit überdauert haben. Jeder
Schnappschuss an der Front ist eine Herausforderung, und
stets gilt die oberste Regel: »Riskiere es! Denn wenn du nicht
dicht genug dran bist, taugen die Fotos nichts.« Dieser Satz

des ungarischen Fotografen wird zum Mantra eines jeden Berichterstatters.

Auch Lee würde es gern riskieren, doch als weibliche Korrespondentin ist es ihr nicht gestattet, der Truppe bis in die vordersten Reihen zu folgen, und so harrt sie gemeinsam mit den Kolleginnen im Hintergrund aus. Die Journalistin und damalige Ehefrau von Ernest Hemingway, Martha Gellhorn, gibt sich als Krankenschwester aus und schafft es auf ein Lazarettschiff, wo sie sich, um nicht entdeckt zu werden, im Bad versteckt und zwei Tage nach der Invasion in der Normandie ebenfalls dort landet. Doch bei ihrer Ankunft stellt sie fest, dass der Ehemann ihr mit dem Scoop zuvorgekommen ist und in derselben Zeitung, für die sie arbeitet, einen Artikel veröffentlicht hat. Es heißt, dass eben das der Grund für ihre plötzliche Scheidung gewesen sei, und ich kann mir das durchaus vorstellen. Als Hemingway ihr erbost schreibt: »Bist du Kriegsberichterstatterin oder die Ehefrau in meinem Bett?«, antwortet Martha ihm nicht, sondern reist stattdessen nach Italien, um sich für eine weitere zu dokumentierende Landung bereitzuhalten.

Roland ist sehr viel weitsichtiger und hat nichts dagegen einzuwenden, als Lee beauftragt wird, sich nach Saint-Malo zu begeben, um dort das Vorgehen der amerikanischen Truppen zu verfolgen, deren Aufgabe darin besteht, die von den Luftangriffen getroffenen Dörfer wieder zur »Normalität« zurückzuführen. Scheinbar handelt es sich um eine friedliche Mission ohne große Gefahren, doch die Realität, die sie erwartet, sieht vollkommen anders aus. In einer warmen Nacht im August 1944 überquert Lee an Bord eines mit Panzern beladenen Militärfrachtschiffes den Ärmelkanal. Bei stürmischer

See erreichen sie Omaha Beach, und ein Matrose bietet ihr an, sie an Land zu tragen, um ihr das kalte Bad im Atlantik zu ersparen. Mit dem Rucksack voller Filme durchquert sie in einem Jeep die von Bomben verwüsteten befreiten Gebiete im Norden Frankreichs und erreicht schließlich ihr Ziel. Nach kilometerlanger Fahrt durch eine gespenstische Mondlandschaft taucht endlich Saint-Malo auf, und zu ihrem Erstaunen muss Lee feststellen, dass die Stadt, anders als es in den offiziellen Nachrichten heißt, noch immer belagert wird. Plötzlich findet sie sich mitten im Kampfgeschehen wieder, doch statt sich ein sicheres Versteck zu suchen, greift sie zu ihrer Rolleiflex und macht sich, zur Verwunderung der Militärs, die noch nie eine Fotografin an der Front gesehen haben, an die Arbeit. Lee hat ihren eigenen Krieg gewonnen. Durch eine merkwürdige Wendung des Schicksals steht sie erneut im Mittelpunkt der Geschichte, aber was sie im beißenden Rauch der Explosionen und im Feuerschein der Bomben sieht, ist die Hölle auf Erden.

In Lees spontan verfassten Beiträgen für die *Vogue* ist keine Rede von Zierrat oder modischen Hütchen, ihre Chefredakteurin zögert jedoch nicht, sie in Druck zu geben, und die Fotos vom Auflodern des Konflikts erscheinen wie ein Fremdkörper zwischen den übrigen Beiträgen der Zeitschrift. Der deutsche Befehlshaber, Oberst Andreas von Aulock, der im ersten Augenblick zur Kapitulation bereit zu sein schien, hat beschlossen, Widerstand bis zum Letzten zu leisten: Als überzeugter Anhänger Hitlers will er sich dem Feind nicht geschlagen geben, selbst wenn der Preis hierfür ein Blutbad ist. Das wunderhübsche Städtchen Saint-Malo wird für die beiden feindlichen Heere zu einem Schlachtfeld auf Leben und Tod. Lee ist durch

Zufall die einzige Korrespondentin im Umkreis mehrerer Kilometer, und mit unglaublicher Kaltblütigkeit dokumentiert sie die systematische Zerstörung, zu der der Krieg fähig ist.

»Überall streiften einsame verwundete Katzen umher. Ein aufgedunsenes Pferd hatte einem amerikanischen Soldaten, der tot dahinter lag, nicht genügend Schutz geboten ... Blumenvasen standen auf Fensterbänken von Zimmern, die es nicht mehr gab. Fliegen und Wespen schwirrten in Kellerräumen ein und aus, aus denen der Geruch von Tod und Verzweiflung heraufdrang.«

Hin und wieder legt sie die Kamera beiseite, um sich bei Erste-Hilfe-Einsätzen nützlich zu machen. Es ist ein aussichtsloses Unterfangen, dem ständigen Strom von Verletzten, die sich in den Zelten drängen, zu begegnen. Außer den Soldaten aus beiden Lagern sind auch zahlreiche Zivilisten darunter: Männer und Frauen, die wie durch ein Wunder das Gemetzel überlebt haben, sich nicht von dem Schock erholen können und verwirrt auf die Trümmer ihrer zerstörten Häuser blicken. In kaum mehr als drei Wochen werden zwanzigtausend Artilleriegeschosse und ebenso viele Bomben abgefeuert: eine bis dahin ungeahnte Munitionsmenge in einem Kampf, der keiner Strategie mehr folgt und sich in einen absurden Streit um die Ehre zwischen Deutschen und Amerikanern verwandelt hat. Auf der kleinen Insel Cézembre, die dem inzwischen befreiten Städtchen vorgelagert ist, hat sich das Heer des Führers in den unterirdischen Verstecken der Festungsanlage verbarrikadiert und weigert sich, die Waffen zu strecken. Erst am 13. August greifen die viermotorigen amerikanischen »Liberator« mit zweihundertfünfundsiebzig Tonnen Bomben an, anschließend folgt Napalm. Achtundsechzig Fässer der neuen tödlichen Waffe, die im Zweiten Weltkrieg von den Amerikanern erprobt wird, gehen auf den Feind nieder und zwingen ihn zur Aufgabe. Lee verewigt diese Explosionen mit den gewaltigen, wie Wolkenkratzer in den Himmel ragenden Flammen auf Dutzenden von Aufnahmen. Doch kaum gelangen die Fotos in die Heimat, werden sie auch schon von der britischen Zensur beschlagnahmt. Trotz ihres lautstarken Protests bleiben die Negative jahrelang topsecret, da sie die ersten verheerenden Auswirkungen einer Geheimwaffe dokumentieren, die in späteren Kriegen zu traurigem Ruhm gelangen wird.

Oberst von Aulock ergibt sich nur widerwillig und zeigt vor einer Gruppe von Reportern, die gekommen ist, um über die Kapitulation zu berichten, den Hitlergruß. Lee ist erschöpft und angewidert: Sie hat ihren eigenen Kampf herbeigesehnt, doch nun, da sie ihn kämpfen darf, weiß sie, dass nichts mehr bleiben wird, wie es war. Ihre Berichte für die *Vogue* lösen bei den Leserinnen, die an einen unbeschwerten Stil gewöhnt sind, Betroffenheit aus.

»Ich fand Schutz in einem Versteck der Deutschen, unter der Mauer. Mit dem Absatz zerquetschte ich die verstümmelte Hand einer Leiche, und ich verfluchte die Deutschen für die grausame Zerstörung, die sie über diese einst so schöne Stadt gebracht hatten [...] Ich griff nach der Hand, schleuderte sie auf die andere Straßenseite und rannte dorthin zurück, von wo ich gekommen war. Meine Füße schmerzten, ich stolperte über Steine, glitt auf Blut aus. Mein Gott, es war grauenhaft.«

So schreibt sie in ihrer Reportage über die Belagerung von Saint-Malo, die sie während ihres Hausarrests in Rennes verfasst: Das Büro für Öffentlichkeitsarbeit der US-Armee hat Anzeige erstattet, da sie gegen die Einsatzbedingungen verstoßen hat und in Kampfgebiet vorgedrungen ist – ein für eine Frau unerhörter Tatbestand. Die 83. Division unter Major Speedie, als deren Maskottchen sie inzwischen gilt, setzt sich zu ihrer Verteidigung ein, aber Lee macht sich keine Sorgen und ist ganz sicher, einen Weg hinaus zu finden. Zuvor muss sie allerdings noch den letzten Beitrag für die *Vogue* zum x-ten Mal einer Korrektur unterziehen und dann mindestens zwei Tage hintereinander schlafen.

Während sie auf ihrer kleinen Hermes-Schreibmaschine tippt, erreicht sie die Nachricht über die bevorstehende Befreiung von Paris. Sie will sofort in die verwundete Stadt, die sie seit Jahren nicht mehr gesehen hat. Erst wenn sie ihre engsten Freunde wieder in die Arme schließt, kann sie darauf hoffen, den Albtraum, den sie erlebt hat, zu vergessen. Die Befehlshaber richten ihre Aufmerksamkeit auf die französische Hauptstadt, und in dem allgemeinen Durcheinander lässt man Lee ohne Probleme gehen. Für sie ist es Zeit, sich erneut auf den Weg zu machen, und da ihr keine anderen Mittel zur Verfügung stehen, beschließt sie, per Anhalter nach Paris zu gelangen. Auf keinen Fall darf sie sich den schönsten Tag in diesem Sommer entgehen lassen.

»Auf die erwachten Pfade
Auf die entfalteten Straßen
Auf die überströmenden Plätze
Schreibe ich deinen Namen
[...]
Und durch die Macht eines Wortes
Beginne ich mein Leben noch einmal
Ich lebe um dich zu kennen
Um dich zu nennen
FREIHEIT.«

PAUL ÉLUARD

Paris, 1944

Paul Éluards Gedicht, das er verfasst hatte, nachdem er in die Résistance gegangen war, flog über dem besetzten Frankreich vom Himmel herab. Hundertfach vervielfältigt wurden die Verse aus englischen Fliegern abgeworfen, um ein Volk, das es kaum noch wagte, das Wort Freiheit auch nur auszusprechen, moralisch zu unterstützen. Nun, nach vier Jahren, zwei Monaten und elf Tagen unter nationalsozialistischer Herrschaft, wird der Wunschtraum des Dichters endlich wahr.

Als Lee die Stadt erreicht, ist sie wie benommen von den spontanen Feiern der Massen, die überall auf den Straßen der Hauptstadt zusammenströmen. Unter allgemeinem Beifall werden die Hakenkreuzfahnen abgehängt, die statt der französischen Flagge an sämtlichen öffentlichen Gebäuden prangten, ebenso wie die abscheulichen rassistischen Schilder, die den Zugang für »Hunde und Juden« untersagten. Wie auferstanden aus der Asche erwacht der patriotische Geist unter dem Motto »Liberté, Egalité, Fraternité« zu neuem Leben. Die Deutschen hatten es mit ihrer teutonischen Losung »Arbeit, Familie, Vaterland« zu ersetzen versucht, damit aber nie die Herzen der Franzosen erreicht.

Paris liegt darnieder: Es gibt weder Wasser noch Strom, Nahrungsmittel sind knapp, und wegen Brennstoffmangels funktionieren die öffentlichen Verkehrsmittel nicht. Das Telefon ist die einzige noch verfügbare moderne Errungenschaft, und so verbreitet sich aus jedem Haus wie ein Lauffeuer die an Freunde und Verwandte gerichtete Nachricht, dass das Wunder der Befreiung vollbracht ist. Alle strömen auf die Straßen, zu Fuß oder mit dem Fahrrad, um sich in den Armen zu liegen, zu tanzen und zu feiern. Wieder einmal ist Lee die einzige Fotografin direkt vor Ort, und aufgeregt telegrafiert sie ihre ersten Eindrücke an die Chefin der *British Vogue*.

»Ausgebrannte Panzer und Autos haben durch die Kinder und jungen Mädchen, die darauf herumklettern, ihr finsteres Aussehen verloren. […] Soldaten sitzen mit Wörterbüchern in der Hand auf ihren Posten und versuchen, in einer ihnen unbekannten Sprache Kontakte zu knüpfen, während sie gleichzeitig die Angriffe der Heckenschützen abwehren. Eine Kombination aus Unbeschwertheit und Blutvergießen.«

Die Stadt wird von den verirrten Geschossen der letzten Scharfschützen bedroht, doch die Bewohner von Paris kümmern sich nicht darum, sondern bestaunen mit freudigen Blicken die Gebäude und Monumente, die der Wut der Nationalsozialisten entgangen sind. Warschau liegt in Schutt und

Asche, ebenso Dresden und Stalingrad, während Paris, das für dasselbe Schicksal bestimmt war, nach wie vor in Schönheit erstrahlt. Hitler wollte die Stadt lieber dem Erdboden gleichmachen, als sie zu verlieren, doch General Dietrich von Choltitz hat sich dem Befehl widersetzt, und statt Brücken und den Eiffelturm zu sprengen, hat er sich nach einer Woche anhaltender Aufstände und Kämpfe ergeben. Vielleicht dachte er, dass er als Verantwortlicher für die Zerstörung der schönsten Stadt der Welt zu unseligem Ruhm gelangen würde und sich dem Führerwillen daher besser widersetzen sollte, um auf diese Weise als Retter von Paris in die Geschichte einzugehen. Die bis eben noch auf den Barrikaden kämpfenden Männer und Frauen der Résistance marschieren nun gemeinsam mit dem von Charles de Gaulle angeführten Heer und unter dem Beifall der Menge über die Champs-Élysées: Nie zuvor hat man zwei Millionen Menschen tagelang in einem solchen Freudentaumel gesehen. De Gaulle hat alles darangesetzt, um sich den Platz an der Spitze dieses symbolträchtigen Zuges zu sichern. Weder den Alliierten noch dem mit dem Kommunismus sympathisierenden Kommando des französischen Widerstandes hat er den alleinigen Sieg überlassen wollen: ein geschickter Schachzug zur Wiedererlangung der staatlichen Souveränität und der öffentlichen Ordnung, mit dem alle Zweifel über die Zukunft Frankreichs aus dem Weg geräumt werden. Das Vichy-Regime mit seinen Kollaborateuren ist zu Fall gebracht und der Nationalstolz wiederhergestellt, auch wenn Historiker noch unzählige Seiten füllen werden, um die Wunden ans Licht zu bringen, die Pétain und seine Anhänger dem Land in jenen finsteren Jahren zugefügt haben, in denen durch die Verfolgungen der Nationalsozialisten und die geltenden Rassengesetze Tausende von Juden, Roma und Dissidenten in deutsche Konzentrationslager deportiert wurden. Wenige Tage vor der Befreiung wird der letzte Konvoi in Richtung Auschwitz mit tausendfünfhundert jüdischen Gefangenen aus dem französischen Lager Drancy dank eines Eisenbahnerstreiks gestoppt: Die um Haaresbreite dem Tod entronnenen Passagiere können ihr Schicksal auch Jahre später kaum fassen. Doch jetzt feiert Paris, und auch wenn der Krieg noch nicht gewonnen ist, gibt sich die Stadt ihrem gewaltigen kollektiven Taumel hin.

Die *Ville Lumière* hat ihren strahlenden Glanz verloren; jetzt wird sie nur vom schwachen Schein der Kerzen erhellt, doch Lee findet sie schöner denn je und erkennt sich selbst in ihren Wunden wieder. Es ist der Ort, an dem für sie alles so verheißungsvoll begonnen hatte, und sie möchte nirgendwo anders sein. Sie will die Freunde und die geliebten Orte wiedersehen, aber sie ist eine Kriegsberichterstatterin, und als Allererstes muss sie sich im Hotel *Scribe* als Korrespondentin akkreditieren lassen.

Das im namhaften Quartier dell'Opéra an der Ecke Rue Scribe und Boulevard des Capucines gelegene Hotel war während der nationalsozialistischen Besatzung die entscheidende Informations- und Propagandazentrale, doch nachdem die grimmigen Führer-Porträts von den Wänden verschwunden sind, ist es nun zum Pressehauptquartier unter Leitung der alliierten Streitkräfte geworden. In der Bar servieren die Kellner den neuen Gästen mit gewohnter Trägheit ihre Getränke. Um die Tischchen drängt sich nun indes eine lärmende Schar Journalisten, und Lee ist froh, ihnen nach tagelanger Einsamkeit zu begegnen. Kaum hat sie das Hotel betreten, wird sie auch schon begeistert von ihrer neuen »fröhlichen Familie« empfangen; David Scherman, der soeben in der Hauptstadt angekommen ist, schließt sie als Erster in die Arme.

Die Begeisterung hat die gesamte Stadt erfasst, und die Korrespondenten sind, wie alle in Paris, ständig auf den Beinen. Robert Capa, ebenfalls zu Gast im Hotel, erinnert sich: »Ich habe noch nie so viele Menschen gesehen, die schon ab dem frühen Morgen so ausgelassen waren.« Für die Berichterstatter, die an die Notlager unweit der Front gewöhnt sind, ist das Hotel *Scribe* ein Paradies. Die Gäste verfügen über fließend Wasser, Strom und zu bestimmten Uhrzeiten sogar über eine warme Dusche – eine Gelegenheit, die sich Lee nicht entgehen lässt, hat sie bisher doch immer nur Katzenwäsche mit etwas Wasser im Helm betrieben. Nach all den Tagen auf provisorischen Lagern kann sie endlich die Uniform ablegen, das einzige Kleidungsstück, das sie seit ihrer Abreise trägt, und wie Dave es ausdrückt, gleicht sie eher einem ungemachten Bett als der faszinierenden Frau, die er in London kennengelernt hatte. Lee nimmt das Zimmer Nummer 412 in Beschlag und verwandelt es in eine Höhle, die Dave als »Zwischending zwischen Saustall und Gebrauchtwarenhandlung« beschreibt.

»Pistolen, Bajonette, Fotoapparate, Blitzgeräte und Cognacflaschen, Fahnen, Lederrollen und andere Beutestücke lugten aus jeder Ecke und unter dem Schrank hervor. Draußen auf dem Balkon reihten sich ein Dutzend stets gefüllter Zwanzig-Liter-Benzinkanister aneinander.«

Und auf dem Tisch thront die Schreibmaschine, die für sie inzwischen ebenso unverzichtbar ist wie die Rolleiflex.

Dave bezieht das Zimmer nebenan. Er kann es kaum erwarten, Paris durch die Augen von Lee zu entdecken.

Ich konnte der Versuchung nicht widerstehen, mir diesen legendären Ort persönlich anzuschauen, und so habe ich fast achtzig Jahre nach dem Krieg ein Zimmer im *Scribe* reserviert. Die mythische Aura, die den Berichten aus der Vergangenheit anhaftet, hat stets eine große Anziehung auf mich ausgeübt, und ich hatte gehofft, einige Spuren des alten Glanzes, für den das Hotel so berühmt war, wiederzufinden. Die Fassade ist die alte geblieben, und mit ein bisschen Fantasie fällt es nicht schwer, sich das Durcheinander der vor dem Eingang parkenden Jeeps und das Hin und Her der Soldaten und Journalisten vorzustellen, die auf den täglichen Stempel der Streitkräfte warteten. Doch kaum hatte ich das Foyer betreten, wurde all meine Hoffnung zunichtegemacht. Wie es in der Werbebroschüre heißt, haben »geschickte Umbaumaßnahmen das Gesicht des Hotels verändert«, das seine Gäste heute mit Orchideengestecken, Teppichen und Möbeln in allen natürlichen Beigetönen empfängt: eine Komposition aus Komfort und Chic, die nicht einmal vor dem Badezimmer haltmacht. Sicherlich ein Vergnügen für Kurzurlauber, für Nostalgiker wie mich jedoch eine gewaltige Enttäuschung. Durch die von synthetischen Düften erfüllte Luft gelangte ich in die im Erdgeschoss gelegene Bar, in jene einst verrauchte Höhle, in der sich die Korrespondenten am Abend versammelten, um Nachrichten von der Front auszutauschen, vor allem aber, um die reichen Vorräte an Wein und Schnaps zu leeren, die die Deutschen bei ihrem hastigen Rückzug nicht mehr hatten plündern können. Getragen von einer sterilen Hintergrundmusik landete ich am Tresen und stellte zu meiner großen Überraschung fest, dass er das einzige Überbleibsel war, das von der Sanierung der Architekten verschont geblieben ist. Vor Freude bestellte ich einen Cognac. Dem schleppenden Gespräch mit dem Barmann, der mit seinem gezwirbelten Schnauzbart ebenfalls gut aus der Nachkriegszeit hätte stammen können, entnahm ich dann, dass das Hotel in Kürze schließen würde, um die Umbauarbeiten zum Abschluss zu bringen, und dass auch diese Konstruktion aus Holz und Messing, auf der soeben mein Glas erschien, durch irgendeine modernere, dem Hotelambiente angemessenere Designarbeit ersetzt würde.

Der traurige Blick des Barmanns schien nahezulegen, auch für ihn habe, ebenso wie für die alte Einrichtung, das letzte Stündchen geschlagen. Allerdings bin ich der Sache nicht weiter auf den Grund gegangen. Am liebsten hätte ich eine Protestaktion ins Leben gerufen und mich an den alten Tresen gekettet, aber nach dem zweiten Cognac zog ich es vor, mich mit dem Anblick der Satirezeichnung zu trösten, die der Illustrator Floyd Davis seinerzeit für das Magazin *Life* angefertigt hatte und die das Leben in der Bar des Hotel *Scribe* mit all seinen Protagonisten zeigt. In der Mitte der Szene sieht man Lee mit riesigen knallroten Lippen neben den Karikaturen von Robert Capa und Ernest Hemingway. Letzterer wohnte den Angaben zufolge im *Ritz*, aber er kam täglich im *Scribe* vorbei, wo es nie an interessanten Neuigkeiten und gutem Wein mangelte. Der amerikanische Schriftsteller legte weniger das Gebaren eines akkreditierten Journalisten als vielmehr das eines waschechten Soldaten an den Tag und reiste in Begleitung des amerikanischen Heers mit einer Gruppe von wie Soldaten bewaffneten Aficionados, wobei er ebenso reichlich Befehle wie Zigaretten verteilte. Alle nannten ihn den Oberst, und seine

Weggefährten und er unternahmen gemeinsam mit der französischen Résistance spontane Streifzüge durch feindliches Gebiet. Wer sein Zimmer im *Ritz* gesehen hat, beteuert, dass die Badewanne bis zum Rand mit Granaten gefüllt gewesen sei und Soldaten auf den Perserteppichen hockten, um Champagner schlürfend ihre Bajonette zu reinigen. Aber niemanden schien das sonderlich zu interessieren, jeder im befreiten Paris war irgendwie bewaffnet und beschwipst, und die Korrespondentin der *Vogue* fühlte sich in Gesellschaft der Journalisten, mit denen sie bis in die Morgenstunden in der Bar des *Scribe* zusammensaß, ganz in ihrem Element.

Es ist nicht so einfach, in der Stadt voranzukommen, doch Lee durchquert Paris zu Fuß, um bis zum Atelier Picassos zu gelangen, den sie seit jenem zärtlichen Sommer in Südfrankreich nicht mehr gesehen hat. Vollständig in ihre Dienstuniform gekleidet, kämpft sie sich durch die von Panzerwracks und Überresten der Barrikaden verstopften Straßen. Mit dabei sind Robert Capa und Dave Scherman, der schon lange davon träumt, den katalanischen Künstler kennenzulernen. Einen der wenigen, der sich während der gesamten nationalsozialistischen Besatzungszeit in seinem Atelier verbarrikadiert hatte, in der Rue des Grands-Augustins, wo er auf improvisierten Leinwänden Tag und Nacht weitermalte, ohne Heizung und jeglichen Komfort und ohne sich von den schmeichelhaften Angeboten der Nationalsozialisten verlocken zu lassen, die alles dafür getan hätten, sich die Kollaboration des großen Meisters zu sichern. Picasso hat sich nie um die Propaganda des Führers geschert, in dessen Augen seine Kunst mit Sicherheit als »entartet« gegolten hätte. Als hohe SS-Funktionäre ihm einen Besuch abstatten, neugierig, den berühmtesten Maler der Welt kennenzulernen, schenkt er ihnen zum Andenken Postkarten mit der Reproduktion von *Guernica*. Und auf die unbedachte Frage:»Haben Sie das gemacht?«, erwidert Picasso unschuldig:»Nein, das habt ihr gemacht!«, und begleitet sie zur Tür.

Als Pablo und Lee sich wiedersehen, werden sie von ihren Gefühlen überwältigt. Nach einer endlosen Umarmung brechen sie in befreiendes Gelächter aus.

»Der erste amerikanische Soldat, den ich zu Gesicht bekomme, bist du, Lee, wer hätte das gedacht!«

Lee glaubt in seinem irritierten Blick mehr als nur die Wiedersehensfreude zu erkennen. Es ist, als würde sich die einst so umwerfend gut aussehende Frau zum ersten Mal nach vielen Jahren durch die Augen des Freundes sehen und eine Person zu Gesicht bekommen, die sie selbst kaum wiedererkennt. Die Zeiten der Belagerung und der Bombardements und die Allgegenwart des Todes haben ihre Gesichtszüge verhärtet, und das strahlende Leuchten, das ihr ehemals im Gesicht stand, ist zu einem herbstlichen Schimmer verblasst. Innerhalb weniger Jahre hat sie den Schatz ihrer eigenen Schönheit verbraucht, wie ein Glücksspieler, dem es weniger um den Sieg als um jenen geheimnisvollen Kitzel geht, der einem bei jedem neuen Spiel das Gefühl gibt, ins Leere zu springen. Lee bereut nichts, und sie mag die Frau, die aus ihr geworden ist, da sie viel mehr ihr selbst entspricht als das gefragte Model oder die umschwärmte Künstlermuse. In ihrer neuen Haut fühlt sie sich endlich frei, wie damals als kleines Mädchen, als sie barfuß auf Bäume kletterte und beim Steinewerfen in den Fluss immer weiter zielte als alle anderen. Man nannte sie den Wildfang von Poughkeepsie, und jetzt, mit vierzig Jahren, wüsste sie, was sie darauf erwidern würde. Wie gern würde sie in der Zeit zurückreisen und das Kind vor den bösen Ungeheuern seiner traurigen Geschichte bewahren, doch die Stärke, die wir als Erwachsene erlangen, hilft nicht, uns vor den Verletzungen der Vergangenheit zu schützen. Man müsste ein Leben in umgekehrter Richtung führen und am Ende weise, aber unschuldig wie ein Kind sein. Während Picasso, einer Grille gleich, durch sein Atelier hüpft, in dem sich die merkwürdigsten Gegenstände drängen – die übrigens niemand berühren darf und die er eifersüchtig hütet wie ein kleiner Junge –, denkt sich Lee, die ihn beobachtet, dass er der Einzige ist, dem dieses Wunder gelungen ist.

Dave und Robert sind fasziniert von den unzähligen Gemälden, die der Maler während der düsteren Jahre der Besatzung geschaffen hat. Sie sind die Ersten, die sie zu Gesicht bekommen, denn trotz seines internationalen Ruhms hat Picasso stets im Visier der Nationalsozialisten gestanden, und es war ihm untersagt, seine Werke auszustellen. Er hätte nach Amerika auswandern können wie viele seiner Kollegen, aber er hatte beschlossen, in dem Land zu bleiben, das ihn aufgenommen hatte, und das Leid der Franzosen zu teilen, wobei er heimlich und ohne Unterlass weiterarbeitete. Vier lange Jahre hat er so seinen eigenen einsamen Kampf gegen die Finsternis des Nationalsozialismus geführt und seiner Wut durch die Kunst Ausdruck verliehen. Lee fühlt sich wohl zwischen den Gemälden des Freundes, ihre Gedanken schweifen zu dem grellbunten Porträt, das in der Villa in Ägypten zurückgeblieben ist. Sie würde Aziz gern darum bitten, dass er »ihren« Picasso nach London schickt, aber jedes Mal, wenn sie daran denkt, plagen sie Schuldgefühle, denn obwohl sie weiß, dass er sehr krank ist, bringt sie nicht die Kraft auf, ihn zu besuchen. Zu groß ist ihre Angst, wieder von dem alten Leben vereinnahmt zu werden, und ihr ist nur allzu bewusst, dass Mitleid kein Gefühl ist, auf dessen Basis sich eine bereits gescheiterte Ehe fortführen ließe. Aber auch ihre neue Partnerschaft steht auf wackligen Füßen: Wie lange wird Roland noch bereit sein, auf sie zu warten? Irgendwann ist ein Punkt erreicht, an dem eine Beziehung zerbricht, und einmal überschritten, gibt es kein Zurück mehr. Das ist eine Regel, so unumstößlich wie ein physikalisches Gesetz, und jeder Liebende weiß das. Ja, sie liebt Roland noch immer, aber vorläufig liegt die Zukunft, von der sie geträumt haben, in weiter Ferne, und Lee schiebt jede Entscheidung vor sich her. Sie weiß, dass sie feige und egoistisch ist, so wie sich Frauen nur allzu oft fühlen, wenn sie ihrem eigenen Verlangen nachgeben, aber anders als die meisten ihrer Geschlechtsgenossinnen lässt sie sich von diesen heimtückischen Gewissensbissen nicht daran hindern. Sie glaubt, dass sie sich dieses Abenteuer, das sie so glücklich macht, verdient hat.

Um die negativen Gedanken zu vertreiben, pflückt sie eine reife Tomate von einem üppigen Strauch, der zwischen dem Krimskrams des Meisters hervorlugt. Es ist eine Ewigkeit her, dass sie zum letzten Mal frisches Gemüse gegessen hat, und in null Komma nichts hat sie alle Tomaten aufgefuttert, die an den zarten Zweigen hingen. Dieses zwischen Farben und Pinseln gedeihende Wunder der Natur war eines der Lieblingsmotive Picassos, der die Pflanze eigens gezogen hatte, um sie zu malen, und an seinem animalischen Geschrei erkennt Lee, dass sie sich an seiner Inspirationsquelle vergriffen hat. Unzählige Versionen der *Plant de tomates* sind heute überall auf der

Welt in den Museen zu sehen, und Picassos saftige Tomaten sind zum Symbol der tagtäglichen Widerstandskraft der Franzosen geworden, die während des Krieges Entbehrungen hinnehmen mussten und sich irgendwie durchgeschlagen haben, auch indem sie auf ihren Balkonen Gemüse züchteten.

Damit Picasso ihr verzeiht, bietet Lee ihm ihre kostbare K-Ration an, die sie mit einem guten Wein im *Le Catalan* begießen, jenem Eckbistro, das zu Ehren des Künstlers seinen Namen geändert hat. Das Leben scheint so zu sein wie früher, als man sich die Zeit plaudernd und lachend unter Freunden vertrieb, aber das täuscht, denn nichts kann mehr werden, wie es war. Die durch die Brutalität der Nationalsozialisten gerissenen Wunden haben bleibende Schäden an Körper und Seele der Menschen hinterlassen, und auch diejenigen, die vor der Deportation bewahrt blieben, sind auf unauslöschliche Weise von ihren Traumata gezeichnet. Picasso erzählt Lee von Paul Éluard, der seine Werke trotz der Zensur heimlich in Umlauf gebracht hat. Seine Bücher und die vieler seiner Freunde sind von den Nationalsozialisten auf den Index gesetzt worden, und der Dichter hat oft den Wohnort wechseln müssen, um nicht verhaftet zu werden. Doch noch größere Sorgen macht sich Picasso um Nusch, die heiß geliebte Gefährtin Éluards: Ihre Gesundheit ist durch die jahrelang erlittene Not und die permanenten Ängste und Sorgen angegriffen, und allmählich schwinden ihre Kräfte. Die elegante und charmante Frau, die Lee so oft fotografiert hat, ist nur noch ein Schatten ihrer selbst, nichts an ihr lässt ahnen, dass sie für die Künstleravantgarde früher einmal den Inbegriff von Weiblichkeit verkörperte. Aus den einst so anmutigen Gesichtszügen spricht nur noch Schmerz, und alle Lebendigkeit ist daraus gewichen.

Nur ihr hypnotischer Blick lässt sie noch der Muse ähneln, die ihren Mann zu seinen leidenschaftlichen Gedichten inspiriert hat. Zwei Jahre später bricht sie infolge eines Gehirnschlags in Paris auf offener Straße zusammen und lässt den verzweifelten Éluard zurück.

Bewegt berichtet Picasso, dass es Man Ray und André Breton zum Glück gelungen sei, auf waghalsige Weise in die USA zu gelangen, und zwar nicht zuletzt dank der Hilfe von Varian Fry, jenem Amerikaner an der Spitze eines halb legalen Netzwerkes, das während der Jahre der Besatzung Dutzende von der Gestapo gesuchte Personen gerettet hat. Er ist eine legendäre Gestalt und allen Künstlern bekannt, denn in seinem Haus in den Hügeln von Marseille, das zum operativen Zentrum für diese Reisen der Hoffnung wurde, sind aus aller Herren Länder Maler, Schriftsteller und Intellektuelle zusammengekommen, die von den Gewaltherrschern des Dritten Reichs und den Mittätern des Vichy-Regimes verfolgt wurden. Fry arbeitete Tag und Nacht, um den Flüchtenden Visa für Amerika zu beschaffen, und wenn ihm das nicht gelang, fälschte er sie. Er arbeitete verwegene Routen aus, auf denen sich die Grenze zu Fuß passieren ließ, stets bereit, mittellosen Flüchtenden auch finanzielle Unterstützung zu gewähren. Es sind Wissenschaftler, einfache Lehrer, bekannte Maler oder Händler mit dem einzigen Manko, Juden oder politische Dissidenten zu sein. Nachdem das NS-Regime sie zur Aufgabe ihres Berufes gezwungen und ihren gesamten Besitz konfisziert hatte, war ihnen schließlich jegliche Tätigkeit untersagt worden, womit man der Anwendung jener verabscheuungswürdigen und freiheitsverachtenden Gesetze Genüge leistete, die auch Frankreich unter dem »gehorsamen Wachhund Pétain« abgesegnet hatte.

»Und als wäre das nicht genug, haben sie ihnen und ihren Familien, einschließlich der Kinder, auch noch das Leben nehmen wollen.«

Picasso kann die Wut kaum im Zaum halten bei dem Gedanken an die Gefährten, die es nicht geschafft haben. Wie sein brüderlicher Freund Max Jacob, ein mystisch poetischer Geist, der trotz der verzweifelten Befreiungsversuche seiner Kollegen in einem Konzentrationslager starb. Dank seiner unglaublichen Freigiebigkeit und des unerschöpflichen Einfallsreichtums ist es Varian Fry glücklicherweise gelungen, eine lange Liste von Gesuchten, darunter Marc Chagall, Marcel Duchamp, Hannah Arendt, Claude Lévi-Strauss sowie ihren gemeinsamen Freund Max Ernst in Sicherheit zu bringen. Letzterer war nach seiner Flucht aus der Gefangenschaft im Camp des Milles in das verwunschene Waldhaus zurückgekehrt, in der Hoffnung, die Liebe seines Lebens würde dort auf ihn warten. Doch das Schicksal meinte es nicht gut mit ihnen, denn Leonora war in ihrer Verzweiflung nach Spanien geflüchtet, davon überzeugt, Max sei in dem Internierungslager zum Tode verurteilt worden. Kaum hatte sie die Grenze überschritten, wurde sie von spanischen Sicherheitskräften verhaftet, die sie angesichts ihres wütenden Protests für verrückt erklärten und mit der Zustimmung ihrer Eltern in eine Nervenheilanstalt einwiesen. In der psychiatrischen Einrichtung erlebte Leonora die schrecklichsten Tage ihres Lebens: Vollgepumpt mit Medikamenten musste sie alle Formen von Gewalt erleiden, darunter auch das Grauen von Elektroschocks. Dank des Einschreitens von Picasso, der seinen Freund Ernesto Le Duc, den mexikanischen Botschafter in Spanien, bittet, sich für ihre Freiheit einzusetzen, wird sie schließlich entlassen. Der Diplomat bringt sie nach Lissabon und schließt mit ihr die Ehe, um ihr ein Visum für die Vereinigten Staaten beschaffen zu können. In Amerika trifft Leonora Max wieder, dem dank Fry und der Komplizenschaft von Peggy Guggenheim ebenfalls die Flucht gelungen war. Die Sammlerin hatte beschlossen, ihn zu heiraten und auf einem Schiff voller Kunstwerke, die der Beschlagnahmung durch die Nationalsozialisten entgangen waren, mit nach Amerika zu nehmen. Eine ebenso unglaubliche wie bittere Geschichte, wie sie nur die Grausamkeit des Krieges schreiben konnte. Als Max und Leonora sich endlich wiedersehen, haben sie sich nichts mehr zu sagen: Der Schmerz hat zu tiefe Gräben hinterlassen, und nichts ist mehr übrig von der romantischen Geschichte, die die beiden vor dem Sturm des Nationalsozialismus miteinander verbunden hat.

Große Tränen rinnen über Lees verhärtetes Gesicht, während Picasso von den traurigen Schicksalen ihrer engsten Freunde berichtet. Ihre Welt ist zerstört, vernichtet von der sinnlosen Gewalt, die über Europa hereingebrochen ist. Das sonnige Anderswo, nach dem sie zeitlebens gesucht hat, ist am Horizont verschwunden, hat nur noch Trümmer und gebrochene Herzen zurückgelassen.

Während Lee traurig durch die finsteren Straßen von Paris ins *Scribe* zurückkehrt, begegnet sie einem merkwürdigen Aufmarsch, der sie erschaudern lässt. Zwei vollkommen kahl rasierte junge Frauen laufen mit gesenkten Köpfen inmitten einer wütenden Menge, die sie beschimpft und vor sich hertreibt. Es ist die Bestrafung der *putains*, die während der Besatzung für die Deutschen gearbeitet haben: an den Feind verkaufte Frauen, die nun von Nachbarn und Bekannten aus Rache denunziert werden, weil sie selbst Hunger hatten leiden müssen, während diese Verräterinnen sich für ein paar Privilegien an die mörderischen Machthaber hingaben. Jemand wühlt in ihren Handtaschen und zieht einen roten Lippenstift hervor, mit dem er ihnen zornig über die reglosen Gesichter fährt und sie auf diese Weise in obszöne Fratzen verwandelt. Lee würde sie gern vom Pranger befreien, aber etwas hindert sie am Einschreiten. So tief sie auch in ihrem Herzen gräbt, stößt sie doch nirgendwo auf Mitleid mit diesen auf offener Straße gedemütigten Frauen. Wie hatten sie sich zu Komplizinnen jener Monster machen können, nur um vielleicht eine warme Mahlzeit oder ein neues Kleid zu ergattern? Im Grunde bekommen sie das, was sie verdienen, denkt Lee. Das ist es, was der Krieg aus einem macht: Er verwandelt dich in ein unsensibles und rachsüchtiges Wesen und lässt jede Spur von Menschlichkeit verschwinden. Mitleid ist das erste Gefühl, das es auszumerzen gilt, wenn man überleben will.

Als sie ins Hotel zurückkommt, hat sie das Bedürfnis nach etwas zu trinken und einem warmen, zärtlichen Körper, der sie wieder lebendig werden lässt. Sie klopft an Daves Zimmertür, und ohne ein Wort zu wechseln, schlafen sie miteinander: auf eine wütende, fast ein wenig gewalttätige Art, die, einem starken Schmerzmittel gleich, jeden Gedanken beiseitewischt.

Obwohl Lee als Kriegsberichterstatterin großes Talent an den Tag gelegt hat, muss sie sich nun, da Paris befreit ist, schweren Herzens wieder der Mode zuwenden. Audrey Withers ist stolz auf die Beiträge, die sie von der Front erhält: Sie sind tiefsinnig, sachlich, direkt, manchmal schockierend, aber stets authentisch und bisweilen mit einen Hauch Ironie versehen. Lee entdramatisiert besonders extreme Situationen oder fügt ungewöhnliche Details hinzu, für die sie aus ihren persönlichen Erfahrungen schöpft: Sie vergleicht die an den Uniformen der Soldaten befestigten Granaten mit Broschen von Cartier – oder das riesige Lazarettlager in der Normandie, in dem die Farben Weiß und Kaki vorherrschen, mit dem Gemälde *Die Kreuztragung Christi* von Hieronymus Bosch. Audrey erinnert sich an diese Zeit als

> »[…] die für mich aufregendste journalistische Erfahrung des Krieges. Wir waren die Letzten, von denen man derartige Artikel erwartet hätte, es wirkte so unpassend, dass sie zwischen den Hochglanzseiten eines Modemagazins erschienen.«

Ungeachtet der Wertschätzung sieht sie sich gezwungen, ihre Korrespondentin zu ermahnen, der Kriegsschauplatz für die *Vogue* sei nun nicht mehr an der Front, sondern habe sich auf die Laufstege mit ihren Modeschauen für die Herbst-Winter-Kollektionen verlagert – Events, von denen man sich neue Impulse für die wiedergeborene Stadt der Mode erhofft.

Die jungen Pariserinnen haben sich trotz der jahrelangen Entbehrungen ihr elegantes Äußeres, um das die ganze Welt sie beneidet, bewahrt. Lee erklärt den *Vogue*-Leserinnen, dass sich die Frauen in Paris – anders als die Engländerinnen, die ihr schlichtes Erscheinungsbild zu einem Mittel im Kampf für das Vaterland erhoben – gegen die deutsche Besatzung und deren Vorschriften aufgelehnt haben, indem sie sich nicht zu »grauen Mäusen« machen ließen, wie man die deutschen Soldatinnen nannte. Ungeachtet der Verbote trugen sie weite, an Ballons erinnernde Röcke, die sie aus allen möglichen Stoffen, wenn nötig sogar aus den Vorhängen der eigenen Wohnung, anfertigten.

Um gegen die von den »Hunnen« auferlegte Ästhetik zu protestieren, entwickelten die Frauen große Kreativität und nähten Schleifen und lustige Dekorationen, mit denen sie ihre holzbesohlten Schuhe verzierten, die einzigen, die angesichts des Ledermangels zur Verfügung standen. Mit den so umgestalteten Pantinen stapften sie selbstbewusst durch die Stadt, die vom ungewohnten Rhythmus ihrer Schritte widerhallte. Aber es sind die Hüte, durch die der ästhetische Widerstand den Gipfel der Provokation erreicht: Es wurden die ausgefallensten Stücke geschaffen, wobei neben Filz auch Stroh, ja sogar zu Pappmaché verarbeitete Zeitungen Verwendung fanden, die nach Belieben durch kleine Vöglein, Obst und Blüten ergänzt wurden. Diese wandelnden Füllhörner, die an die Perücken der Damen am Hof Marie-Antoinettes erinnern, dürften bei den an die schlichte Tracht einer Eva Braun gewöhnten Anhängern des Führers sicher für Empörung gesorgt haben, doch das Tragen einer Kopfbedeckung war allein schon deshalb notwendig, weil es wegen der ständigen Stromausfälle kaum warmes Wasser, geschweige denn Shampoo gab. »Alle leiden unter Neuralgien, da man ständig mit feuchten Haaren herumläuft.« Nur bei Star-Coiffeur Gervais kann man sich die Haare föhnen und kunstvoll in Form legen lassen. Lee lüftet das Geheimnis dieses Luxusfrisörs mit einer Fotografie, die sie in den Kellerräumen des Salons aufnimmt: Zu sehen sind ein paar muskulöse junge Männer in Unterhosen, die abwechselnd mit ganzer Kraft in die Pedale eines Tandems treten, das an ein Ofenrohr angeschlossen ist, mit dem wiederum die Trockenhauben des eleganten Salons ein Stockwerk weiter oben gespeist werden. Lee bringt in Erfahrung, dass sie auf diese Weise mindestens achtzig Köpfe pro Tag föhnen können, wobei die dabei zurückgelegte Strecke gut dreihundertzwanzig Kilometern, also der Entfernung zwischen Paris und Dijon, entspricht.

Wie ein gehorsamer Soldat folgt Elizabeth Miller den Anweisungen und berichtet pflichtschuldig über Kleidung, aber sie gerät außer sich, als die Chefredakteurin der amerikanischen *Vogue*, Edna Woolman Chase, sich über ihre Modereportagen beschwert, da die Mannequins angeblich zu schlicht und gewöhnlich und keinesfalls auf der Höhe der ihr unterstehenden Zeitschrift seien, die unbedingt mehr Eleganz erfordere. Lee antwortet schroff:

> »Ich finde Edna wirklich ungerecht. Diese Aufnahmen sind unter äußerst schwierigen Bedingungen entstanden [...].
> Man sollte Edna klarmachen, dass Krieg herrscht und dass Solange [die die Models für uns auswählt] vielleicht ein bisschen durch den Wind ist, da sie an das Grauen denken muss, das ihr Ehemann und ihre Familie in deutschen Konzentrationslagern erleiden.«

Sie hat keine Lust mehr, sich mit solchen Albernheiten herumzuärgern, während die Korrespondenten im *Scribe* sich bereit machen, den alliierten Streitkräften an die neuen Schauplätze des Konflikts zu folgen. Sie beschwört Audrey, wieder aktiv werden zu dürfen.

»Wenn du einmal Schießpulver gekostet hast, fällt es schwer, zu einem Leben zurückzukehren, das sich auf Haus und Familie beschränkt«, erklärt ihr Scherman.

Das ist das Schicksal der Kriegsberichterstatter, die es auf fatale Weise an die Front zieht. Exemplarisch hierfür ist Robert Capas Geschichte: In den zahlreichen von ihm dokumentierten Konflikten ist er jedes Mal allen nur denkbaren Gefahren entronnen, und obwohl er seine Arbeit als Reporter an vorderster Front eigentlich beenden wollte, nimmt er einen letzten Auftrag in Indochina an, um einen Krieg zu dokumentieren, der ihn nicht einmal sonderlich interessiert. Mit gerade einmal vierzig Jahren kommt er im Südosten von Hanoi ums Leben, als er auf eine Landmine tritt. Zeugnis seiner wertvollen Arbeit geben über siebentausend von ihm hinterlassene Fotografien, aus denen, wie sein Freund John Steinbeck schrieb, auch seine Ansichten zu dem jeweils Dargestellten sprechen.

Die eigenen Grenzen auszutesten kann zu einer regelrechten Obsession werden, und vielleicht hat Lee mit dieser neuen Tätigkeit endlich den Lebenssinn gefunden, nach dem sie schon so lange sucht. Roland erwartet sie ungeduldig in London. Aber die Reporterin hat bereits beschlossen, gemeinsam mit Scherman zu einer weiteren Mission aufzubrechen.

> »›Sind Sie so naiv zu glauben‹, fuhr sie fort,
> ›dass die Vergangenheit stirbt?‹
> ›Ja‹, sagte Margaret, ›ja, wenn die Gegenwart
> ihr die Gurgel durchschneidet.‹«
>
> LEONORA CARRINGTON

Farley Farm, Sussex 1977

Vielleicht wäre es besser gewesen, heldenhaft im Bombenhagel der Nationalsozialisten ums Leben zu kommen, als von einer unheilbaren Krankheit ans heimische Bett gefesselt sein Dasein zu fristen. Dieser Gedanke ist Lee bisher noch nie gekommen, war sie doch viel zu sehr damit beschäftigt, gegen die eigene erdrückende Vergangenheit anzukämpfen. Nun, da sie alle Spuren der vielen Frauen, die sie in ihrem bewegten Leben einst verkörperte, eigenhändig getilgt hat, merkt sie, dass wenig übrig bleibt.

Es gibt einen bestimmten Punkt, an dem die Gegenwart keinen Sinn mehr ergibt und offenkundig wird, dass das Beste vorbei ist: Du erwachst eines Morgens und merkst: Die aufsteigende Linie ist überschritten, und auch das, was dir als endlose Hochebene der Reife erschien, liegt plötzlich hinter dir. Von nun an bleibt bloß noch der unerbittliche und beschwerliche Abstieg. Während die Schwerkraft dich immer weiter hinabzieht, klammerst du dich beinahe verzweifelt an jedem Felsen und jeder kleinen Wurzel fest, um nicht zu stürzen. Aber damit verlangsamst du lediglich den Fall. Von nun an gibt es nur noch Schmerzen im Rücken und in den Knien, und Blicke in den Spiegel, bei denen du kaum mehr als ein paar Spuren jenes Menschen wiedererkennst, der du einst gewesen bist.

Alt werden ist beschissen, da gibt's nichts dran zu rütteln, denkt Lee, während helles Frühlingslicht durch die halb geschlossenen Jalousien des Hauses in Sussex dringt.

Sie kaufen die Farley Farm nach der Geburt des Kindes: Roland hat schon immer davon geträumt, fernab vom Londoner Chaos zu leben, und er kann es kaum erwarten, in die Rolle des Gentlemans vom Lande zu schlüpfen. Er vertreibt sich die Zeit mit Gärtnern und hat vor, einen üppigen Gemüsegarten anzulegen, der alle Entbehrungen des Krieges vergessen machen soll. Lee hat keine Träume, sondern kommt stattdessen denen ihres Mannes nach: Sie versucht, sich an die Kälte zu gewöhnen, die in den Zimmern ohne Heizung herrscht, und an die vielen Unbequemlichkeiten, die das Leben auf dem Gutshof während der ersten Jahre zu einem zähen Kampf machen und seinen tapferen Bewohnern viel Ausdauer abverlangen.

Nach ihren Reisen in die entlegensten Winkel des durch den Krieg verletzten Europas und ihrer Rückkehr nach England hat Lee keinerlei Ambitionen mehr, einer Arbeit nachzugehen. »Schreiben ist so schwierig, als wollte man einem Stein Tränen entlocken.« Lee kostet es immer mehr Kraft, und die Worte, um die sie so hartnäckig gerungen hat, sind nun endgültig versiegt. Doch wenn man ihrer Chefin Glauben schenkt, sind die Ergebnisse dieser Kraftanstrengungen fantastisch, auch wenn Lee der damit einhergehenden Nervenanspannung kaum noch gewachsen ist. In ihren düstersten Momenten denkt sie an Colette, die Königin der französischen Literaturszene, mit der sie in Paris nach der Befreiung ein Interview geführt hat.

In ihrem heimlichen Domizil im Palais-Royal empfangen zu werden ist eine Ehre, und Colette erwartet sie, ganz ihrer Gewohnheit entsprechend, im Schlafzimmer. Schon seit Längerem arbeitet sie ausgestreckt auf ihrem Bett, mit unzähligen Kissen im Rücken und einem Tischchen auf den Knien, auf dem sich Papiere, Stifte und aller möglicher Nippes drängen, den sie immer in Reichweite haben will. In dem Artikel für die *Vogue* erzählt Lee von der Befangenheit, die sie beim Anblick dieser Magierin des Schreibens verspürt, die mit Grabesstimme zu ihr spricht und ihre »geschminkten Augen, die in ihrer Transparenz und Helligkeit mit den vielen Glasfigürchen und den überall im Zimmer verteilten Kristallkugeln zu wetteifern scheinen«, unverwandt auf sie heftet. Colette ist ihr wohlgesinnt, vielleicht ahnt sie, welche Qualen diese merkwürdige Journalistin in Uniform erleidet, in der sie nur mit Mühe die Venusstatue aus dem Film ihres besten Freundes Jean Cocteau wiederzuerkennen vermag. Flüsternd vertraut sie ihr die eigenen Sorgen als Schriftstellerin an und verrät ihr, auf welche Rituale sie sich jedes Mal einlässt, um die Arbeit anzugehen. Für die erste Version ihrer Romane verwendet sie weiche Bleistifte, mit denen sie auf hellblaues Papier schreibt, dann korrigiert sie mit härteren und spitzeren Stiften. Sie streicht und stellt um, bis kein freies Stück Papier mehr übrig ist. Dann schreibt sie alles auf weiße Blätter ab, malträtiert sie abermals und verunstaltet sie mit neuen Schriftzeichen, die die Seiten wie Wunden überziehen, immer wieder aufs Neue, ohne je mit dem Ergebnis zufrieden zu sein.

Lee ist niedergeschlagen. Wenn sich selbst diese Ikone der Literatur nach fünfzig beruflich erfolgreichen Jahren noch immer mit jedem Abschnitt herumquält, besteht für sie selbst keine Hoffnung. Besser, man lässt die Finger davon und gibt sich keinen weiteren Illusionen hin. Tag für Tag sitzt Lee am Schreibtisch, neben sich die treue Whiskyflasche; aber sosehr sie sich auch bemüht, das Blatt in der Schreibmaschine bleibt so weiß wie die Milch ihrer Kühe, die garantiert interessanter sind als der Artikel, an dem sie gerade schreibt. Sie hat den Tieren Namen gegeben: Baronova, wie die russische Ballerina, und Cécile, wie die Tochter von Éluard und seiner ersten Frau Gala. Die Namen sind in Schönschrift auf kleine Metallschilder graviert und hängen im Stall, und selbst die Bauernfamilie, die sich um die Tiere kümmert, nennt sie inzwischen so. Im Gegensatz zu Roland hat Lee sich nie zu dem berufen gefühlt, was sie »das verfluchte Landleben« nennt, dennoch stürzt sie sich hektisch in alle möglichen Aktivitäten. Sie fährt im Zug zwischen London und Sussex hin und her, mit Gemüse, das sie in die Stadt bringt, oder mit Gegenständen beladen, die sie erworben hat, um das spartanische Leben auf dem Gutshof etwas moderner zu gestalten. An diesem Landabenteuer gefällt ihr vor allem, dass sie wieder in ihre noch aus dem Krieg stammenden Kampfstiefel schlüpfen und außerdem unermüdlich für all die Gäste kochen kann, die an den Wochenenden ihr Anwesen bevölkern. Im Lauf der Jahre kommen im Hause Penrose mehr Künstler zusammen als in irgendeinem Museum für moderne Kunst, und nie zuvor haben die Bewohner der umliegenden Dörfer so viele »exzentrische« Leute in ihrer Gegend gesehen. Es wird gemunkelt, dass während der Feste manche sogar nackt zwischen seltsamen, wie Bäume im Garten aufgestellten Marmorstatuen herumtanzen. Die Musik und das Gelächter hallen jedenfalls kilometerweit und stören die unschuldigen Träume der Nachbarn.

Auch wenn die Farley Farm zweifellos ein Surrealisten-Treffpunkt ist, überfällt Lee ihre Gäste doch stets mit allen möglichen Arbeiten: Von der Landwirtschaft bis zur Zimmerei gibt es immer irgendetwas zu tun. Und so wie der Lausbub Tom Sawyer in Mark Twains Roman die Jungen aus St. Petersburg glauben macht, das Streichen eines Lattenzaunes sei ein großes Vergnügen und Privileg, so schafft es auch Lee, Max Ernst, Man Ray und angesehene Oxfordprofessoren dazu zu bringen, im Freien zu schuften, um sich die warme Gastfreundschaft der Farley Farm zu verdienen. In ihrem letzten für die *Vogue* verfassten Artikel beschreibt sie ihre Arbeitsverteilungsstrategie wie folgt:

»Neben dem Gästebuch liegt ein Fotoalbum mit bedrohlichem Inhalt: […] eine Reihe von Bildern, die aus einem sowjetischen Propagandafilm zu stammen scheinen. Jeder geht irgendeiner Tätigkeit nach: Vergnügen mittels Arbeit.«

Lee verewigt diese Augenblicke ländlicher Idylle mit ihrer Rolleiflex, die schon bei ganz anderen Einsätzen dabei war. Aber eigentlich hat sie immer weniger Lust zu fotografieren, vor allem beruflich. Die Beiträge, die sie liefern müsste, um ihren soeben verlängerten Vertrag mit der *Vogue* zu erfüllen, sind inzwischen eine Tortur für sie. Lieber schlägt sie Baronovas Milch zu Butter oder probiert Methoden zum Einwecken der gewaltigen Gemüsemengen aus ihrem Garten aus, als sich über Tweedstoffe auszulassen oder die neuesten Modetrends in England zu beschreiben. Jedes Mal, wenn sie einen Beitrag abliefern soll, lässt sie sich Zeit, wird aufbrausend und aggressiv: Die schwierigen Seiten ihres Charakters kommen zum Vorschein und lösen bei allen, die ihr nahestehen, Befremden aus. Sie weiß, dass sie unausstehlich ist, und am wenigsten erträgt sie selbst diese cholerische Persönlichkeit, die plötzlich die Oberhand in ihr gewinnt. Audrey Withers, die inzwischen mehr Freundin als Verlegerin ist, versucht alles, um sie in diverse Projekte einzubinden, aber jeder Versuch, die erfolgreiche Kriegskorrespondentin aus ihrem Angstgefängnis zu befreien, läuft ins Leere, und als Roland sie schließlich in einem traurigen Brief darum bittet, nicht länger Druck auf seine Frau auszuüben, muss sie sich geschlagen geben. »Ich flehe dich an, Lee nicht länger zum Schreiben aufzufordern«, heißt es darin. »Die Qualen, die das in ihr und allen ihr Nahestehenden auslöst, sind unerträglich.« Schweren Herzens macht Audrey einen Rückzieher, lässt jedoch stets ein Hintertürchen offen: Sie mag sich nicht damit abfinden, eine der fähigsten Reporterinnen zu verlieren, die die Zeitschrift jemals hatte.

Lee ist erleichtert, doch als sie herausfindet, dass Roland den letzten Anstoß zu dieser »Distanzierung« gegeben hat, fühlt sie sich hintergangen und versinkt nur umso tiefer in ihrem Alltagselend. Das bisschen Selbstachtung, das ihr noch geblieben ist, schwindet nun endgültig dahin. Für eine Frau, die Anfang des 20. Jahrhunderts geboren wurde, ist es nicht so einfach, vom eigenen Talent überzeugt zu bleiben, während man permanent gegen die Regeln seiner Zeit aufbegehrt. Lee hat bereits etliche Hürden genommen, die unüberwindbar schienen für eine Frau; und als sie glaubte, endlich ihre eigentliche Berufung gefunden zu haben, waren es die Massengräber von Dachau, die ihr jegliche Kraft raubten. Ein guter Teil ihrer Seele liegt dort begraben, und der Rest ist in einer sinnentleerten Blase gefangen. Doch niemand mag sich allzu intensiv mit diesem heiklen Thema befassen, und Lee zieht es normalerweise vor, ihr Kreuz allein zu tragen.

Als sie von der Front zurückkehrte, hatten die britischen Soldaten sie noch wie eine Heldin empfangen und sogar ein Team der Wochenschau beauftragt, ihre Heimkehr zu filmen. Ein wertvoller Ausschnitt aus diesem von Pathé News produzierten Dokumentarfilm zeigt, wie Reporterin Elizabeth Miller in Uniform in Hampstead ankommt, einen kleinen Koffer in der Hand und die Rolleiflex um den Hals. Roland, ebenfalls in Uniform, öffnet ihr glücklich die Tür, und nach einer bewegten Umarmung schenkt er ihr ein Kätzchen, das Lee gerührt unter ihrer Jacke versteckt. Kurz darauf sehen wir sie in schwingendem Rock und hohen Schuhen vor der Schreibmaschine, während sie einen Artikel fertigtippt. Die letzten Aufnahmen zeigen, wie sie mittels eines Pinsels fachgerecht die Linsen ihres Fotoapparats reinigt. Eine mit triumphaler Musik untermalte Stimme aus dem Off erklärt, dass die Korrespondentin sich vermutlich bereits auf ihren nächsten großen Scoop vorbereite, der sicher ebenso erfolgreich werde wie jene Beiträge, die alle Zeitungsdirektoren, die nicht das Glück hatten, sie als Reporterin für sich arbeiten zu lassen, vor Neid erblassen ließen. In dem Film folgen einige grauenhafte Fotos aus den Lagern, aufgenommen von Lee Miller. Der Gegensatz zwischen den makabren Aufnahmen, mit denen sie berühmt geworden ist, und dem gemütlichen Haus voller moderner Gemälde ist krass, und obwohl Lee in die Kamera lächelt, wie sie es seit Kindesbeinen gewohnt ist, fällt es ihr immer schwerer, dieser Rolle gerecht zu werden. Der Bericht über ihre Tätigkeit fährt nun mit einem eigens von der *Vogue* zu Ehren von Lee veranstalteten Abend fort:

»Elizabeth Miller ist die Journalistin, die in den letzten Jahren mehr als alle anderen die Quintessenz von *Vogue* verkörpert. *[Applaus]*«

Roland betrachtet sie stolz, aber auch ein wenig schüchtern angesichts dieses plötzlichen Erfolges, der sie in den Mittelpunkt rückt.

»Ihre Arbeit hat unsere Leserinnen ermutigt, ihren eigenen Beitrag zu leisten. *[Applaus]* Sie ist nie zurückgeschreckt vor Tod und Zerstörung, sondern hat gezeigt, dass das nicht alles ist und dass der Geschmack und die Ausstrahlung einer schönen und eleganten Frau der Sache weitaus dienlicher sein kann als irgendein burschikoses Mannweib. *[Applaus]*.«

Lee trägt zu diesem Anlass ein elegantes Abendkleid, in das sie sich nur ungern zwängt. Die abgetragene Uniform, die sie in den Schrank hängen musste, wäre ihr lieber. Sie hat keinen Spaß mehr am Zurechtmachen und an modischer Kleidung, in der sie auf Dutzenden von Hochglanzfotos zu sehen ist, sondern bevorzugt unförmige Hosen und Arbeitskleidung. In der von der Zeitschrift verdammten Rolle des »burschikosen Mannweibs« fühlt sie sich weitaus wohler als in der »einer schönen und eleganten Frau«, die alle so gern in ihr sehen möchten. Sie hat aufgehört, sich um ihr Äußeres zu kümmern, und sie pfeift auf die boshaften Kommentare hinter ihrem Rücken, als sie mit hautfarbenen Kniestrümpfen und einem über den Knien endenden Rock in Erscheinung tritt: ein Verstoß gegen die Ästhetik, den jede *Vogue*-Redakteurin nur mit

Verachtung strafen kann. Sie entwickelt eine Aversion gegen Frisöre, und manchmal greift sie zur Nagelschere und schneidet sich selbst die Haare: Die Ergebnisse sind peinlich, aber sie hat gelernt, sich nur noch selten im Spiegel zu betrachten. Wer etwas dagegen einwenden will, dem erklärt sie ironisch, dass sie es tue, um dem berühmten Porträt von Picasso ähnlicher zu werden, dem einzigen Bild, auf dem sie sich ganz und gar wiederfindet.

Es ist nicht bloß Nachlässigkeit, die sie auf die Kniffe zur Vertuschung des unaufhaltsam voranschreitenden Alters verzichten lässt. Lee leidet, doch sie ist unfähig, ihrem namenlosen Schmerz zu begegnen, und so beschließt sie, ihre früheren Identitäten, in denen sie sich nicht mehr wiedererkennt, auszulöschen. Mit rebellisch provokanter Geste verwandelt sich die einst so wunderschöne Frau in eine ungepflegte Vogelscheuche, in der Hoffnung, endlich in Ruhe gelassen zu werden.

Roland ist besorgt, weiß aber nicht, wie er sie erreichen kann. Er hat Angst vor dieser Lee voller Kanten und dunkler Seiten, an die er nicht herankommt. Besser, man wendet sich an Doktor Goldman, um ein besseres Heilmittel zu finden als den Alkohol, dem seine Frau nur allzu sorglos zuspricht. An manchen Abenden ist sie unausstehlich, sie wird grob und sarkastisch gegenüber den illustren Gästen, die Roland, als Leiter des Institute of Contemporary Arts in London, zu den traditionellen Wochenenden auf die Farley Farm einlädt. Lee kocht den ganzen Tag, um diese Abende zu etwas Besonderem werden zu lassen, aber oft bricht sie betrunken in der Küche zusammen, noch ehe sie am Tisch erscheint, und ihre Stimmungen sind so wechselhaft wie das Wetter auf dem englischen Land.

»Liebe Elizabeth, vielleicht ist es nicht das, was Sie hören möchten, aber es fehlt Ihnen nichts ... wobei eine gesunde Ernährung natürlich immer von Vorteil ist, doch ich wüsste nicht, wie ich Ihnen helfen könnte.«

Doktor Goldman ist gutmütig und beruhigend wie ein Arzt aus einem Kindermärchen, aber ihm fehlt es an Kapazität, um die Abgründe seiner Patientin zu erkunden. Lee hat sich ihm geöffnet, in der Hoffnung, Beistand zu finden, sie hat ihm die Albträume gestanden, unter denen sie Nacht für Nacht leidet, aber dass sie regelmäßig Benzedrin konsumiert hat – das allen, die in den Kriegsgebieten tätig waren, als Mittel gegen die Angst und die Schrecken des Todes zur Verfügung gestellt wurde –, verschweigt sie. Dieses wirkungsvolle Amphetamin kam auch im deutschen Heer unter der Bezeichnung »Fliegermarzipan« zur Anwendung: ein unverzichtbares Produkt, das die Streitkräfte zusammen mit der K-Ration erhielten, um das Aggressionspotenzial zu steigern und das Schlafbedürfnis sowie die Erschöpfung zu mindern. Dank seiner starken Wirkung stürzte sich auch der größte Feigling ins Getümmel und wurde zum Vaterlandshelden. Der regelmäßige Konsum dieser Aufputschmittel hatte für die Überlebenden verheerende Konsequenzen, und die sich selbst überlassenen Veteranen mussten einen einsamen Kampf gegen die von der Sucht entfesselten Dämonen führen. In den schlaflosen Nächten, in denen Lee zwischen Ruinen und Zerstörung den Untergang Europas mitverfolgt, verliert sie jeglichen Sinn für die Realität. Dennoch hat sie sich nie so gut gefühlt, wobei ihre Erregung nicht allein dem Benzedrin zuzuschreiben ist. In dieser chaotischen Extremsituation erkannte sie einen Sinn, einen Lebenstrieb, durch den sich ihre eigene Existenz wieder ordnen ließ. Sie war hier, um die dramatischen Ereignisse der Geschichte hautnah zu verfolgen und denen, die daheimsaßen und nicht den leisesten Schimmer hatten, wie die Hölle war, von allem zu berichten. Als habe sie sich gleichsam in ein großes Auge verwandelt und alle anderen Teile dieses ihr nur noch lästigen Körpers zum Verschwinden gebracht.

Doktor Goldman schenkt den irrwitzigen Monologen seiner Patientin schon lange kein Gehör mehr. Er sieht sie nur verblüfft an, als sie mit ihrer vom Rauchen heiseren Stimme bekennt, dass ihr der Krieg auf eine merkwürdige Weise fehle. Nichts habe sie mehr begeistert als jenes absurde Gefühl permanenter Gefahr, und sie könne nicht anders, als sich nach jenen verfluchten Tagen zurückzusehnen Der arme Doktor würde lieber ein Zwölffingerdarmgeschwür kurieren, als sich mit diesen seltsamen, von Lee beklagten Symptomen zu befassen. Und während er sein an Sigmund Freud erinnerndes Monokel beiseitelegt (der unter diesen Umständen übrigens sicher der Geeignetere gewesen wäre), verschreibt er Frau Elizabeth Miller ein Fläschchen mit Vitaminen, von denen sie morgens und abends etwas einnehmen soll: ein Mittel, das sich Jahre später als vollkommen wirkungslos gegen jegliche Form posttraumatischer Belastungsstörungen erweisen wird.

»Wie schon meine Großmutter zu sagen pflegte, rate ich Ihnen, gute Miene zum bösen Spiel zu machen. Unternehmen Sie lange Spaziergänge und trinken Sie viel Wasser. Sie sind die einzige mir bekannte Person, die den Bombardements hinterhertrauert: Wir können schließlich keinen neuen Krieg beginnen, damit Sie sich wieder besser fühlen!«

Und nach einem wohlgefälligen Lachen über das, was ihm

als der beste Witz des Tages erscheint, überlässt er die »einge-
bildete« Kranke wieder ihrem unverstandenen Leiden.

Lee vertraut sich Roland nicht an, sie fürchtet, für verrückt
erklärt zu werden und am Ende wie eine willenlose Marionette
in einer Nervenheilanstalt zu landen. Ihrer Freundin Leonora
ist genau das passiert, ebenso wie Dora Maar, die es trotz der
Behandlung durch eine Koryphäe wie Jaques Lacan nicht
schaffte, den Abgrund zu überwinden, in den die quälende Beziehung mit Pablo Picasso sie geschleudert hatte. Zu jener Zeit
ist es noch ein Kinderspiel, eine Frau für geisteskrank zu erklären, und der bequemste Weg, eine Nervensäge loszuwerden.
Der Schritt von der atemberaubend schönen Muse zur armen
alten Irren ist nicht allzu groß. Was ist diesen unternehmungs-
lustigen Amazonen zugestoßen? Sie hatten die herrschende
Moral über den Haufen geworfen, die sie dazu zwingen wollte,
jedes legitime Verlangen zu negieren, und hatten sich Freiheiten herausgenommen, die ihnen nicht zugestanden wurden,
und nun laufen sie Gefahr, von der Geschichte an den Rand
gedrängt und aussortiert zu werden wie ein kaputtes Spiel-
zeug. Sie sind Lumpenpuppen, denen ein Auge fehlt, sie haben
ihre gläsernen Aschenputtel-Pantoffeln verloren und ihre einst
leuchtend roten Lippen haben keinen Glanz mehr. Sie hatten
keine Scheu vor Sex und Liebe, doch nun, da sie erstaunt ihre
eigene Zerbrechlichkeit erkennen, scheint der einzige Ausweg,
sich ganz und gar auf einen Mann zu verlassen, wie schon ihre
Mütter es getan haben.

Lee wird von Depressionen überwältigt, sie ist unfähig, sich
dem normalen Leben zu stellen, das das Schicksal für sie bereithält. Ihr Gespür, auf das sie sich in schwierigen Situationen
immer verlassen konnte, ist ihr abhandengekommen, und sie

liegt am Boden wie eine Superheldin, die ihre magischen Kräfte verloren hat und nicht mehr kämpfen kann. Und während sie nach Antworten sucht, wird sie schwanger. Sie wird überrumpelt von der unerwarteten Neuigkeit: Ihr statuenhafter Körper, den sie nie geschont hatte, schenkt ihr diese geheime Frucht, die so viel Verantwortung birgt, und mit fast vierzig Jahren kann sie dieses Geschenk nicht ablehnen. Roland würde es nicht zulassen, und ohne Roland fühlt sie sich verloren.

»Liebe Elizabeth, angesichts Ihrer zarten Gesundheit und als nicht mehr junge Erstgebärende müssen Sie das Bett hüten und jegliche Anstrengung vermeiden, wenn Sie das Kind behalten wollen.« Endlich kann Doktor Goldman mit Fachkenntnissen aufwarten, und seine widerspenstige Patientin muss sich den Maßnahmen fügen. »Haben Sie schon über einen Namen nachgedacht?«

»Was halten Sie von ›Racker‹, falls es ein Junge wird?«

»Oder aber?« Doktor Goldman verliert allmählich die Geduld.

»Antony«, sagt Lee mit leiser Stimme.

»Antony Penrose, das klingt gut. Ich bin sicher, Sie werden Ihren ersehnten Frieden finden.«

Doch Lee weiß nicht, was sie mit diesem Frieden anfangen soll. Sie wälzt sich zwischen den Laken, unfähig, sich dem sogenannten »natürlichen« Ereignis zu stellen, von dem angeblich jede Frau als Krönung ihres Lebens träumt. Düstere Gedanken erfüllen sie in den schlaflosen Nächten, die sie damit verbringt, einen Körper zu beobachten, der nicht zu ihr gehört: »Ich werde bestimmt eine schlechte Mutter sein … Jeder weiß, dass ich zu derartigen Dingen nicht berufen bin.«

Das ist weniger eine Vorahnung als vielmehr eine Urteilsverkündung, und tatsächlich gibt sie sich keinerlei Mühe, liebenswert zu erscheinen und dem von der Tradition vorgegebenen Bild zu entsprechen. Antony lernt von klein auf die Gefühlsstürme jener Frau fürchten, die er Mutter nennt, ohne sie jemals wirklich zu verstehen. Für ihn ist Lee nur die böse Hexe, die an den Wochenenden kommt und wie ein Wirbelsturm durch das Haus fegt. Mutter und Sohn sind zu einem ständigen Kampf verdammt, der lediglich während der langen Phasen ihrer Trennung beigelegt wird. Nur so kann diese heftige Beziehung, in der die beiden alle Mittel erproben, um einander erbarmungslos zu verletzen, überhaupt Bestand haben. Für Antony bleibt Lee ein Rätsel, ihre Geheimnisse liegen auf dem Dachboden des Hauses begraben, und niemand erzählt ihm von den Ereignissen, die sie in eine so mürrische und gefühlskalte Frau verwandelt haben. Der Junge versucht, sich zu schützen und entwickelt schließlich einen tiefen Groll. Eine vergeudete Liebe, die das Familienleben für immer prägen wird.

Doch vor der Geburt muss eine peinliche Situation geklärt werden, denn offiziell ist Lee noch immer Frau Bey, und nach muslimischem Gesetz hat allein der Mann das Recht, die Ehe mit dem traditionellen Ritual des *Talāq* aufzulösen. Aziz hat keine Einwände. Als er nach London kommt, ist Lee ans Bett gefesselt, wo sie ihre Risikoschwangerschaft zubringt. Sie haben sich lange nicht gesehen und sind so verändert, dass sie sich kaum wiedererkennen. Das Schicksal war dem ägyptischen Gentleman nicht gerade gnädig. Doch trotz seiner angeschlagenen Gesundheit und großer finanzieller Verluste hat er nicht seinen Großmut verloren, und erneut erfüllt er der Frau, die er mit so viel Hingabe geliebt hat, ihren Wunsch und spricht dreimal hintereinander die Formel aus, mit der die Trennung vollzogen wird.

»Ich verstoße dich, ich verstoße dich, ich verstoße dich.«

Lee und Aziz, die den romantischen Traum eines Lebens wie in »Tausendundeiner Nacht« gehegt hatten, sind nun die Helden eines orientalischen Märchens ohne Sternenhimmel, das zu erzählen sich Scheherazade sicherlich geweigert hätte. Jahre später, während einer Ägyptenreise mit einer Freundin, besucht Lee ihren Exmann, der die Prachtvilla in Kairo aufgegeben hat und nun in einem schlichten Haus am Stadtrand von Alexandria lebt, liebevoll umsorgt von seiner neuen Ehefrau. Lee ist erstaunt, als sie entdeckt, dass Aziz mit Elda, dem treuen Dienstmädchen verheiratet ist, der einzigen Frau, die ihn nicht im Stich gelassen hat und die sich um ihn kümmert. Die beiden Frauen liegen sich lange Zeit wortlos in den Armen: Ihre Wertschätzung und Zuneigung bedürfen keiner Worte. Doch als sie sich verabschieden, gesteht Elda, dass sie das Fläschchen mit dem Parfüm von Elsa Schiaparelli, das Lee ihr während jener aufregenden Parisreise geschenkt hatte, erst am Tag ihrer Hochzeit geöffnet habe. *Shocking* war, in Erwartung einer großen Gelegenheit, versiegelt geblieben, und das Schicksal hatte ihr diese Gelegenheit beschert. Lee lächelt wohlwollend, doch insgeheim denkt sie, dass die kostbare Essenz nach so vielen Jahren sicher ihren Duft verloren hat und dass es nicht der Mühe wert war, so lange zu warten. Sie glaubt nicht länger an die Vorsehung, lässt sich nicht mehr von den romantischen Vorstellungen blenden, auf die so viele Normalsterbliche hereinfallen, weil man sie glauben macht, es existiere ein Plan, ein genauer Entwurf, der ihr Leben bestimme. Davon kann nicht die Rede sein, und Anita Loos hat sich getäuscht. Es gibt keine

Vorzeichen, die es zu deuten gälte. Der einzige Entwurf, der zum Vorschein kommt, wenn man die Punkte richtig verbindet, ist der aus dem Rätselmagazin, das jede Woche erscheint und an dem ihr so viel liegt. Für sie steht inzwischen unumstößlich fest: Das Schicksal wird eindeutig überbewertet.

Niemand ist für irgendjemanden bestimmt: Die Menschen begegnen sich, begehren sich, lieben und verlassen sich aus purem Zufall. Manchmal bleiben sie ein Leben lang vereint, aus irgendwelchen dunklen Gründen, die nichts mit den Gesetzen der Anziehung zu tun haben. Manche bleiben zusammen, weil sie die Einsamkeit nicht ertragen, andere, weil sie bestimmte Interessen verfolgen; wieder andere bleiben, weil sie den idealen Partner zum Streiten gefunden haben oder weil sie eine wahnsinnige Angst vor dem Tod haben und glauben, diese nur mit einem Partner besiegen zu können. Roland hat Lee trotz ihrer Unbeherrschtheit und ihres schlechten Charakters nicht verlassen, sie hat ihm im Gegenzug einen Sohn geschenkt und zurückgesteckt, um ihn in seiner Karriere zu unterstützen. Nein, diese Interpretation ist zu einfach und armselig. In einer langen Paarbeziehung gibt es immer etwas Unergründliches, das sich schwer erklären lässt. Eine geheime Zutat, die alles zusammenhält, wie bei dem Rezept der *Penroses,* für das Lee so berühmt ist: Ohne Paprika, den die Köchin für unverzichtbar hält, würde es ganz anders schmecken.

Roland hat auf sie gewartet, während sie zwischen den Trümmern des befreiten Europas umhertrieb und scheinbar gar nicht mehr zurück nach Hause wollte. Noch einen Tag länger, und sie hätte ihn verloren. Ein Liebesbund lässt sich nicht mit ein paar sporadischen Briefen von der Front aufrechterhalten, und als ihr klar wurde, dass sie im Begriff war, den einzigen ihr noch verbliebenen Halt zu verlieren, änderte Lee ihren Kurs, gerade noch rechtzeitig, um eine Rivalin aus dem Ehebett zu vertreiben. Wie hieß sie gleich? Gigi? Ein junges Ding, das ihn anbetete und höchstens nach dem Essen mal an einem Glas Sherry nippte. Allerdings schien Roland in ihrer Gegenwart glücklicher zu sein als angesichts dieser neuen Verzweiflung, die Lee mit nach Hause gebracht hat. Doch wider alle Erwartungen bleiben sie zusammen. Selbst als der Sex aufhört, ihre Beziehung zu versüßen. Nach Antonys Geburt verliert Lee das Interesse an dem Thema, und um sich nicht schuldig zu fühlen, ermuntert sie den Mann, der inzwischen ihr Ehemann geworden ist, zu jeglicher Form der Zerstreuung. Die Freizügigkeit in Liebesdingen, auf die sich ihre Beziehung gründet, besteht nun nur noch einseitig, doch Lee scheint diesem Detail keine Bedeutung beizumessen. Um nicht zu leiden, hat sie Gefühle und erotisches Verlangen voneinander getrennt – eine Kunst, die der Vater sie als Kind gelehrt hat, um sie vor dem Kummer zu bewahren. Doch nun, da sie alt wird, stößt diese bewährte Methode an ihre Grenzen. Die Gefühle, die Roland angesichts der harmlosen sexuellen Vergnügungen entwickelt, denen er sich nach wie vor gerne hingibt, grenzen oft ans Sentimentale. Es tauchen junge Schönheiten auf, die allemal das Zeug dazu haben, Mrs Penrose von ihrem Thron der rechtmäßigen Ehegattin zu stoßen. Bisher ist es immer Lee gewesen, die ohne Bedauern die Türen zugeschmissen hat, nun hat sie zum ersten Mal selbst Angst, verlassen zu werden. Ein ihr verhasstes Gefühl der Schwäche hat sich ihrer bemächtigt, und um es zu bekämpfen, greift sie zum Alkohol, wodurch sie alles nur noch schlimmer macht. Inzwischen ist sie das böse Mädchen, das mit seinen Launen aus heiterem

Himmel die Stimmung verderben kann, und die Streitereien zwischen den beiden werden immer heftiger. Manchmal stehen sie kurz vor der Trennung, wie etwa, als Roland sich hoffnungslos in »die Trapezkünstlerin von Paul Éluard« verguckt: Sie heißt Diane und ist eine aufreizende Blondine, die sich einer Vergangenheit als Zirkusartistin und eines Flirts mit dem französischen Dichter rühmen kann. Diesmal ist es die junge Frau, die die Flucht ergreift, entsetzt über die für das Weihnachtsessen geplante Ménage-à-trois mit Ehefrau, Kind und der neuen Flamme an einer Tafel: ein unüberwindlicher Albtraum für jede große Liebe. Roland wird sie nicht heiraten, doch am Ende gibt Diane nach und lässt sich doch noch auf die ungewöhnliche Weihnachtsgesellschaft im Hause Penrose ein. Lee gesteht einer Freundin, wie schlecht es ihr gehe, und erklärt ihr, dass es für sie nur einen Grund gebe, sich nicht das Leben zu nehmen, nämlich den, dass Roland und Antony froh wären, sie los zu sein. Eine melodramatische Behauptung, die an Selbstmitleid grenzt. Doch Lees Seelenzustand wird immer düsterer, während Roland den Gipfel seiner Karriere erreicht und in seine besten Jahre kommt, wie das so oft bei Männern der Fall ist, die mit zunehmendem Alter nicht etwa ihre alte Ausstrahlung verlieren, sondern im Gegenteil immer interessanter und begehrenswerter werden.

Die beiden nun nebeneinander zu sehen, liefert ein gnadenloses Bild: Lee spürt es an den Blicken der Freunde, die es aus Taktgefühl vermeiden, ihren Niedergang zu kommentieren. Was sie jedoch viel mehr verletzt, sind die gierigen Blicke der jungen Frauen, die es darauf anlegen, ihren Mann zu verführen, und sich ihrer Sache umso sicherer sind, nachdem sie Lee gemustert haben und sich erstaunt fragen, wie es sein kann, dass ein derart attraktiver Mann seine Zeit mit so einer alten Schachtel verschwendet. Lee reagiert darauf, indem sie ihren Sarkasmus in eine schlagkräftige Waffe verwandelt, woraufhin Roland sich immer mehr aus dem Familienleben zurückzieht und in die Arbeit flüchtet. Ihre Auseinandersetzungen sind erbittert, und dennoch bleiben Lee und Roland zusammen, geeint durch jene geheime Zutat, die ihre Verbindung zementiert. Das gewisse Etwas, das ihr schwankendes Beziehungsgebäude aufrechterhält, ist neben ihrer gemeinsamen Leidenschaft für die Kunst auch das Bewusstsein, die freieste und kreativste Zeit des Jahrhunderts Seite an Seite durchlebt zu haben: eine Komplizenschaft, die sie mit niemand anderem teilen und die sie ein Leben lang miteinander vereint. Die Zeit heilt Wunden und mildert die schärfsten Kontraste: Es handelt sich mitnichten um eine endgültige Kapitulation, vielmehr eignen sich die beiden neue Tanzschritte an, um sich dem letzten Abschnitt ihres Lebens zu stellen.

Lee steht ihrem Mann stets zur Seite, hilft ihm tatkräftig bei der Organisation von Ausstellungen, die das Institute of Contemporary Arts in London zu einem legendären Ort werden lassen. Roland braucht ihren fachkundigen Blick und ihre wertvollen Ratschläge. Bei der Wahl und Anordnung der Gemälde und der Gestaltung des Katalogs verlässt er sich ganz auf das Gespür seiner Frau, und sie ist es auch, die beim Verfassen der von Penrose so erfolgreich veröffentlichten Biografien das letzte Wort hat. Statt sich selbst zu verlieren, akzeptiert sie, im Hintergrund zu agieren und die Muse ihres Ehemanns zu spielen, eine Rolle, bei der sich als junge Frau alles in ihr gesträubt hätte. Das Leben ist kompliziert, und um sich über Wasser zu halten, muss man oft irgendwelche ungewollten Nebeneffekte in Kauf nehmen. In dieser heiklen Phase ihres Lebens akzeptiert es Lee, hinter den Kulissen zu bleiben und die künstlerische Atmosphäre auszukosten, die sie stets zu ihren Entscheidungen inspiriert hat. Manchmal kann das, was auf den ersten Blick wie eine Niederlage scheinen mag, einfach nur eine banale Strategie sein, um sich vor dem Untergang zu retten.

Am meisten Spaß bereitet ihr die Organisation der Einzelausstellung, die Congo gewidmet ist, jenem Schimpansen, dem der Zoologe und surrealistische Maler Desmond Morris die Malkunst nahegebracht hat. Die Arbeiten des Schimpansen sind bemerkenswert und machen so manchem Meisterwerk der abstrakten Malerei Konkurrenz. Congo malt ohne Unterlass, und zum Erstaunen aller weiß er immer, wann ein Bild fertig ist und er zufrieden zum nächsten Blatt greifen kann. Die Ausstellung seiner Werke am Institute of Contemporary Arts sorgt für Aufsehen und heftige Diskussionen, aber sie wird ein unglaublicher Erfolg, und die bis zu viertausend Pfund Sterling teuren Werke finden reißenden Absatz. Selbst Picasso ersteht ein Exemplar, das er in seinem Atelier aufhängt. Als die Ausstellung beendet ist, hat Congo ein hübsches Sümmchen verdient. In dem Glauben, dem Wunsch des Affen zu entsprechen, beschließt Morris, von dem Geld eine Gefährtin für ihn zu kaufen. Eine zärtlich einfühlsame Geste, doch mit der neuen Partnerin an der Seite verliert der Schimpanse das Interesse an der Malerei, lässt Leinwand und Farben links liegen und zieht es vor, seine Tage mit Liebesspielen zu verbringen. Congos Geschichte liegt Roland besonders am Herzen, und immer wieder droht er seinem Verleger an, er werde statt einer Biografie über Picasso oder Miró lieber eine über den Affen verfassen.

Roland ist ein sanfter Revolutionär und ein gegen alle Konventionen verstoßender Intellektueller, der stolz auf seine surrealistischen Ursprünge zurückblickt. Überraschenderweise und zum großen Erstaunen seiner Freunde verleiht ihm die Königin wegen seiner großen Verdienste um die britische Kultur jedoch den Titel des Baronets. Um die schärfsten Kritiker dieser Auszeichnung zu beschwichtigen, bezeichnet er sich selbst lieber als *Sir-realist*, aber insgeheim fühlt er sich durch diesen Akt geschmeichelt. Lee ist verblüfft: Bei allem, was sie bereits an Absonderlichem erlebt hat, hätte sie niemals geglaubt, jemals eine Lady zu werden, ausgerechnet sie, die sich einer ungehobelten Sprache bedient und allergisch auf jede Form von Etikette reagiert. Aber die Vorstellung, dass man sich in einem Nachruf an sie als Lady Penrose erinnern könnte, amüsiert sie derart köstlich, dass sie damit, zur Unterhaltung ihrer Gäste, allerlei Späßchen treibt. In Wahrheit findet jeder, der sie kennt, dass sie diesen Titel mehr verdient als so manch andere Frau.

Obwohl Lee nun überall als Lady Elizabeth Penrose bekannt ist, stellt sie sich lieber als – übrigens mehrfach preisgekrönte – Chefköchin vor: Es ist die einzige Rolle, mit der sie sich identifiziert und in der sie sich öffentlich zeigen mag. Wer sie nach ihrer Vergangenheit befragt, dem antwortet sie ausweichend und knapp: »Ich habe ein paar Fotos geschossen. Aber das ist lange her.« Es gelingt ihr ziemlich gut, jegliche Spur des eigenen Talents hinter einer dicken Nebelwand zu verstecken. Als der Kunsthistoriker Mario Amaya sie eines Tages auffordert, ihre Autobiografie zu schreiben, und den Versuch unternimmt, eine Ausstellung mit ihren Arbeiten zu organisieren, hält Lee ihn hin und antwortet schließlich telegrafisch, dass die meisten ihrer Fotos leider verloren gegangen seien, nachdem sie das New Yorker Studio aufgegeben habe, andere seien während der Besatzung von Paris durch die Deutschen verschwunden und der Rest den Bombenangriffen auf London zum Opfer gefallen. Und sie wirkt derart überzeugend, dass sie, auch dank ihres immer schlechter werdenden Gedächtnisses, schließlich selbst daran glaubt. Zum Glück bleiben die engen Verbindungen zu den Künstlern, mit denen sie die glücklichsten Zeiten ihres Lebens verbracht hat, unberührt von diesem perfekt konstruierten Lügengebäude.

Als Picasso nach England kommt, meidet er die ihm zu Ehren organisierten gesellschaftlichen Events und verbringt seine Tage lieber auf der Farley Farm, wobei es ihm besondere Freude bereitet, gemeinsam mit Antony kleine bunte Wunderwerke zu gestalten. Lee kann sich dafür erkenntlich zeigen, dass er in Kriegszeiten ihren Hunger gestillt hat, und kocht ihm alle möglichen Rezepte auf Tomatenbasis. Begleitet wird er von seiner vierten oder fünften Geliebten-Ehefrau-Gefährtin: Bei dem katalanischen Meister kommt man mit dem Zählen nicht mehr hinterher, aber er ist nicht der Einzige. Alle männlichen Freunde Lees haben mehrfach geheiratet, und meistens sehr viel jüngere Frauen.

»Männer haben sieben Leben, wie die Katzen, zumindest in puncto Sexualleben«, erklärt ihr Jahre später Audrey Withers, um die x-te Eheschließung eines alten Bekannten mit einer jungen Frau zu kommentieren.

»Sie versuchen, das eigene Alter durch die Jugendlichkeit ihrer Partnerinnen zu besiegen. Unsereins lässt sich höchstens mal liften, während sie sich gleich eine anlächeln, die noch frisch und knackig ist«, bemerkt Lee, die in dem Thema sehr bewandert ist. »Das scheint für sie ein unverzichtbares Ritual zu sein, bei dem jedoch eine Menge allzu junger Witwen herauskommen. Ich gehöre jedenfalls nicht dazu.«

Ihr Sarkasmus ist ein heilsames Mittel, sich Luft zu machen. Im Lauf der Jahre hat sie viele Dinge verloren und viele Pfunde an den falschen Stellen zugelegt, aber die beißende Ironie, die sie in ihren Gesprächen stets an den Tag gelegt hat, ist ihr geblieben. Während Audrey noch über die Bemerkung der Freundin lacht, wird Lee jedoch ernst und rückt mit der Wahrheit heraus.

»Versprich mir jetzt, dass du nicht anfängst zu flennen oder irgendwelche dramatischen Szenen zu machen.«

Audrey ahnt die Schreckensnachricht und wartet atemlos, was kommen wird.

»Ich habe Krebs, eine Operation ist unmöglich, ich werde sterben. Das ist alles.«

So ist Lee, sie kündigt ihren Abgang an, als sei sie im Begriff zu einer ihrer Reisen aufzubrechen. In gewisser Weise fühlt sie sich zu diesem weiteren Abenteuer bereit, und abgesehen von ein paar neuen Rezepten, die sie gern noch ausprobiert hätte, und der klassischen Musik, für die sie inzwischen eine große Leidenschaft entwickelt hat, gibt es eigentlich nichts, dem sie hinterhertrauern würde. Die Epoche, die sie durchlebt hat, ohne sich irgendetwas entgehen zu lassen, ist längst vergangen, und ihre besten Freunde sind alle nicht mehr da. Picasso ist mit über achtzig Jahren gestorben, ohne jemals gealtert zu sein, bis zum Schluss verliebt in seine Kunst und die Frauen, die ihn inspiriert haben. Für Roland und Lee ist es ein gewaltiger Verlust, doch seine Gegenwart hat sie, wie Éluard es ausdrückte, für immer erleuchtet: »Das größte Privileg war es, im selben Jahrhundert wie er zu leben.« Auch Max Ernst und Man Ray, die ein seltsames Schicksal einte, sterben im Abstand von wenigen Monaten und hinterlassen in Lees Herzen eine gewaltige Leere. Sie kann sich noch erinnern, wie sie ihrem alten Lehrmeister zwei Jahre zuvor, anlässlich einer von Roland organisierten Retrospektive, zum letzten Mal begegnet ist. Es war ein geselliger Abend wie viele andere, doch Man und Lee kümmerten sich nicht um die Gäste ringsum, sondern schauten sich die ganze Zeit nur unverwandt in die Augen: zwei wunderschöne Alte, die keiner Worte bedurften, um sich zu verstehen. Ein ergreifendes Foto zeigt sie beide zusammen: Er ist inzwischen gebrechlich und sitzt im Rollstuhl, doch seine herausfordernde, stets zum Scherzen aufgelegte Art hat er sich bewahrt; Lee beugt sich lächelnd zu ihm hinab und zeigt unbekümmert das dichte Netz von Falten, das ihr nach wie vor bezauberndes Gesicht überzieht. Das Bild übertrifft all die Meisterwerke in den Museen, auf denen aus immer neuen Blickwinkeln der Körper einer der schönsten Frauen der Welt zu sehen ist. Die Sinnlichkeit, erotische Ausstrahlung und fatale Anziehungskraft, die diese Bilder verkörpern, sind zu wertvollen und in den Büchern oft zitierten künstlerischen Vorbildern geworden, doch nichts ist mit dieser innigen Freundschaft vergleichbar, die die beiden zeitlebens füreinander hegten. An jenem Abend wagte niemand, sich den zwei Ex-Geliebten zu nähern, um nicht den Zauber ihrer Zusammenkunft zu brechen. Doch nun verschwimmt alles in Lees Geist: Die Erinnerungen haben sich in nur halb entwickelte Fotografien verwandelt. Sie schweben in der Wanne ihres Gedächtnisses, ohne genaue Konturen.

Als sich ihr Zustand verschlimmert, weicht Roland nicht

mehr von ihrer Seite und wacht Tag und Nacht an ihrem Bett. Die Vorstellung, dass die Frau mit dem unmöglichen Charakter, die sein Leben erhellt hat, nun geht, ist ihm unerträglich. Trotz der ständigen Streitereien hat er sich nie von ihr trennen wollen und hat auch mit sich selbst gerungen, um sie ja nicht zu verlieren. Nun kann er sich einfach nicht damit abfinden, ohne sie leben zu müssen.

Lee ist hingegen so ruhig wie nie zuvor, und in ihrem Dämmerzustand findet sie Kraft, zu scherzen und das schmerzerfüllte Publikum zu erheitern, das sich um ihr Bett versammelt hat. Sie ruft allen ins Gedächtnis, dass sie während des Winters ein paar Schneebälle eingefroren hat, damit die Gäste auf der Farley Farm im Sommer etwas zum Spielen haben; eine Tradition des Hauses, die, auch wenn sie nicht mehr am Leben sein sollte, unbedingt fortgesetzt werden müsse. Ein recht eigenwilliges und einer Surrealistin würdiges Vermächtnis. Aber wenn sie genauer nachdenkt, gibt es doch noch etwas, das die kurze Liste der Dinge, denen sie nachtrauert, verlängert. Eine kleine Sonne ist allzu spät in ihr Leben getreten. Eine Begegnung, die das Zimmer erhellt, in dem sie seit Tagen liegt und die Stunden zählt, die sie von der nächsten Morphingabe trennen. Es ist ein kleines neugeborenes Mädchen, das Antony und seine Frau Suzanne mitgebracht haben, um es ihr zu zeigen: ein Enkelkind, das unverhofft in dieses Haus kommt und es mit Geräuschen und Gerüchen füllt, die sie längst vergessen hatte. Und Lee, die eigentlich nichts für Kinder übrig hat, ist erstaunt über die zärtlichen Gefühle, die ihr dieses winzige Wesen einflößt. Antony, zu dem sie die komplizierteste Beziehung ihres Lebens hatte, hat ihr kurz vor dem Tod das schönste Geschenk überhaupt gemacht. Schade nur, dass sie nicht mehr miterleben wird, wie die Kleine aufwachsen und ihr Leben als junge Frau in einer Welt meistern wird, die trotz der Jahre, die seit Lees Kindheit vergangen sind, für junge Draufgängerinnen noch immer voller Hindernisse und Schwierigkeiten steckt. Sie hätte etliche Ratschläge und unzählige Geschichten zu erzählen. Schließlich hat nicht jede ein so schlechtes Vorbild zur Großmutter, und wenn sie darüber nachdenkt, wäre es nun vielleicht doch an der Zeit, dass jemand ihr bewegtes Leben wieder ans Licht brächte. Zumindest für die Kleine, die sie mit ihrem frechen Gesichtchen unverwandt anschaut und beim Anblick der Grimassen, die Lee für sie schneidet, in schallendes Lachen ausbricht, während Antony die beiden überglücklich beobachtet und sich angesichts dieses neuen magischen Bundes endlich mit seiner Kindheit versöhnt.

Lee würde ihr gerne etwas schreiben, aber ihr fehlt die Kraft, und als sie Roland in seinen Schmerz versunken neben sich sieht, bittet sie ihn, wie schon so oft, ihr die Füße zu massieren.

»Weißt du, dass uns ein Weltkrieg erspart geblieben wäre, wenn Hitler jemanden gehabt hätte, der ihm so gut die Füße massiert? Habe ich dir das schon mal gesagt?«

»Ja, Lee. Sehr oft.«

Am Himmel, den man durch das Fenster sieht, haben sich weiße Wolken gebildet, die aussehen wie gemalt, fast als sei der gute John Constable höchstpersönlich in Aktion getreten, um ihr diesen letzten Anblick zu bescheren.

Doch ein Strahl des nahenden Sonnenuntergangs durchdringt die idyllische Landschaft und kündet von einem anderen möglichen Szenario, und ihr kommt ein einziger Gedanke in den Sinn, den sie dem Mädchen gern hinterlassen würde.

Ja. Sie muss ihr unbedingt sagen, dass sie niemals aufhören darf, nach dem sonnigen Anderswo zu suchen, das ganz bestimmt irgendwo auf sie wartet, auch wenn sie selbst es noch nicht weiß.

»Glaubt mir, es ist alles wahr!«

LEE MILLER

Europa 1945–46

Dave Scherman hat einen stabilen Chevrolet Baujahr 1937 erworben. Nachdem er den Wagen olivgrün lackieren ließ, hat er auf der Motorhaube in Großbuchstaben und weißer Farbe die Aufschrift »Life« angebracht. Und Lee hat ihn – getreu ihrem Ritual – auf den Namen Jemina getauft. Es macht ihr Spaß, ihren Autos Namen zu geben und sie auf diese Weise in treue Reisegefährten mit eigener Persönlichkeit zu verwandeln. Sie und Dave sind inzwischen ein gut eingespieltes Team, und mehr denn je sind sie auf einen zuverlässigen mechanischen Helfer angewiesen, der ihnen bei ihren neuen Expeditionen im Gefolge der alliierten Truppen gehorsame Dienste leistet. Sie beladen den Wagen bis zur Belastungsgrenze mit Fotoapparaten, Blitzgeräten und Filmmaterial, vor allem aber mit Kanistern voller Benzin, dem kostbarsten Gut für Kriegsberichterstatter.

Roland hat alles versucht, um Lee zur Heimkehr zu bewegen, er möchte, dass sie dem Krieg, dem sie sich an die Fersen geheftet hat, als sei er ihr einziger Lebenssinn, endlich den Rücken kehrt. Er ist besorgt wegen möglicher Gefahren, und zum ersten Mal streiten sie erbittert. Aber sie hält starr an ihrer Entscheidung fest und geht auf Konfrontation.

»Ich bin nicht Aschenputtel, das nur darauf wartet, in einen verdammten Glaspantoffel zu schlüpfen.«

Thema beendet. Vorläufig hegt Lee nicht die Absicht, sich von ihrem Märchenprinzen erretten zu lassen. Roland findet sich schweren Herzens damit ab, aber wie schon so viele Liebhaber vor ihm weiß er nur zu gut, dass er zurückstecken muss, wenn er die Beziehung zu dieser explosiven Frau aufrechterhalten will. Niemand vermag sie zu stoppen, nun, da sie endlich ihre Berufung gefunden hat. Aber es ist nicht der bloße Abenteuerdrang, sondern etwas Tiefergreifendes, das sie antreibt zu ergründen, was sich hinter der glorreichen Befreiung verbirgt. Lee schreibt darüber in einem soeben in der *Vogue* erschienenen harschen Artikel.

»Der Stil der Befreiung ist nicht gerade rühmlich. Es kommt zu fröhlichem Überschwang mit Wein und Gesang. Überall erstrahlt die schöne Farbe der Freiheit, aber da sind auch Ruin und Zerstörung. Es gibt Fehler und Probleme, enttäuschte Hoffnungen und nicht gehaltene Versprechen.«

Durch die schlammbespritzten Scheiben ihres Chevrolets erspäht sie die langen Züge der Flüchtlinge, die zu Fuß oder auf Viehwagen zusammengepfercht den Weg nach Hause suchen. Es sind arme, einsame Menschen, die sich monatelang versteckt gehalten hatten, um den Verfolgungen zu entkommen, oder Kriegsgefangene oder halb verhungerte Alte und Kinder, die keine Angehörigen mehr haben: ein Gewimmel von Menschen aus den unterschiedlichsten Ländern, die alles verloren haben und nun, mehr noch als den Tod, die ungewisse Zukunft fürchten, die vor ihnen liegt. Lee durchquert das von ihr abfällig so bezeichnete Krautland, ohne ihre Wut auf das deutsche Volk zu verhehlen, das in ihren Augen mitschuldig an all den Gräueln ist. In Aachen fotografiert sie den wie durch ein Wunder unzerstört gebliebenen Dom: ein Mahnmal gegen die Barbarei. Doch der Chefredakteurin, die sie um einen Beitrag über die Einwohner bittet, gesteht sie, dass sie sich nicht von ihren heftigen Ressentiments befreien könne, die ihr jede objektive Berichterstattung unmöglich machen. Unermüdlich fährt sie durch die schönen Landschaften mit den bestellten, für die Ernte bereiten Feldern, und begegnet lächelnden wohlgenährten jungen Frauen in anmutigen traditionellen Kleidern, Frauen, die anscheinend nichts von der Tragödie ahnen, die ihre Väter oder Ehemänner mit herbeigeführt haben. Jedes Mal, wenn sie in den befreiten Gebieten auch nur das geringste Anzeichen von Wohlstand und Wachstum erkennt, wird Lee von einem wilden Hass ergriffen. Ihr kommt sofort das Leid in den Sinn, das die Deutschen durch ihr blindes Festhalten an jener kranken Ideologie verursacht haben, während jetzt alle unter kollektivem Gedächtnisschwund zu leiden scheinen. Diese Menschen waren auf den Plätzen zusammengeströmt, um bei den Auftritten des Führers begeisterten Beifall zu spenden, sie waren stolz auf diesen mickrigen Kerl, der die Überlegenheit der arischen Rasse und die unumgängliche und vollständige Vernichtung von Juden und politischen Gegnern predigte. Doch nun, da Lee jeden befragt, der ihr auf der Straße begegnet, findet sich niemand, der zugeben würde, auch nur die geringste Sympathie für das im Niedergang begriffene Regime zu hegen. »Alle hier behaupten, niemals Nationalsozialisten gewesen zu sein. Und keiner will davon gewusst haben, dass man die deportierten Juden wie Sklaven behandelt hat.« Dabei hätten sie lediglich den Reden des Verbrechers zuhören oder ein paar Zeilen in »Mein Kampf« lesen müssen, um sich des Abgrunds bewusst zu werden, auf den sie zusteuerten. Lee kann diesen Unschuldsbeteuerungen keinen Glauben schenken, verbittert und mit einem nie zuvor in dieser Härte verspürten Groll im Herzen bewegt sie sich durch die Trümmer. Nachts, wenn die Unruhe sie erfasst, schreibt sie lange Briefe an Roland, in denen sie ihm ihre aufrichtig empfundene Liebe beteuert. Doch kaum wird es Tag, stopft sie die beschriebenen Seiten in den Rucksack, schickt sie niemals ab. Es ist der verzweifelte Versuch, Ordnung in ihrem gedanklichen Wirrwarr zu schaffen und die innere Wut zu zügeln. Zur Ruhe kommt sie nur mit einer starken Dosis Schlafmittel, die sie in grenzenlose Traumwelten entführt.

Kaum erwacht sie aus dem künstlich erzeugten Schlaf, springt sie ins Auto und durchquert hinterm Steuer von Jemina die soeben befreiten Städte. Es herrscht ein ständiger Wechsel zwischen Gebieten, die in Flammen stehen, und anderen, die dem Konflikt entgangen sind. Noch tobt der Krieg, und es gibt keine klare Front mehr. Mancherorts wehen zum Zeichen der Kapitulation weiße Fahnen, während ein paar Kilometer weiter noch immer Widerstand geleistet und weitergekämpft wird. Die Situation ist instabil und gefährlich, Gerüchte über Hitlers Ende gehen um, und auch über Massensuizide, zu denen der Führer als einzig verbleibende Lösung im Fall einer Niederlage aufgefordert hat. Zur selben Zeit, während die Hauptstadt von Bombenangriffen heimgesucht wird und die Russen vor den Toren stehen, geben die Berliner Philharmoniker ihr letztes Konzert. Und derweil das gespenstergleiche Publikum den Klängen von Wagners *Götterdämmerung* lauscht, die von dem dumpfen Dröhnen der Einschläge übertönt werden, verteilt die Hitlerjugend anstelle des Abendprogramms Zyankali-Kapseln an jeden Gast. Die SS-Männer, die Soldaten des Volkssturms, die Regierungsfunktionäre und Parteirepräsentanten sind entsprechend instruiert und bereit zu jenem äußersten Schritt, der sie davor bewahrt, in die Hände des Feindes zu fallen. Sie wollen lieber sterben, als sich dem eigenen Gewissen zu stellen und ihre gerechte Strafe für die begangenen Verbrechen auf sich zu nehmen.

Die Szene, die Lee bei ihrer Ankunft in Leipzig zu Gesicht bekommt, ist entsetzlich.

»In einem der Büros sitzt ein grauhaariger Mann am Schreibtisch, den nach vorn gebeugten Kopf auf den gefalteten Händen. Ihm gegenüber, ausgestreckt auf einem Stuhl, eine blasse Frau mit offenen Augen und einer dünnen Blutspur am Kinn. Auf dem Sofa, zurückgelehnt, ein Mädchen mit außergewöhnlich hübschen Zähnen, wächsern und stumpf. Ihre Krankenschwester-Uniform ist gesprenkelt mit Mörtelspritzern von der Schlacht um das Rathaus, die nach ihrem Tod draußen tobte.«

Wenige Stunden bevor die Stadt in die Hände des amerikanischen Heers fiel, hat sich der Bürgermeister zusammen mit seiner Familie das Leben genommen. Er ist einer von vielen NS-Funktionären, die ihre Ehefrauen und Kinder in ihr ruchloses Schicksal hineingezogen haben.

Lee ist nicht die einzige Fotografin im Gefolge der Truppen: Auch Margaret Bourke-White ist dabei, um für das Magazin *Life* über den Krieg zu berichten. Alle beide verewigen die Szene, doch aus jeweils sehr unterschiedlichen Blickwinkeln. Bourke-Whites Ansatz ist journalistischer und gibt einer Gesamtansicht den Vorzug. Die Aufnahme erfolgt von oben, und durch die Verwendung des Blitzlichts erhält die Darstellung einen kühlen und dokumentarischen Charakter. Lee dringt dagegen in die Szenerie ein, indem sie die Figuren heranzoomt, die nur von dem natürlichen Licht erhellt werden, das durch das Fenster hereinfällt. Unter ihrem teilhabenden Blick verwandelt sich das Geschehen in ein traumartig irreales Fresko. Ihr Interesse gilt nicht der objektiven Realität, sondern dem Gefühl, das der Anblick im Moment der Wahrnehmung auslöst. Beim Betrachten dieser Fotografien spüren wir gleichsam Lees Herz schneller schlagen und das Blut in ihren Adern pulsieren.

Lees Ansatz ist intuitiv und vorbehaltlos und zeugt von ihrer künstlerischen Vergangenheit, doch das schützt sie nicht vor der Brutalität der von ihr dokumentierten Ereignisse. Die Großaufnahme der Bürgermeisterstochter wirkt wie ein präraffaelitisches Gemälde – eine Ophelia, die nicht zwischen Blüten im klaren Flusswasser treibt, sondern niedergestreckt auf dem Ledersessel im Büro des Vaters liegt. Sie ist das unschuldige Opfer einer unsagbar grausamen Barbarei, die sie dazu gezwungen hat, sich in noch jugendlichem Alter mit Gift das Leben zu nehmen. Mit einer einzigen Fotografie veranschaulicht Lee die Sinnlosigkeit und den grausamen Irrsinn des Regimes, das bis dahin in Deutschland an der Macht gewesen war. Von nun an steht sie bei jedem Foto, das sie aufnimmt, unter starkem emotionalen Stress, den sie mit ihrer gewohnten Unverfrorenheit zu überspielen sucht. David Scherman kennt diesen Schmerz, und vielleicht ist er der Einzige, der den Nebel, mit dem die Freundin die eigenen Gefühle verschleiert, zu durchdringen vermag. Er steht ihr während der langen alkoholreichen Nächte bei, in denen sie um Formulierungen für ihre Artikel ringt; er denkt sich Spiele und Bemerkungen aus, um sie in den düstersten Momenten zum Lachen zu bringen; er glaubt an ihr Talent und ermutigt sie zu ihrer Arbeit, die sie gemeinsam und in perfekter Harmonie bewerkstelligen. Gut möglich, dass Dave in Lee verliebt ist – eine auf Wertschätzung, Bewunderung und Komplizenschaft gegründete Liebe. Doch er wagt es nicht, sich eine Zukunft an ihrer Seite auszumalen, auch wenn sie manchmal mit dem Gedanken spielen, gemeinsam ein Studio in New York zu eröffnen. Seine aufrichtige Verbundenheit mit Roland hindert ihn, sich verbotenen Träumen hinzugeben. Nie hätte er geglaubt, einer so besonderen Frau so nahe zu kommen, und das genügt ihm: Wie alle im Krieg, gibt er sich damit zufrieden, von einem Tag auf den anderen zu leben, und an Lees Seite wird jeder Tag zu einer Überraschung.

Als Dave zu einer weiteren Reportage für *Life* genötigt wird, beschließt Lee, allein nach Torgau zu reisen, wo die historische Begegnung zwischen dem sowjetischen und dem amerikanischen Heer erwartet wird. Dank ihres vertrauten Umgangs mit den Alliierten bekommt sie sofort eine Mitfahrgelegenheit in einem mit Maschinengewehren bewaffneten Jeep, gemeinsam mit vier Soldaten des 273. Infanterieregiments. Da sie die üblichen Hauptrouten meiden, gelangt Lee noch vor allen anderen Journalisten ans Ziel. Nachdem sie den legendären Handschlag fotografiert hat, der den nahen Frieden besiegelt, aber auch die Zukunft eines geteilten und zerrissenen Deutschlands vorausahnen lässt, wird Lee von den russischen Soldatinnen »in Beschlag genommen«, die wissen wollen, wie die berühmte amerikanische Unterwäsche aussieht. Sie verständigen sich mit Gesten, schließen jedoch sofort Freundschaft. Die jungen Frauen sind enttäuscht, als sie entdecken, dass die Yankee-Frau keinen Büstenhalter trägt, doch sie bewundern ihren Lippenstift, den einzigen Luxus, den die Berichterstatterin in ihrem spartanischen Gepäck seit Monaten mit sich führt. Lee hat ihren Spaß und versteht sich mit allen, und als Dave tief in der Nacht zu ihr stößt, trifft er sie inmitten der Feierlichkeiten an, bei denen man mit russischem Wodka anstößt und die von den Amerikanern aus der Elbe gefischten Krebse verzehrt. Wer dem Alkohol und der Müdigkeit noch nicht erlegen ist, prostet sich weiter zu, unter den ehrwürdigen Blicken von Roosevelt und Stalin, die von ihren staubbedeckten Porträts, zwei Heiligen gleich, den herrschenden Trubel segnen. An jenem Abend scheint noch eine andere Welt möglich, aber wenn ich heute diese Fotos von händeschüttelnden und sich in den Armen liegenden Russen und Amerikanern sehe, überkommt mich ein merkwürdiges Gefühl; ich habe fast den Eindruck, als würde ich eine raffinierte Fotomontage betrachten, die eine historische Fälschung und nicht ein reales Ereignis zeigt. Doch für jene jungen Leute, die es aus den fernsten Regionen so unterschiedlicher Länder an die Front verschlagen hat, wird der Abend in Torgau zu einem unvergesslichen Ereignis, von dem sie ihren Enkeln, die im frostigen Klima des Kalten Krieges aufwachsen, immer und immer wieder erzählen werden.

Es ist Zeit aufzubrechen. Im Morgengrauen sammelt Lee die Flaschen zusammen, mit denen sie gefeiert haben, und kippt die Reste in einen Kanister: Sie mischt alles, was sie findet, und heraus kommt ein heftiger Cocktail, der immer wieder aufgefüllt wird, sobald sie auf ihrem Weg einen Weinkeller »befreien«. Der Geschmack ist unerträglich, aber die Wirkung garantiert. Wenn man eine derartige Reise vor sich hat, ist ein ordentlicher Vorrat an Alkohol fast ebenso wichtig wie Benzin. Dave erinnert sich an das Staunen der Soldaten, als sie die blonde Frau in der abgetragenen Uniform in kräftigen Zügen aus dem Kanister trinken sahen. Lee ist an der Front längst zu einer Legende geworden, und ihre Fähigkeit, sich mit den Truppen zu verbrüdern, verschafft dem *Life-Vogue*-Team einen Vorteil, sodass die beiden immer vor allen anderen Reportern im richtigen Augenblick am richtigen Ort sind. Die Korrespondentin der *New York Herald Tribune*, Marguerite Higgins, beschwert sich bei Dave mit einem Anflug von Sarkasmus: »Wie ist es möglich, dass ihr beide, du und Lee, jedes Mal, wenn ich irgendwohin komme, um über eine Story zu berichten, bereits wieder im Aufbruch seid?«

Ein großer Wagen mit Journalisten und Fotografen bewegt sich gemeinsam mit den Streitkräften vorwärts, auf der Jagd nach Scoops, auf die die Zeitungen begierig warten, um sie auf ihren Titelseiten zu bringen. Wettstreit gehört zur Tagesordnung, und im Kampf um die neuesten Neuigkeiten herrscht Krieg im Krieg, doch an einem bestimmten Punkt hält die Zeit inne, und das Grauen bringt jede Rivalität zum Schweigen. Als das Befreiungsheer die Tore der Konzentrationslager öffnet, traut niemand seinen Augen. Gleichmütige Veteranen, die die brutalsten Kampfszenen mitangesehen haben, brechen beim Anblick dieser Todesfabriken in Tränen aus. Den ersten Soldaten, die die Lager betreten, verschlägt es praktisch die Sprache: »Es gibt keine Worte für das, was ich gesehen habe …«, lautet der häufigste Satz. Überall ist er zu hören, von Auschwitz bis Bergen-Belsen, von Buchenwald bis Dachau, und an all den anderen mörderischen Orten, die von den Deutschen mit wissenschaftlicher Präzision errichtet worden waren, um ihren perversen Traum von der Massenvernichtung zu vollenden. Angesichts der Aufnahmen von Leichenbergen und den unmenschlichen Bedingungen der Überlebenden ist die Welt gezwungen, eine Realität zur Kenntnis zu nehmen, von der viele geahnt haben, aber die anzuprangern nur wenige den Mut fanden.

Lee und Dave sind Teil jener Schar von Fotografen, die als Erste die befreiten Lager betreten. Das Oberkommando der Alliierten hat sie beauftragt zu bezeugen, was Worte nicht beschreiben können. Ohne sie würden die Holocaustleugner ihre Lügengeschichten, die wir nach so vielen Jahren noch immer zu hören genötigt sind, heute noch viel lauter verbreiten.

Anfangs ist Lee nicht in der Lage zu fotografieren: Wie alle ist sie fassungslos. Nicht einmal ein kranker Geist mit noch so makabrer und perverser Fantasie hätte sich einen solchen Anblick ausmalen können. Die wie Holzscheite übereinandergestapelten Leichen sondern einen bestialischen Gestank nach verwesendem Fleisch und Exkrementen ab: Die Körper sind ausgemergelt, fast bis zur Unkenntlichkeit abgemagert und haben kaum noch ein menschliches Aussehen; sie unterscheiden sich nicht mehr durch Geschlecht oder Alter, bilden nur noch eine unförmige Masse aus skelettartigen Gliedmaßen, zwischen denen eingefallene Gesichter mit aufgerissenen Mündern und Augen zum Vorschein kommen. Einige Journalisten halten den Anblick nicht aus, ziehen sich in eine Ecke zurück und übergeben sich. Lee greift mit zitternden Händen zu ihrer Rolleiflex und beginnt ihren Kampf gegen das Grauen.

Die von Elizabeth Miller stammenden Fotografien aus den Konzentrationslagern Buchenwald und Dachau sind nicht nur das Zeugnis einer Kriegskorrespondentin, sondern ergänzen die reine Dokumentation des geschichtlichen Ereignisses um einen künstlerischen Blickwinkel, der dem Betrachter alles nur noch eindringlicher und schmerzlicher erscheinen lässt. Im Gegensatz zu anderen Reportern beschließt Lee, die unmenschliche Realität der Lager mit einem »surrealistischen Auge« einzufangen, und dank der in den Pariser Jahren erprobten Technik der Fragmentierung findet sie zu ungewöhnlichen Bildausschnitten, mit denen eher bestimmte Details als eine Gesamtsicht betont werden. Bei der Aufnahme *Dead Prisoners* werden die vor den Krematorien angehäuften Berge lebloser Häftlinge aus dem Kontext ihrer Umgebung gerissen: nirgendwo der Umriss eines Gebäudes, die ergriffene Gegenwart eines Zeugen oder ein Fleckchen Hoffnung spendenden Himmels. Jede Ablenkung wird vermieden und das reine Grauen in den Fokus genommen. Unser Blick ist erbarmungslos von einem Detail im Vordergrund gefangen genommen, das aus nichts als skelettartigen Körpern besteht, als wolle Lee uns jeglicher Filter und jeglichen Trosts berauben und uns zwingen, diese extreme Erfahrung höchstpersönlich zu erleben. Es ist ein schmerzliches Bild, das eher an ein Gemälde als an eine Fotografie erinnert, und die Poesie, die wir in dieser Grauenhaftigkeit erfassen, schmerzt mehr als jede realistische Herangehensweise. Ebenso wie Mantegnas *Beweinung Christi* oder Picassos *Guernica* hat auch Lees Arbeit etwas Bedrängendes und nötigt uns dazu, über das nachzudenken, was wir sehen. Zerstörung und Tod bergen eine Schönheit, die Lee mit barmherzigem Blick erfasst und damit die Grenzen der von einer journalistischen Reportage geforderten Objektivität überschreitet.

Wenn ich Lees Aufnahmen aus den Lagern betrachte, berührt und bewegt mich vor allem diese immer wieder anzutreffende ästhetische Qualität, die einzigartig ist für dieses Genre. Auf einer ihrer vielleicht nicht ganz so berühmten Aufnahmen ist nur das Bein eines der Vernichtung entkommenen Häftlings zu sehen; als solcher erkennbar ist er an den gestreiften Hosen, die Teil der vorgeschriebenen Häftlingskleidung waren. Er hat keine Schuhe, und die Füße sind notdürftig in mehrere Schichten zerlumpter Socken gehüllt, um sich während der Zwangsarbeit in den eisigen deutschen Wintern vor der Kälte zu schützen. Aber aufgrund einer merkwürdigen optischen Täuschung sehen diese ungewöhnlichen Strümpfe wie Ballettschuhe aus, nicht zuletzt auch wegen der besonderen Haltung, mit der sie sanft den Boden berühren. Der zu einem furchtbaren Tod verdammte Mann wird durch Lees Objektiv zu einem anmutigen Tänzer, der sich zu einem von ihm niemals erträumten Tanz der Freiheit anschickt. Wir wissen nur zu genau, welchem Schicksal er wie durch ein Wunder entkommen ist. Lee beschreibt es in einem ergreifenden Brief an Audrey Withers.

»Ein großes staubiges Gelände, zertrampelt von vielen tausend Füßen Verurteilter – von Füßen, die schmerzten und schlurften und vor Kälte auf der Stelle traten, um den Schmerz zu lindern, und die schließlich zu nichts mehr nutze waren und nur noch dazu dienten, zur Gaskammer zu gehen.«

Mit einer anderen Fotografie veranschaulicht Lee das Drama der Überlebenden, die wie verlorene Seelen zwischen den

Bergen von Leichen umherstreifen, ohne dabei das geringste Entsetzen oder Staunen an den Tag zu legen. Durch die permanente Todesnähe und die Verfolgungen haben sie jegliche Gefühlsregung verloren, sie gleichen eher leblosen Larven als menschlichen Wesen. Die systematische Entwürdigung der Feinde gehörte zu den Hauptzielen der Nationalsozialisten. Bevor man sie körperlich vernichtete, wurden sie ihrer Identität, ihrer familiären Bindungen, ihrer persönlichen Gegenstände, ihrer Selbstachtung und Würde beraubt und Charakter und Individualität Stück für Stück zerschlagen, bis jegliche menschliche Spur zum Verschwinden gebracht war. Hannah Arendt hat eben das mit beeindruckender Präzision beschrieben.

»Das Endresultat sind jedenfalls entseelte und das heißt psychologisch nicht mehr zu begreifende Menschen, deren Rückkehr in die [...] Menschenwelt in der Tat der Wiederauferstehung des Lazarus auf das genaueste gleicht.«

Lee bewegt sich wie unter Schock durch das Lager und versucht, den dichten Schleier aus Schmerz und Resignation zu durchbrechen, in den die Überlebenden gehüllt sind. Einem ausgezehrten jungen Mann, der wie ein Lumpenhaufen in der Ecke einer Baracke kauert, bietet sie ihre K-Ration an, doch die Soldaten ermahnen sie. Es ist ein fataler Fehler, den Häftlingen zu essen zu geben, da ihre Körper nicht mehr an Nahrungsaufnahme gewöhnt sind und der Verdauungsapparat derart degeneriert ist, dass sie davon sterben können. Viele der Menschen, die wie durch ein Wunder die Barbarei der Lager überlebt haben, sind durch einen makabren Scherz des

Schicksals wenige Stunden nach der Befreiung eben wegen jener Gelage gestorben, mit denen man die Rückkehr ins Leben feiern wollte. Eine kahl rasierte junge Frau, die so abgezehrt ist, dass ihre Gesichtszüge kaum noch zu erkennen sind, nähert sich der blonden Fotografin und streichelt ihr über die Lippen: Ein kleiner Funken Leben flackert in den schwarzen Brunnen auf, in die sich ihre Augen verwandelt haben. Ihr Gebaren wirkt befremdlich, doch Lee begreift, dass die den Lippenstift bewundert, den sie auch an diesem Morgen mit mechanischer Geste aufgetragen hat, ohne dabei in den Spiegel zu schauen. Sie sucht in ihrem Rucksack und schenkt ihn ihr, versucht ein paar scheue Worte zu wechseln. Die junge Frau antwortet nicht, aber ein Lächeln, das eher einer Grimasse gleicht, erhellt ihr Gesicht. Dann wendet sie sich ab, drückt das kostbare Geschenk an die Brust. Die Erinnerung an die Frau, die sie einst war, ist dank eines kleinen Zeichens der Eitelkeit, die ihr durch die zwangsweise Entstellung abhandengekommen war, wieder an die Oberfläche emporgetaucht.

Der tiefere Sinn dieser Episode ist mir klar geworden, nachdem ich das Werk *Holocaust* des Streetart-Künstlers Banksy gesehen hatte, der ein altes Schwarz-Weiß-Foto von KZ-Häftlingen hinter einem Stacheldraht bearbeitet hat. Auf ihre Münder trug der Künstler mit roter Farbe eine dicke Schicht Lippenstift auf. Die Wirkung ist krass, das Ganze grenzt ans Geschmacklose und hat nicht von ungefähr für heftige Diskussionen gesorgt. Zur Erläuterung seines Vorgehens führt Banksy den Zeugenbericht von Leutnant Colonel Mervin Gonin an, der 1945 zu den ersten Soldaten gehörte, die das Lager Bergen-Belsen befreiten.

»Es war kurz nachdem das Britische Rote Kreuz ankam, wobei das eventuell nicht damit zusammenhing, dass eine große Menge Lippenstifte ankam. Das war alles andere, als was wir Männer wollten [...] und ich weiß nicht, wer Lippenstifte bestellt hatte. Ich wünschte so sehr, ich könnte herausfinden, wer das war, es war ein Geniestreich [...]«

Er erinnert sich, wie die Frauen, die nichts mehr besaßen, nicht einmal einen Morgenrock, um ihre abgemagerten Körper zu verhüllen, glücklich und mit roten Lippen auf ihren Betten lagen. Sie waren wieder zu Menschen geworden, waren nicht länger nur auf die auf ihren Arm tätowierte Nummer reduziert. Siebzig Jahre danach ist es schwierig, in die Seelen derer vorzudringen, die diesen Albtraum überlebt haben. Die historischen Zeugnisse lassen nur teilweise erahnen, welche Traumata die Opfer der Verfolgungen erlitten haben. Wir können die Erinnerung an jenen Wahnsinn, der so apokalyptisch und so weit weg ist, dass er uns fast irreal erscheint, in Schwarz-Weiß lebendig halten, doch wer die Orte der Erinnerung persönlich aufgesucht hat, dem wird bewusst, dass sie Teil unserer Farbwelt sind und dass die Berge an Kleidern, Brillengestellen und Menschenhaar, die man bewahrt hat, damit niemand vergessen möge, so real und greifbar sind, als sei das alles gerade eben geschehen. Die Männer und Frauen von damals, die Dachaus blauen Himmel über dem Holocaust haben schimmern sehen, sind zutiefst erschüttert, und so wie Lee haben viele von ihnen den Glauben an eine Zukunft verloren. Das Telegramm, das die Korrespondentin Elizabeth Miller zusammen mit ein paar Filmrollen an die *Vogue* schickt, besteht nur aus den folgenden knappen Worten: »Glaubt mir, es ist alles wahr!« Sie bilden den Titel des durch die Fotos aus den Konzentrationslagern ergänzten Artikels. Eine Zeitschrift, die sich eigentlich nur den Themen eines sorglosen Luxusdaseins widmet, wird plötzlich von der grauenhaften Wirklichkeit erdrückt. Ein extremer Kontrast, vielleicht der surrealistischste Akt in Lees Karriere überhaupt. Chefredakteurin Audrey Withers ist stolz auf ihre Leistung und ermahnt sie zur Weiterarbeit.

Nach ihrem Abstieg in die Hölle der Lagerrealität ist Lees Wut auf die »wohlgenährten« Deutschen nur umso heftiger, und die Fotos der nunmehr in den Lagern inhaftierten SS-Leute sagen mehr als alle Worte. Es sind erbarmungslose Aufnahmen, bei denen das Objektiv ganz auf die von Schlägen geschwollenen Gesichter gerichtet ist, fast als handle es sich um einen persönlichen Racheakt. Als die Alliierten die Mauern des Konzentrationslagers durchbrechen, erscheint vor den Augen der ungläubigen Gefangenen eine parallel existierende Welt. Wenige Meter entfernt von dem Grauen, das sie hatten erleben müssen, taucht, einem Trugbild gleich, eine Gruppe gepflegter Häuschen mit hübschen, blühenden Gärten auf, deren Bewohner ein sorgloses und zufriedenes Leben führten. Das amerikanische Kommando nötigt diese »ahnungslosen« Bürger zu »geführten Besuchen«, um ihnen ohne Wenn und Aber die Wahrheit vor Augen zu halten, die sie verdrängt hatten. Tag für Tag hatten sie den Rauch aus den Schornsteinen der Krematorien in den Himmel aufsteigen sehen, hatten mit dem beißenden Geruch des Todes gelebt, ohne sich jemals Fragen zu stellen. Nun werden sie dazu verdammt, all die Leichen, die die geflohenen Folterknechte zurückgelassen haben, zusammenzutragen. Lees Artikel über den langen Zug der Bewohner aus Weimar, die man gezwungen hatte, das Lager zu besuchen, ist einer ihrer sarkastischsten und bissigsten Beiträge überhaupt.

»Deutschland ist ein schönes Land, gesprenkelt mit Dörfern wie Diamanten, befleckt mit Städten voll Schutt und bewohnt von Schizophrenen.«

Dave und Lee kehren erschöpft nach München zurück, sie fahren schweigend, beide in ihre Gedanken versunken. Der Rucksack ist voller Filmrollen, die sie an ihre jeweiligen Zeitschriften schicken müssen, aber die Bilder aus Buchenwald und Dachau sind nicht nur auf ihrem Filmmaterial verewigt. Was sie gesehen haben, wird sie für immer zeichnen. Es sind Erinnerungen, die sich nicht verdrängen lassen, und sie wissen, dass sie irgendwie damit fertigwerden müssen. Als sie die ihnen zugewiesene Unterkunft erreichen, stellen sie zu ihrem Erstaunen fest, dass es sich um Hitlers Privatwohnung handelt. Hier hat sich der Führer mit den namhaftesten Gästen vergnügt; etwa mit dem faschistischen Diktator Benito Mussolini, den er vor dem Krieg wie einen Helden verehrte. Vor allem aber diente das Haus am Prinzregentenplatz 16 dem obersten Führungskopf des Dritten Reichs als Liebesnest, das er mit seiner Geliebten Eva Braun teilte, einer farblosen und scheinbar wenig prägnanten Persönlichkeit, die den an Hitlers Privat- und Sexualleben interessierten Historikern nach wie vor ein Rätsel bleibt. Lee betritt die Wohnung wie in Trance, als Erstes fällt ihr auf, wie gewöhnlich die Einrichtung ist. Die Möbel sehen aus, als seien sie in aller Eile während eines langweiligen Nachmittags in einem Billigkaufhaus erstanden worden, kümmerliche Plastikblumen zieren den Flur, und auf den Wandborden reihen sich chinesische Porzellanfiguren von derart minderwertiger Qualität, dass nicht einmal ein Trödler sie kaufen würde. Ein klobiger Bücherschrank aus Eichenholz enthält alle Abenteuerromane von Karl May. Bei der Vorstellung, dass Hitler, nachdem er tagsüber die wirksamsten Massenvernichtungswaffen ersonnen hat, abends die Geschichten des deutschen Autors über Cowboys und Rothäute liest, muss Lee unwillkürlich lachen.

Der absurde Gegensatz zwischen dem Nippes und den anmaßenden Bekundungen des Mannes, der sich zum Herrscher über die Welt aufschwingen wollte, macht sie zutiefst betroffen. Aber womit hatte sie gerechnet? Dieser mickrige Kerl ist gleich zweimal von der Wiener Kunstakademie abgewiesen worden, und das Ganze könnte als die Geschichte eines armseligen Frustrierten gedeutet werden, der, getrieben von nagenden Neidgefühlen, beschließt, sich an der ganzen Welt zu rächen. Es ist zwecklos, nach tieferen Erklärungen zu suchen. Jahre später wird Hannah Arendt uns helfen, die »Banalität des Bösen« zu erfassen und viele der Fragen beantworten, die sich Lee in jenen aufwühlenden Stunden stellt.

»Ich bin in der Tat heute der Meinung, dass das Böse immer nur extrem ist, aber niemals radikal, es hat keine Tiefe, auch keine Dämonie. Es kann die ganze Welt verwüsten, gerade weil es wie ein Pilz an der Oberfläche weiterwuchert.«

Als sie endlich in die mit warmem Wasser gefüllte Badewanne des Führers eintaucht, erwacht Lee zu neuem Leben, und einem genialen Einfall folgend inszeniert sie das letzte Foto an diesem zermürbenden Tag. In den Lagern hat sie andere

»Badezimmer« zu Gesicht bekommen, ausgeklügelt von den raffiniertesten Köpfen des Regimes, um in möglichst kurzer Zeit möglichst viele Häftlinge zu eliminieren: eine in makabrem Sinne geniale Idee, anstelle von Wasser tödliches Gas entströmen zu lassen. Man macht sich dabei die Hände nicht schmutzig, und alles läuft wie am Fließband. Lee beschreibt es mit folgenden Worten:

»Die selektierten Opfer gingen, nachdem sie ihre Kleider abgelegt hatten, ahnungslos hinein, um sich baden und entlausen zu lassen. Indem sie die Wasserhähne aufdrehten, brachten sie sich selbst um und ersparten auf diese Weise der SS sogar noch das Stigma, Mörder zu sein.«

Die Menschen zur Selbstvernichtung zu zwingen, indem man ihnen trügerischerweise eine Dusche in Aussicht stellt, ist der Gipfel an technologischem Sadismus, denkt Lee, während sie ihren Körper einseift und die Wärme des Wassers genießt.

Der unerträgliche Gestank nach verwesendem Fleisch, der von den tagelang in der Sonne liegenden Leichen stammte, hat sich in ihren Nasenlöchern eingenistet und lässt sie nicht mehr los. Vor ihrer Flucht hatte die SS noch versucht, die Beweise für ihre brutalen Taten zu vertuschen, aber es war ihr nicht gelungen, all die Leichen der letzten Tage zu beseitigen: Der Brennstoff war ausgegangen, und die Krematorien, die bis dahin ununterbrochen in Betrieb gewesen waren, standen nun still und hinterließen für alle sichtbar die unvollendete Vernichtung.

Dave Scherman befolgt exakt die Anweisungen seiner Kollegin und nimmt als einziger Zeuge dieser außergewöhnlichen

Darbietung einen ganzen Film für sie auf. In der Bildmitte, dem Objektiv zugewandt, sieht man das in seiner Rätselhaftigkeit an eine Sphinx erinnernde Gesicht Lees. Es ist ein Akt des Aufbegehrens, den sie hier, an dem privatesten Ort des grausamsten Menschen der Welt, vollzieht.

So wie die Dadaisten während des Ersten Weltkrieges bedient sich auch die Kriegsberichterstatterin für die *Vogue* des schwarzen Humors. Dass sie auf provokante Weise die Absurdität des Krieges veranschaulichen will, indem sie sich vor dem strengen Porträt des Führers entkleidet und die Wanne beschmutzt, in der er selbst nackt gelegen hat, ist nicht bloß als dreiste Geste, sondern als eine Abrechnung nach allen Regeln der Kunst zu verstehen. Und dass eine Frau dies tut, macht das Ganze nur umso brisanter. Nichts kann die Wut eindämmen, die sich in Lee entlädt, und was sie beim Anblick des Grauens empfunden hat, lässt sich sicher nicht mit einem Bad wegwaschen. Selbst nach über siebzig Jahren ist dieses Foto noch immer aktuell und sollte all denen zur Mahnung gereichen, die in ihrer Gedankenlosigkeit glauben, mit der verharmlosenden Bezeichnung »Faschisten des dritten Jahrtausends« könne man sich der eigenen tragischen Geschichte einfach so entledigen.

An diesem Abend schreibt Lee einige wenige Zeilen an Audrey, die sie zusammen mit den Artikeln und Filmen für die Zeitschrift abschickt. Darin gesteht sie, dass sie Hitler bis dahin als ein grauenhaftes Ungeheuer betrachtet habe, dass er ihr aber nun, da sie sein Haus gesehen und mit Nachbarn von ihm gesprochen habe, »weniger mythisch und dafür umso schrecklicher« erscheine und dass er eigentlich nichts Menschliches an sich habe. Er sei »wie ein Affe, dessen Gesten den

Menschen peinlich berühren und demütigen, weil er uns unser Spiegelbild wie eine Karikatur vorhält.«

Während Scherman sie in der Badewanne fotografiert, weiß Lee noch nicht, dass sich Hitler im Bunker der Reichskanzlei – wo er zusammen mit dem deutschen Oberkommando seit Monaten gehaust hatte, ohne sein kränkliches Gesicht jemals der Sonne auszusetzen – gemeinsam mit Eva Braun das Leben genommen hat. Bis zum Schluss hat er dem dezimierten Heer absurde Befehle erteilt und jegliche Möglichkeit der Kapitulation vereitelt. In einem letzten Anfall von Wahn hat er sogar Jugendliche und Kinder dazu getrieben, für die Verteidigung der längst in Trümmern liegenden Stadt Berlin anzutreten. Der oberste Befehlshaber, der das Land in den Krieg gestürzt hat, hat sich mit allem Komfort unter der Erde verschanzt, während die Berliner am Ende ihrer Kräfte sind und mit Mühe und Not in den Kellern überleben, ohne Nahrungsmittel, ohne Wasser und in ständiger Angst vor den nahenden und ob erlittener Verluste nach Rache sinnenden Russen. Frauen und junge Mädchen werden zu willkommenen Opfern einer ganzen Reihe grausamer Vergewaltigungen seitens der Roten Armee: Sexuelle Gewalt ist die bevorzugte Waffe eines jeden Konflikts, und trotz des technologischen Fortschritts und immer raffinierteren Kriegsgeräts, dessen wir uns heute rühmen, hat bisher noch kein Krieg auf diese Barbarei verzichtet.

Nachdem sie die Zyankali-Kapseln an ihrem über alles geliebten Hund Blondie erprobt haben, nehmen sich Adolf Hitler und die Frau, mit der er seit wenigen Stunden verheiratet ist, am 30. April 1945 um 15.30 Uhr das Leben. Die offizielle Nachricht vom Tod des Führers dringt erst am nächsten Tag in die Welt, während Dave und Lee unterwegs zum Kehlsteinhaus sind, jenem Refugium des obersten Kopfs des Dritten Reichs, das sich wie ein Schmuckstück in die bayerischen Alpen einfügt. Als sie Berchtesgaden erreichen, hat das 15. Regiment unter dem Kommando von John W. O'Daniel, genannt »Iron Mike«, bereits das vereinnahmt, was von Hitlers Luxuschalet noch übrig geblieben ist, nachdem es die fliehende SS in Flammen gesteckt hatte. Es ist eine mondlose Nacht, doch die Flammen der brennenden Villa lodern derart hoch, dass man kein Blitzlicht braucht, um die Szene zu verewigen. Lees Wangen sind vom Feuer gerötet, während sie ein Foto nach dem anderen schießt und sich die Soldaten in ihrem Freudentaumel mit den Jahrgangsweinen betrinken, die sie aus Hitlers Weinkellern erbeutet haben. Alle wollen sich irgendein Fundstück sichern, das die Flammen überdauert hat, eine Reliquie aus einer endgültig untergegangenen Epoche – wobei sich Lee dessen gar nicht so sicher ist.

Dave hat ihr ein Silbertablett mit den Initialen »A. H.« besorgt, und auch eine NS-Flagge, die sich die Korrespondentin um den Hals legt, als wäre es ein Accessoire aus einer Haute-Couture-Kollektion.

»Auf diesem Tablett werde ich Aperitifs servieren, und jedes Mal, wenn meine Gäste auf etwas anstoßen, feiern sie gleichzeitig, ohne es zu wissen, auch das Ende Hitlers.«

»Und das Ende des Nationalsozialismus«, fügt Dave hinzu und reicht ihr eine aus den Kellern des Berghofs entwendete Flasche Champagner.

»Glaubst du wirklich, dass wir uns für immer von diesem Gift befreit haben?«, fragt Lee und umklammert die Flasche.

»Der Tyrann hat sich selbst umgebracht, und sein Reich

steht in Flammen.« Dave ist so überdreht wie alle anderen und versucht, seine eigene Euphorie auf Lee zu übertragen.

»Der Tyrann? Ich möchte dich daran erinnern, lieber Scherman, dass Adolf Hitler von den Deutschen höchstpersönlich gewählt wurde und dass ihn die Österreicher triumphierend und wie einen Helden empfangen haben, während er vor ihren Augen zahllose jüdische Familien deportieren ließ.«

Dave schafft es nicht, der eisernen Logik der Freundin etwas entgegenzusetzen, und um das Gespräch zu beenden, schließt er sie in die Arme und küsst sie mit der ganzen Kraft, die ihm nach dem tagelangen Wettlauf mit der Geschichte noch verblieben ist. Es ist ihre letzte gemeinsame Nacht, und er will keine Zeit mit Diskussionen verlieren, zumal er weiß, dass sie leider recht hat. Nachdem Deutschland kapituliert hat, ist er nun, wie viele seiner Kollegen, in die Heimat zurückgerufen worden. Doch Lee hegt nicht die Absicht, ihm nach New York zu folgen, und erst recht nicht will sie zurück zu Roland nach London. Ihre Unruhe treibt sie dazu, allein weiterzureisen, und hinterm Lenkrad von Jemina steuert sie in Richtung Österreich: Sie will tiefere Einblicke gewinnen in das in Trümmern liegende, noch immer brennende Europa, will herausfinden, welches Schicksal Millionen von Menschen erwartet, denen man jene bessere Welt versprochen hatte, für die so viele ihr Leben gelassen haben.

Sie zeigt sich unduldsam all denen gegenüber, die ihr zum Abbruch dieser eher einer Flucht gleichenden Reise raten, und Augenblicke der Verzweiflung wechseln mit Zuständen überbordender Euphorie. Der mörderische Cocktail aus Alkohol, Schlafmitteln und Benzedrin, der ihr inzwischen zur täglichen Gewohnheit geworden ist, trägt nicht gerade dazu bei, die nötige Klarheit für jene Entscheidung aufzubringen, die zu fällen sie Tag um Tag vor sich herschiebt.

»Roland, Liebster, ich habe dich nicht vergessen. Jeden Abend, wenn ich Zeit hätte und in jedem Fall Lust verspüre, dir zu schreiben, denke ich, dass ich am nächsten Tag die endgültige Antwort wissen werde [...] Doch dieser Augenblick trifft niemals ein.«

Auch diese Zeilen erreichen nicht ihren Bestimmungsort, und um zu erfahren, ob Elizabeth noch am Leben ist, muss Roland sich mit Audrey in Verbindung setzen. Als Lee nach schlaflosen Nächten hinterm Steuer von Jemina in Wien anlangt, erkennt sie die wie eine Torte in verschiedene Besatzungszonen aufgeteilte Stadt kaum wieder: Es gibt eine sowjetische, eine französische, eine amerikanische, eine britische sowie eine freie internationale Zone. Das Sprachenwirrwarr ist unbeschreiblich, und in jeder Zone gilt die Zeit der jeweiligen Besatzungsmacht, sodass ein geradezu surreales Durcheinander herrscht. Um die Kontrollpunkte passieren zu können, braucht man zahllose Visa und Berechtigungsscheine, die dauernd erneuert werden müssen, und Lee befindet sich in einem ständigen Kampf, um an die für sie interessanten Orte zu gelangen. Aus den Cafés dringt einladend fröhliche Tanzmusik auf die Straße und erzeugt eine märchenhafte Atmosphäre, doch gespielt wird sie von schmächtigen und unterernährten Orchestermusikern, die vielleicht gerade erst aus der Gefangenschaft befreit wurden und nach Jahren der Qual nun ungläubig wieder zu den Instrumenten greifen. Wer hingegen für das Regime gearbeitet hat, ist auf den ersten Blick erkennbar:

Das blühende Erscheinungsbild, die vollen Wangen, die von Gesundheit und Wohlstand erzählen, sind ein untrügliches Zeichen für Lee, die diese Menschen mustert, als wären sie allesamt Mörder.

Im Übrigen ist die Stadt von abgezehrten Schreckensgestalten auf der Suche nach Nahrung und Medikamenten bevölkert. Als sie das Hospital für Kriegswaisen besucht, ist Lee entsetzt über die Bedingungen, unter denen die kleinen Patienten dort untergebracht sind, und ihr berühmtes Telegramm an Audrey Withers zeugt von jenen traumatischen Erfahrungen, die sie jahrelang verfolgen werden. Sie beschreibt diese Kinder als bis auf die Knochen abgemagerte Gladiatoren, die bis zum bitteren Ende »ihre kleinen Fäuste im Kampf gegen den Tod ballten«. Vor den Toren der Erste-Hilfe-Stationen warteten Tausende andere von ihnen auf das gleiche Schicksal, denn in diesen Krankenhäusern, deren Wände fröhliche Verse zierten, wurde weitergestorben; wie in der gesamten Stadt fehlte es auch hier an sanitären Mitteln, und man konnte nichts weiter tun, als mitanzusehen, wie die Gesichter der Kleinen blau anliefen und jene Farbe annahmen, die anzuschauen für Lee seitdem unerträglich war.

»Wer war der erste Tote, den du gesehen hast? Vielleicht eine deiner Großmütter oder jemand, der unglaublich tief zu schlafen und eigentlich nicht tot zu sein schien, umrahmt von Blumengirlanden, während du mit langsamen, unsicheren Schritten auf die Musik zuschrittest.«

Wie lange lässt sich die grausame Allgegenwart des Todes ertragen? Eines solchen Todes? Lee weiß, dass sie die eigene Belastungsgrenze erreicht hat, aber sie kann den Blick nicht von dem Abgrund lösen. Als stünde sie an einer Abbruchkante und würde trotz des Schwindelgefühls gebannt in die Tiefe starren, angezogen von der Gefahr. In solchen Augenblicken denkt sie sogar an Suizid und streichelt über die Pistole in ihrer Tasche. Eigentlich soll ihr diese in gefährlichen Situationen zur Verteidigung dienen, aber dem Ganzen ein Ende zu bereiten und die Augen zu schließen ist eine verlockende Aussicht. Sie war entsetzt, als sie vier Jahre zuvor, mitten im Krieg, erfuhr, dass Virginia Woolf sich das Leben genommen hatte, doch jetzt scheint ihr diese Tat verständlich. Die Schriftstellerin hatte ihre Taschen mit Steinen gefüllt, hatte sich in einem Fluss ertränkt und ihr Talent und die ihr nahestehenden Menschen ohne Gewissensbisse zurückgelassen. Vielleicht hatte sie gespürt, dass ihr Leiden zu groß war und die Zukunft nichts mehr für sie bereithielt, dass es sich nicht mehr lohnte, dem ganzen Theater noch weiter beizuwohnen. Lees wunderbare Welt, in der sie ihre ersten Freiheitsschritte gewagt hatte, ist für immer untergegangen, und was übrig geblieben ist, verheißt nichts Gutes. Das ist nicht der Frieden, für den so viele gekämpft haben, denkt sie und kommt zu dem Schluss, dass der Krieg völlig unnütz gewesen ist. Die üblichen Gauner und skrupellosen Menschen stehen schon bereit, um ihren Profit aus der Zerstörung zu ziehen, und kein Wiederaufbau vermag jemals wieder jenen kreativen Geist wachzurufen, der ihr und so vielen Künstlern gemeinsam war. Wer wird noch fähig sein, das Schöne zu erkennen und zu bewahren?

Während sie weiter einsam durch die Wiener Nacht läuft, wird sie von einem Feuerschein am Ende der Straße angezogen. Einige russische Soldaten lagern dort in Gesellschaft eines betagten Herren, der trotz seines Alters mit großer Anmut einige Tanzschritte für sie vollführt. Lee nähert sich und stellt zu ihrer Überraschung fest, dass es Vaslav Nijinsky ist, einer der großartigsten Tänzer der Welt. Schon lange leidet er unter geistiger Umnachtung, und seine Ehefrau Romola hat ihn während des Krieges versteckt, aus Angst, die Nazis könnten ihn in ein Lager verschleppen, wo er dem Euthanasieprogramm zum Opfer gefallen wäre, wie all die behinderten oder kranken Menschen, die laut des Regimes eine Last für die Gesellschaft darstellten. Jetzt ist Nijinsky wieder zum Vorschein gekommen, und mit kindlicher Freude improvisiert er einen Tanz für seine Landsleute, die ihm begeistert Beifall spenden. Mondlicht erhellt die Szene mit einem kleinen Lichtstrahl, der an einen Bühnenscheinwerfer erinnert. Einen kurzen Augenblick lang vergisst Lee ihre Traurigkeit, ihr ist, als würde sie die Magie der Ballets Russes wiedererleben, die das Pariser Publikum so viele Jahre lang in Begeisterung versetzt hatten. Die Zeit scheint still zu stehen, als Nijinsky sich mit einem glücklichen Lächeln verbeugt, während seine Frau ihn zärtlich betrachtet und endlich keine Angst mehr haben muss, dass jemand ihm etwas antun könnte. Romola Nijinsky trägt merkwürdige rote Ledersandalen an den Füßen. Der neugierigen Lee erzählt sie eine Geschichte, die klingt wie ein Märchen: Nachdem die russischen Soldaten sie ohne Schuhe durch die Straßen Wiens laufen sahen, hätten sie Lederstücke aus einem alten Sofa herausgeschnitten und daraus dieses merkwürdige Schuhwerk angefertigt, die schönsten Schuhe, die sie je besessen habe.

Das alte Paar entfernt sich schwankend zwischen den Trümmern, wird von der Dunkelheit verschluckt. Lee denkt, dass diese wenigen Lebensfragmente genügen, um ihrer Reise einen

Sinn zu verleihen, und schon ist sie im Begriff, wieder aufzubrechen. Sie will nach Russland, aber trotz Audreys Hilfe, die stets versucht, ihren Wünschen nachzukommen, erhält sie kein Visum, und so reist sie in Richtung Ungarn. Sie möchte herausfinden, welche Zukunft jene Länder erwartet, die sie so sehr geliebt hat, doch wie viele andere ahnt sie bereits, dass Stalin seine Eroberungen nicht mehr herausrücken wird. Welchen Sinn hat es gehabt, die Bevölkerung unter so vielen Mühen und menschlichen Opfern aus der Gewaltherrschaft des Nationalsozialismus zu befreien, wenn man sie anschließend einem anderen freiheitsfeindlichen Regime überlässt? Die unablässige Berichterstattung aus dem vom Krieg zerstörten Europa ist für Lee zu einer regelrechten Obsession geworden, und Withers muss sich immer wieder neue Vorwände ausdenken, um ihre Akkreditierung für die *Vogue* zu rechtfertigen, der eine Reportage über die neuesten Modetrends der Herbst-Winter-Saison 1945 weitaus gelegener gekommen wäre. Doch in Budapest begegnet Lee nur in Lumpen gehüllten Frauen: Zwar tummeln sich die Damen der Aristokratie nach wie vor im Park Club, dem Mekka der städtischen High Society, aber nur, um Brillanten und Pelze auf dem Schwarzmarkt zu verschachern. In dem Beitrag für die *Vogue* berichtet Lee von der Willenskraft der ungarischen Frauen, die die Ärmel hochgekrempelt haben, um die niedrigsten Arbeiten in Angriff zu nehmen, während die Männer »in den Ministerien um politische Strategien ringen«. Wieder einmal bietet der Krieg den Frauen Gelegenheit, sich zu emanzipieren und in alle möglichen Bereiche vorzudringen, in denen sie endlich ihren Wert unter Beweis stellen können. In einem Leitartikel mit dem Titel *Victory* fragt Audrey Withers:

»Was wird aus den *Servicewomen* und aus all den anderen Frauen, die ohne den Glanz der Uniform angetreten sind, um Fabriken, Haushalte und Behörden am Laufen zu halten? Ihren Wert haben sie mehr als bewiesen: […] Wie lange wird es dauern, bis die Männer aller Nationen vergessen haben, was die Frauen geleistet haben, als das Vaterland sie brauchte?«

Leider nur kurze Zeit, wie wir wissen. Und auch Lee weiß das. Sie bringt es nicht fertig, sich der Uniform, die zu ihrem Schutzschild geworden ist, zu entledigen und die Reise zu beenden. Auch wenn sie nicht klar benennen kann, wonach sie eigentlich sucht, vertraut sie auf Jemina und entfernt sich immer weiter. Sie beantwortet keinen der Briefe, die Roland ihr nach wie vor hoffnungsvoll schreibt, und hat keinerlei Kontakt zu den Eltern, die aus der Zeitung erfahren, dass sie bei dem Versuch, die russische Grenze zu passieren, verhaftet worden ist. Die Rote Armee lässt sie nicht durch, doch Lee verliert, wie stets, nicht den Mut und begibt sich nach ihrer Freilassung nach Rumänien, um die Orte wiederzuentdecken, die sie während ihres gemeinsamen Glückssommers mit Roland aufgesucht hatte. Als sie nach Transsilvanien gelangt, wird sie von dichtem Schneefall überrascht: Sie sitzt bereits seit Stunden hinterm Steuer, und die Müdigkeit gewinnt die Oberhand. In einer vereisten Steilkurve verliert sie die Kontrolle über den Wagen, der nach einer Drehung um die eigene Achse in einer abschüssigen Schneewehe landet. Will etwa auch die treue Jemina ihr etwas mitteilen?

Lee ist wie durch ein Wunder am Leben geblieben, und in jener Nacht in Bukarest lässt sie endlich den Tränen, die sie monatelang zurückgehalten hat, freien Lauf. Die NS-Flagge, die sie noch immer um den Hals trägt, wird feucht und färbt ab, sodass ihre Haut mit roten Flecken übersät ist. Beim Waschen blickt sie in den Spiegel und erkennt die mitgenommene und leiderfüllte Frau nicht wieder, die ihr entgegenblickt. Es sind nicht nur die roten Flecken, die sie entsetzen: Das struppige Haar hat seinen einst so sonnigen, an ein reifes Kornfeld erinnernden Glanz verloren; die blauen Augen sind zwei trübe Brunnen, und ihre Gesichtshaut gleicht dem zertrampelten Gelände eines Schlachtfeldes. Keine Spur mehr von der unbeschwerten jungen Frau, die ihre eigenen Wege in die Welt beschritten hatte.

Niemals hätte sie für möglich gehalten, dass es so einfach sein könnte, sich selbst zu zerstören.

Ihr altes Leben ist in derart dichtem Nebel versunken, dass sie nicht einmal mehr die Gesichter der Menschen vor Augen hat, die sie geliebt hat. Seit über sieben Monaten hat sie Roland kein Lebenszeichen mehr geschickt, und widerwillig öffnet sie seinen letzten Brief.

»Liebe Lee,

ich bitte dich, mir umgehend zu antworten. Schicke mir ein Telegramm, sobald du diese Nachricht erhalten hast. Was treibst du? Wann kommst du nach Hause? Vor deiner Abreise hast du mich gefragt, ob ich eine Freundin hätte, die ich so lieben würde, wie ich dich geliebt habe. Jetzt ist es so weit. Eine Person, die du nicht kennst, die du noch nie gesehen hast und die hier ist, ganz real, in Fleisch und Blut. Ich flehe dich an, nicht nur mit Worten, sondern mit all der Liebe und Hingabe, die du so gut kennst. Wenn du dich weigerst, von dir hören zu lassen, werde ich dein Schweigen als Antwort begreifen.

Lee, meine Liebste, antworte mir!

Roland«

Sie zerreißt diesen Brief, der eher einem Ultimatum gleicht, und verkriecht sich zwischen den Laken des zerwühlten Betts, unfähig, eine Entscheidung zu fällen: Liegen bleiben und so tun, als schliefe sie, ist das, was ihr momentan am besten gelingt. Der Nomadengeist, der sie in den schwierigsten Momenten geleitet hat, lässt sie nun im Stich, und nicht einmal der Alkohol – ihr ständiger Begleiter – kann sie der finsteren Nacht entreißen, in die sie geraten ist.

Alarmiert durch Audrey begreift David Scherman, dass es Zeit wird einzuschreiten; seine Liebe zu Lee ist aufrichtig und großherzig, er erträgt es nicht, sie in den Abgrund stürzen zu sehen, den er selbst nur zur Genüge kennt und gegen den er ankämpft wie alle anderen Kriegsheimkehrer auch. Er schickt ihr ein kurzes, in Großbuchstaben abgefasstes Telegramm: »GO HOME«. Gemeint ist natürlich London, und Roland ist der Mensch, zu dem sie gehört. Wenn sie sich nicht beeilt, wird niemand mehr da sein, der sie empfängt. Nach einer weiteren qualvollen Woche antwortet Lee endlich mit einem lapidaren »Ok«.

Doch zuvor möchte sie noch etwas tun.

Seit Längerem leidet sie unter starken Rückenschmerzen, die durch das Leben als Kriegskorrespondentin nicht gerade besser geworden sind, und sie kann es kaum erwarten, sich von einem Tanzbären der Karpaten massieren zu lassen. Es ist ein ungewöhnliches, aber sehr effektives Heilmittel, und so begibt sie sich in den Dörfern rings um Bukarest auf die Suche nach diesem »besonderen Therapeuten«. Durch die Verfolgungen der Nationalsozialisten ist das Volk der Roma stark dezimiert, und ihre gezähmten Bären – für die Rumänien berühmt ist – sind fast nirgendwo mehr zu finden. Dank ihrer unzähligen Kontakte gelingt es Lee jedoch, eine Bärenherberge mit einem aktiven Exemplar aufzuspüren: ein hundertvierzig Kilogramm schweres Weibchen mit runden, wässrigen Augen, das in ähnlich schlechtem Zustand ist wie die einst so wunderschöne junge Frau. Das Tier und die Frau beäugen sich und schließen einander sofort ins Herz, zwei Überlebenden einer untergegangenen Epoche gleich. Der Dompteur stimmt Gipsy-Musik an, und mit einer für seine Statur ungeheuerlichen Leichtigkeit deutet das Bärenweibchen ein paar Tanzschritte an. Lee streckt sich vertrauensvoll auf dem Bauch aus und wartet ab, was geschieht.

Das letzte Foto aus Elizabeth Millers Reisetagebuch zeigt das Ex-Covergirl wie ein Kind lächelnd auf dem Boden liegend, während eine riesige Bärin friedlich auf ihrem Rücken hockt.

Es ist ein absurdes und ziemlich verrücktes Bild, aber es lässt sich kein besserer Abschied von dieser so unglaublichen Zeit in ihrem Leben denken.

Jetzt ist sie bereit, nach Hause zu gehen.

Epilog

Lady Penrose alias Lee Miller stirbt am 21. Juli 1977 in ihrem Haus auf der Farley Farm im Kreis der Menschen, die sie am meisten geliebt hat, auch wenn es ihr nicht immer gelungen ist, das zu zeigen.

In der Versenkung zu verschwinden und die Spuren der eigenen Vergangenheit zu verwischen ist nicht jedermanns Sache, doch Lee ist das bis zur Perfektion gelungen, zumindest, solange sie am Leben war.

Als ich meine Reise zu dem Gutshof antrat, die mir für das von mir geplante Buch unverzichtbar schien, war ich beeindruckt von der freundlichen Ausstrahlung dieses Ortes und von der Liebe, mit der die Familie die Erinnerung an Lee nach wie vor wachhält, ohne sie jemals auf eine bloße Ikone zu reduzieren. Zwischen den farbigen, mit Gemälden gepflasterten Wänden verspürt man nichts von der Atmosphäre eines verstaubten Heiligtums, wie sie so oft in den zu Museen umfunktionierten Häusern von großen Künstlern herrscht. Alles wirkt so lebendig und pulsierend wie einst, als sich in Farley scharenweise Freude tummelten, die Lee nach ihren verrückten Rezepten bekochte.

Aber ich muss gestehen, dass ich dem geführten Rundgang am liebsten entschlüpft wäre, um mich auf den Dachboden zu verziehen, in jenes berühmte Geheimversteck, in dem Lady

Penrose die Beweise ihrer früheren Existenzen verbarg. Ich stelle mir Antonys Staunen vor, als er Jahre nach dem Tod der Mutter gemeinsam mit seiner Ehefrau Suzanne auf den Speicher gestiegen war, um nach einem Kinderfoto von sich zu suchen, das er seiner Tochter zeigen wollte. Während er die Kisten durchstöberte, brachte er – archäologischen Fundstücken einer vergangenen Zivilisation gleich – mehr als sechzigtausend Negative, Fotografien, Tagebücher, Rohfassungen von Artikeln, Liebesbriefe und Dutzende Erinnerungsstücke zum Vorschein. Ein gewaltiger Schatz, von dessen Existenz er nichts geahnt hatte.

Seit seiner Geburt hatte Antony die eigene Mutter als schwierige und unglückliche Frau erlebt, ohne jemals die Gründe dafür zu begreifen. Roland selbst brach den Pakt, den er mit Lee geschlossen hatte, nie und vermied es, dem Sohn zu enthüllen, wie viele verschiedene Frauen die Mutter im Lauf ihres Lebens verkörperte.

Antony ist bei dieser Entdeckung wie vom Donner gerührt: »Es war, als habe jemand mich beraubt und mir das Wissen über einen außergewöhnlichen Menschen vorenthalten.« Plötzlich offenbart sich ihm eine Wahrheit, die ihm jahrelang verborgen geblieben war, und er fasst den Entschluss, das Leben von Elizabeth Miller Penrose peinlich genau zu rekonstruieren. Er beginnt Bücher zu schreiben, organisiert Ausstellungen mit ihren Fotografien und gestaltet den surrealistischen Gutshof zu einem für das begeisterte Publikum offenen Ort um.

Zum Glück ist Lees Vergangenheit nicht verloren gegangen und auch nicht den Bombenangriffen zum Opfer gefallen, wie Lady Penrose gern behauptete, um Neugierige abzuwimmeln. Wenn sie sich ihrer Vergangenheit wirklich hätte entledigen

wollen, hätte sie all diese Dinge eigenhändig in dem schmu-
cken, von Roland mit Fresken verzierten Kamin verbrennen
können. Wer weiß, vielleicht hegte sie ja die Hoffnung, dass die
Schutzhülle ihres Hausfrauendaseins, in der sie sich verschanzt
hatte, all das bewahren würde, um es im richtigen Augenblick
in die Zukunft zu projizieren und den vitalen Impuls einer Epoche freizusetzen, in der man noch große Träume haben und
Freiheiten praktizieren konnte, die heute undenkbar scheinen.

Bibliografische Anmerkungen

Dieser Roman ist das Gemälde einer Epoche. Um die Protagonistin – die es tatsächlich gegeben hat – und um ihre tausend Leben kreisen unzählige Personen, die mit ihren großen und kleinen Geschichten mal mehr, mal weniger in den Vordergrund treten. Wie bei allen Romanen habe auch ich auf meine Fantasie zurückgegriffen, um Dialoge und Situationen zu rekonstruieren, jedoch stets im Rahmen eines realen Kontextes und tatsächlicher Begebenheiten, die uns durch Essays und Biografien überliefert sind.

Das online unter https://archive.vogue.com/ verfügbare historische Archiv der Zeitschrift *Vogue* hat sich als reiche Fundgrube erwiesen, dank derer ich Zugriff auf die vollständigen Originaltexte Lee Millers hatte.

Es folgt eine Aufzählung weiterer Quellen, die mir bei der Gestaltung meines facettenreichen Porträts eines Jahrhunderts geholfen haben.

Arendt, H., *Elemente und Ursprünge totaler Herrschaft*, Frankfurt a. M. 1955.
Arendt, H./Scholem, G., *Der Briefwechsel*, Berlin 2010.
Bouhassane, A., *Lee Miller. A Life with Food, Friends and Recipes*, Lewes-Oslo 2017.

Breton, A., *Die Manifeste des Surrealismus*, Hamburg 1968.

Ders., *Nadja*, Stuttgart [10]1992.

Burke, C., *Lee Miller. On Both Sides of the Camera*, London 2006.

Carrington, L., *Die ovale Dame. Magische Erzählungen*, Frankfurt a. M. 1982.

Chadwick, W./True Latimer, T. (Hrsg.), *The Modern Woman Revisited. Paris Between the Wars*, New Brunswick (New Jersey) 2003.

Cocteau, J., *Tagebuch eines Unbekannten*, Berlin 1957.

Ders., *Filme*, Bd. 8 der Werkausgabe in 12 Bänden, Frankfurt a. M. 1988.

Conekin, B. E., *Lee Miller in Fashion*, New York 2013.

Eberhardt, I., *Briefe, Tagebuchblätter, Prosa*, hrsg. von E. Errera, Basel 2002.

Dies.: *Nomadin war ich schon als Kind. Meine algerischen Tagebücher*, Wiesbaden 2018.

Éluard, P., *Trauer schönes Antlitz. Gedichte*, Berlin 1974.

Fry, V., *Surrender on Demand*, New York 1945. [dt. Übers.: *Auslieferung auf Verlangen. Die Rettung deutscher Emigranten in Marseille 1940/41*, München 1986.]

Hilditch, L., *Lee Miller. Photography, Surrealism and the Second World War. From* Vogue *to Dachau*, Newcastle upon Tyne (UK) 2017.

Isenberg, S., *A Hero of Our Own. The Story of Varian Fry*, Lexington 2017.

King, J., *Roland Penrose. The Life of a Surrealist*, Edinburgh 2016.

McAuliffe, M., *Paris on the Brink. The 1930s Paris of Jean Renoir, Salvador Dalí, Simone de Beauvoir, André Gide, Sylvia Beach, Léon Blum, and Their Friends*, Lanham 2018.

Miller, L., *Der Krieg ist aus. Deutschland 1945*, Berlin 1995.

Morris, D., *The Lives of the Surrealists*, London 2018.

Mourgue, G., *Jean Cocteau*, Paris 1965.

Penrose, A. (Hrsg.), *Lee Miller's War*, New York 2005.

Ders., *The Home of the Surrealists. Lee Miller, Roland Penrose and their Circle at Farley Farm*, London 2001. [dt. Übers.: *Das Haus der Surrealisten. Der Freundeskreis um Lee Miller und Roland Penrose*, Berlin 2002.]

Ders., *The Lives of Lee Miller*, London 1985.

Penrose, R., *Picasso. His Life & Work*, Worthing 1958. [dt. Übers.: *Pablo Picasso. Sein Leben – sein Werk*, München 1986.]

Ray, M., *Self Portrait*, London 1963. [dt. Übers.: *Selbstportrait. Eine illustrierte Autobiographie*, München 1998.]

Ders., *La fotografia come arte*, Mailand 2012.

Ders., *Sulla fotografia*, Mailand 2016.

Roe, S., *In Montparnasse. The Emergence of Surrealism in Paris. From Duchamp to Dalí*, London 2018.

Schiaparelli, E., *Shocking Life. The Autobiography of Elsa Schiaparelli*, London 2007. [dt. Übers.: *Shocking Life. Die Autobiografie der Elsa Schiaparelli*, Berlin 2014].

Vanoyeke, V., *Paul Éluard. Le poète de la liberté*, Paris 1995.

Vicari, J., *Mad Muses and the Early Surrealists,* Jefferson (North Carolina) 2011.

Woolf, V., *Ein eigenes Zimmer*, Frankfurt a. M. 2001.

Zeitz, J., *Flapper. A Madcap Story of Sex, Style, Celebrity, and the Women Who Made America Modern*, New York 2006.

Zitatnachweise

New York, 1927:

»*Das Schicksal geht weiter.*«; vgl. Loos, A., *Gentlemen Prefer Blondes. The Intimate Diary of a Professional Lady,* New York 1925.

»*Das Lager liegt so nahe am Stadtrand* ...«; zitiert nach: Lee Miller, *Der Krieg ist aus. Deutschland 1945,* Berlin 1995.

»*Die* Flapper *ist aus der Lethargie* ...«; vgl. Fitzgerald, Z., *Eulogy on the Flapper,* in: *Metropolitan Magazine,* Juni 1922.

Paris, Juni 1929:

»*Ich werde dir ein großes Geheimnis sagen* ...«; vgl. Aragon, L., »Je vais te dire un grand secret ...«, in: Ders., *Les Yeux d'Elsa,* Paris 1942.

»*Fotografien, die durch das Einfügen eines Gegenstandes* ...«; vgl. Breton, A./Éluard, P. (Hrsg.), *Dictionniare abrégé du surréalisme,* Galerie des Beaux Arts, Paris 1938.

»*[...] durch den man [...] den wirklichen Ablauf des Denkens* ...«; zitiert nach: Breton, A., *Die Manifeste des Surrealismus,* Hamburg 1968.

Farley Farm, Sussex, 1977:

»*Morgens um sieben, bevor es gilt* ...«; vgl. Ray, M., *À l'heure de l'observatoire ... Les amoureux,* in: »Cahiers d'Art«, Bd. 10, Nr. 5–6, Paris 1935.

Paris, 1929:

»*Vom ersten bis zum letzten Tag habe ich Nadja* ...«; zitiert nach: Breton, A., *Nadja*, Stuttgart [10]1992.

Rom, Siebzigerjahre:

»Wenn ich schreibe, störe ich ...«; zitiert nach: Cocteau, J., *Tagebuch eines Unbekannten*, Berlin 1957.

»Erst schreibst du, es sei möglich ...«; zitiert nach: Cocteau, J., *Filme*, Frankfurt a. M. 1988.

Paris, 1930:

»Die geistige Freiheit hängt von ...«; zitiert nach: Woolf, V., *Ein eigenes Zimmer*, Frankfurt a. M. 2001.

»*Legende: Schneide das Auge aus dem Foto* ...«; vgl. Ray, M., *Objet à détruire*, in: »This Quarter«, Bd. 5, Nr. 1, Paris 1932.

»*Trotz allem übersteigt meine Liebe für dich* ...«; vgl. Burke, C., *On Both Sides of he Camera*, London 2006.

»*Ich hatte keine Zeit, für irgendjemand* ...«; zitiert z. B. in dem Artikel von Nina Schedlmayer, *Weiblicher Surrealismus: Das Werk der Méret Elisabeth Oppenheim*, in: »profil«, Nr. 12/2013, Wien 2013.

Paris 1932:

»*Stets mit einem Auge in Reserve* ...«; vgl. Burke, C., *On Both Sides of the Camera*, London 2006.

»Es scheint, wir würden uns töten, wie wir träumen ...«; zitiert in dem Essay von Hugo Macho, *Wege ins Nirwana? Praktiken des Hungersuizids*, in: »Zeitschrift für Germanistik«, Neue Folge XXV (2015), Heft 3.

Farley Farm, Sussex 1977:
»*Eine Stunde lang habe ich ein Kind sterben sehen …*«; vgl.
Burke, C., *On Both Sides oft he Camera*, London 2006.

New York, 1932–34:
»*Aus irgendeinem Grund möchte ich immer anderswo sein …*«;
vgl. Miller, L., Brief an David Scherman vom 21. März 1945,
zitiert in: Salvio, P. M., *Uncanny Exposures. A Study of the
Wartime Photojournalism of Lee Miller*, in: »Curriculum In-
quiry«, Bd. 39, Nr. 4, September 2009.
»*Die jungen Männer wissen nie, ob …*«; vgl. Burke, C., On Both
Sides of the Camera, London 2006.

Kairo 1934–37:
»*Nomadin werde ich mein ganzes Leben lang bleiben …*«; zitiert
nach: Eberhardt, I., *Nomadin war ich schon als Kind. Meine
algerischen Tagebücher 1900–1903*, Wiesbaden 2018 [Tage-
bucheintrag vom 7. Juli 1902].
»*Ich fühle mehr denn je, dass ich das sesshafte Leben …*«; zitiert
nach: Eberhardt, I., *Briefe, Tagebuchblätter, Prosa*, hrsg. von
E. Errera, Basel 2002.

Paris, 1937:
»*Der Künstler ist ein Politiker …*«; vgl. Picasso, P., *Scritti*, hrsg.
von M. De Micheli, Mailand 2011.
»*Ich bin aus einem Traum erwacht …*«; zitiert nach: Penrose,
A., *Das Haus der Surrealisten. Der Freundeskreis um Lee Mil-
ler und Roland Penrose*, Berlin 2002.
»*Du bist wie ein Vollblutpferd …*«; vgl. Burke, C., On Both Sides
of the Camera, London 2006.

Farley Farm, Sussex, 1977:

»*Wir haben niemals begonnen* ...«; aus P. Éluards *Die sieben Liebesgedichte im Krieg V*, zitiert nach: Ders., *Trauer schönes Antlitz*, Auswahl, Nachdichtung und Nachbemerkung von S. Hermlin, Berlin 1974.

»*Zwei lächelnde Augen und ein grüner Mund* ...«; vgl. King, J., *Roland Penrose. The Life of a Surrealist*, Edinburgh 2016.

Kairo, 1937–38:

»*[...] die meiste Zeit in einem Zustand* ...«; vgl. Burke, C., On Both Sides of the Camera, London 2006.

»*[...] auf zynische Weise misstrauisch gegenüber meiner Liebe* ...«; vgl. ebd.

»*Liebste, ich lese deine Briefe, bin am Boden* ...«; vgl. King, J., *Roland Penrose. The Life of a Surrealist*, Edinburgh 2016.

»*Wir tranken Unmengen an starken Likören* ...«; vgl. Burke, C., On Both Sides of the Camera, London 2006.

Frankreich, 1939:

»*Das Wirksamste [...] bildete jedoch zu allen Zeiten* ...«; zitiert nach der online verfügbaren Ausgabe von A. Hitlers *Mein Kampf*, 1924.

»*Lieber Aziz, [...] es lässt sich nicht so tun* ...«; vgl. Burke, C., On Both Sides of the Camera, London 2006.

London, 1939–42:

»*Alles lässt uns glauben, dass es einen bestimmten* ...«; zitiert nach: Breton, A., *Die Manifeste des Surrealismus*, Hamburg 1968 [*Zweites Manifest des Surrealismus 1930*].

»*Das Haus war verblüffend, ebenso wie die* Soirées ...«; vgl.

das Vorwort von D. Scherman zu: Penrose, A. (Hrsg.), *Lee Miller's War*, New York 2005.

Saint-Malo, 1944:

»*Überall streiften einsame verwundete Katzen umher ...*«; vgl. Miller, L., *France free again. St. Malo*, in: *Vogue*, 15, Oktober 1944.

»*Ich fand Schutz in einem Versteck der Deutschen ...*«; vgl. ebd.

Paris, 1944:

»*Auf die erwachten Pfade ...*«; aus P. Éluards Gedicht »Freiheit«, zitiert nach: Ders., *Trauer schönes Antlitz. Gedichte*, Berlin 1974.

»*Ausgebrannte Panzer und Autos ...*«; vgl. Conekin, B. E., *Lee Miller in Fashion*, New York 2013.

»*Pistolen, Bajonette, Fotoapparate, Blitzgeräte ...*«; vgl. das Vorwort von D. Scherman zu: Penrose, A. (Hrsg.), *Lee Miller's War*, New York 2005.

»*[...] die aufregendste journalistische Erfahrung meiner Kriegszeit ...*«; vgl. Burke, C., On Both Sides of the Camera, London 2006.

»*Ich finde Edna wirklich ungerecht ...*«; vgl. Conekin, B. E., *Lee Miller in Fashion*, New York 2013.

Farley Farm, Sussex, 1977:

»›*Sind Sie so naiv zu glauben‹, fuhr sie fort ...*«; aus Carringtons Erzählung »Warten«, in: Carrington, L., *Die ovale Dame. Magische Erzählungen*, Frankfurt a. M. 1982.

»*Neben dem Gästebuch liegt ein Fotoalbum ...*«; vgl. Miller, L., *Working Guests*, in: *British Vogue*, Juli 1953.

Europa, 1945–46:

»*Der Stil der Befreiung ist nicht gerade rühmlich* …«; vgl. Miller, L., *Pattern of Liberation*, in: *British Vogue*, Januar 1945.

»*In einem der Büros sitzt ein grauhaariger Mann* …«; zitiert nach: Miller, L., *Der Krieg ist aus. Deutschland 1945*, Berlin 1995.

»*Ein großes staubiges Gelände* …«; zitiert nach: ebd.

»*Das Endresultat sind jedenfalls entseelte* …«; zitiert nach: Arendt, H., *Elemente und Ursprünge totaler Herrschaft*, Frankfurt a. M. 1955.

»*Es war kurz nachdem das Britische Rote Kreuz ankam* …«; zitiert nach: Banksy, *Manifesto*, dt. online verfügbar unter: http://hakenberg.org/networking/webscan/gonin.de.htm

»*Deutschland ist ein schönes Land* …«; zitiert nach: Miller, L., *Der Krieg ist aus. Deutschland 1945*, Berlin 1995.

»*Ich bin in der Tat heute der Meinung, dass das Böse* …«; zitiert nach: Arendt, H./Scholem, G., *Der Briefwechsel*, hrsg. von Marie Luise Knott, Berlin 2010 [Brief Arendts an Scholem vom 20. Juli 1963].

»*Die selektierten Opfer gingen, nachdem sie* …«; zitiert nach: Miller, L., *Der Krieg ist aus. Deutschland 1945*, Berlin 1995.

»*weniger mythisch und dafür* …«; zitiert nach: ebd.

»*Roland, Liebster, ich habe dich nicht vergessen* …«; vgl. King, J., *Roland Penrose. The Life of a Surrealist*, Edinburgh 2016.

»*Wer war der erste Tote, den du gesehen hast?* …«; vgl. Miller, L., *Through the Alsace Campaign*, in: *British Vogue*, April 1945.

»*Was wird aus den* Servicewomen …«; vgl. Withers, A., *Victory*, in: *British Vogue*, Juni 1945.

»Liebe Lee, ich bitte dich, mir umgehend zu antworten …«; vgl. King, J., *Roland Penrose. The Life of a Surrealist*, Edinburgh 2016.

Dank

Mein Dank geht an Valentina Pattavina, genannt »Pat«, die unschätzbar wertvolle und vor allem auf dem Moped höchst wagemutige Verlegerin ... (verzeih mir die vielen Adjektive!). Danke an Chiara Melloni, den »Rettungsanker« in allen stürmischen Zeiten.

Danke auch an Luisa Pistoia, Marco Miana, Irene Pepiciello und das gesamte Team von Sosia & Pistoia dafür, dass ihr unerklärlicherweise immer noch Vertrauen in mich setzt.

An Francesco Colombo und seine ansteckende Begeisterung.

An Orsa und Germana, meine mir unentbehrlichen Lektorinnen.

An Paola für ihre mathematische Leidenschaft.

An Chiara und Marcella und unsere Val d'Oca ... und dann »gute Nacht«!

An die Freunde vom Meer bei Castro.

An Adele und Manú, die mich zur Farley Farm gebracht haben.

An Lele, für alles.

Dr. Edith Eva Eger

mit Esme Schwall Weigand

Ich bin hier,
und alles ist jetzt

Warum wir uns jederzeit
für die Freiheit entscheiden können

480 Seiten, btb 75696
Aus dem Englischen von Liselotte Prugger

»Wir können uns kein Leben ohne Leid aussuchen. Aber wir
können uns aussuchen, dass wir frei sein wollen, dass wir die
Vergangenheit hinter uns lassen, egal, was uns zustößt, und
dass wir das Mögliche wagen.«

**Die außerordentliche Geschichte einer Holocaust-
Überlebenden, die als Psychologin und Therapeutin
anderen hilft, ihre Traumata zu überwinden.**

»Ein wichtigeres Buch für die heutige Zeit kann man sich
kaum vorstellen. Egers Buch ist ein Triumph.«
New York Times

btb